PUBLIC ADMINISTRATION

浙江大学公共管理丛书

政治学导论

郁建兴 等 著

浙江大學出版社

图书在版编目(CIP)数据

政治学导论 / 郁建兴等著. —杭州：浙江大学出版社，2003.5(2017.3 重印)
ISBN 978-7-308-03298-8

Ⅰ.政... Ⅱ.郁... Ⅲ.政治学—高等学校—教材
Ⅳ.D0

中国版本图书馆 CIP 数据核字(2003)第 023559 号

政治学导论

郁建兴 等著

责任编辑 余健波
出版发行 浙江大学出版社
(杭州市天目山路 148 号 邮政编码 310007)
(网址：http://www.zjupress.com)
排　　版 浙江时代出版服务有限公司
印　　刷 杭州杭新印务有限公司
开　　本 850mm×1168mm 1/32
印　　张 8
字　　数 200 千字
版 印 次 2003 年 5 月第 1 版 2017 年 3 月第 17 次印刷
书　　号 ISBN 978-7-308-03298-8
定　　价 16.00 元

浙江大学出版社发行中心联系方式：(0571) 88925591；http://zjdxcbs.tmall.com

总　序

刚刚闭幕的十届全国人大一次会议通过了国务院机构改革方案，标志着改革开放以来我国第五次政府机构改革正式启动。这次改革将以邓小平理论和“三个代表”重要思想为指导，按照完善社会主义市场经济体制和推进政治体制改革的要求，坚持政企分开，精简、统一、效能和依法行政的原则，进一步转变政府职能，调整和完善政府机构设置，理顺政府部门职能分工，提高政府管理水平，形成行为规范、运转协调、公正透明、廉洁高效的行政管理体制。毫无疑问，这次改革的全面推进和深入，对公共管理学这一运用管理学、政治学、经济学等多学科理论与方法研究公共组织，尤其是政府组织的管理活动及其规律的学科体系，提出了新的更高要求。同时，它也为公共管理学获得大发展提供了重要契机。

我国的公共管理理论与实践有着悠久的历史。但是，由于众所周知的原因，我国的现代公共行政与公共管理研究和教育直至20世纪80年代才得以恢复和重建。1999年5月，国务院学位委员会第17次会议审议通过了《公共管理硕士(MPA)专业学位设置方案》，并决定于2001年10月在我国首次进行MPA招生考试。至今，全国24个MPA试办院校已顺利招收两届学员。MPA专业学位的设置，为我国公共管理学科的制度化建设迈出了一大步。近几年来，公共管理学科在学术团体、专业杂志、书籍出版、基金资助渠道、教育培训、职业化以及图书馆新的收藏目录的确定等方面，也都有了较大发展。

浙江大学作为全国24个MPA试办院校之一，努力探索着公共管理的研究与教育。为反映浙江大学公共管理研究与教育的最新成果,我们编辑出版了这套"浙江大学公共管理丛书"。本丛书第一辑包括了《全球化:一个批评性考察》、《公共管理学引论》、《政治学导论》、《行政法》、《公共部门经济学》、《公共政策:理论与方法》、《公共行政伦理学》等7种。在编写过程中,我们注重将学科的主要知识领域与一些重大理论和实践问题相结合,注意将学术前沿与当前中国现实管理实践相结合,注重将理论性与应用性相结合,力图体现我校公共管理学科发展的特色。因此本丛书适用面较广,除适合MPA学员使用外,也适合公共管理学科各类学生及各级公共管理人员作为教育培训的学习参考资料使用。当然,编写这套丛书对我们来说还是一个初步的探索和尝试,其中一定存在着不足、错漏之处,敬请读者朋友和大方之家不吝指正。

现在时值生机勃勃的春天,这套丛书的出版能够迎来我校公共管理学科建设的春天吗?我们努力着。

"浙江大学公共管理丛书"编辑委员会

2003年3月

目　　录

第一章　政治与政治学

政治与政治学是古代希腊人创立的，它们都处于不断的变化之中。

政治是一种在人的社会物质生产基础上产生的社会基本活动形式，它运用权力和权威，在共同体中并为共同体利益作出决策并付之实施。

政治学成为一门科学，标志之一是学科的制度化；方法论的转型也是重要标志。在今天的政治学研究中，经验、实证的方法与历史、比较的方法都有其存在的合理性。

建构中国政治学，指的是政治学的中国类型，而不是指在不同国家或地域存在着的不同的政治学。建构中国政治学具有双重目标：既完成“补课”任务，与国际的政治学发展接轨；又实现政治学的本土化、中国化。

在最一般意义上，对政治学（political science）的考察，必然涉及对什么是作为形容词的“政治”（political）和作为名词的“科学”（science）的回答。如同所有大概念都难以定义一样，人们无论对“政治”还是对“科学”的理解都存在着争议。这些争议有时是深刻的，不同的政治学体系就建立在不同的政治观和不同的科学观之上。因此，我们这本政治学导论，就从学术与历史相结合的角度考察“政治”和“科学”开始。

一、什么是政治

我们今天使用的“政治”一词是古代希腊人的创造，但是它们之间存在着巨大的差异。这些差异既来自于时代的变迁，也来自于术语使用上的空间拓展。

古代希腊人创立了政治事物，即描绘了政治这种东西，把它与个人存在和集体存在的其他方面区分开来。如果说柏拉图在《理想国》中还把个人的正义与国家的正义问题，也即伦理与政治问题混在一起，那么，亚里士多德在《政治学》中把两者明确分开了。亚里士多德把人定义为政治动物，把政治看作是人的最基本生存方式之一。在他看来，城邦和个人以至善为共同的目标，但城邦从本质上说先于个人。人是趋向于城邦生活的动物，不能产生城邦或不需要它的不是人，是野兽或神祇。个人不能孤立地而只能在社会中取得至善。个人作为政治存在，就是公民，公民是城邦中“有权参加议事和审判职能的人”，而城邦就是“为了要维持自给生活而具有足够人数的一个公民集团”。[①] 在城邦中，“法治应当优于一人之治”。让个人来统治，“这就在政治中混入了兽性的因素”，“常人既不能完全消除兽欲，虽最好的人们（贤良）也未免有热忱，这就往往在执政的时候引起偏向”。而“法律恰恰正是免除一切情欲的神祇和理智的体现”。[②]

把城邦规定为自由人的共同体，把政治规定为公民（自由人）追求公共利益“至善”的活动，把法治确定为治理城邦的基本方略，亚里士多德奠定了西方政治传统的主要基石。在这种政治——自

---

① 亚里士多德：《政治学》，商务印书馆 1965 年版，第 113 页。

② 同上书，第 167 ~ 169 页。

由民主政治——传统中，政治的存在前提是，具有统治权威的国家公共领域支持一个维护公民自主关系的法制体系，具有统治权威的公共法律体制对自己的权力进行限定。换言之，政治活动可能性之基础是一个主体之间的自由关系，即最先自由的不是自由的人，而是自由人的共同体。因此，政治中没有专制者的位置[①]。黑格尔说得好：东方各国"只知道一个人是自由的。惟其如此，这一个人的自由只是放纵、粗野，热情的兽性冲动……所以这一个人只是一个专制君主，不是一个自由人"[②]。

古代希腊人建立了不同于东方专制主义的公民秩序或者政治秩序，这确实是一个了不起的成就。在这种秩序中，人与人的关系完全平等，大家都服从法律，轮流做统治者与被统治者。自由就是成为一个公民。当苏格拉底被雅典法庭判处死刑后，有人要帮他逃跑，苏格拉底拒绝了。他认为，作为雅典的公民，他有服从法律的义务。苏格拉底也可以提出自我流放的请求[③]，但他也放弃了。因为在他看来，公民身份被剥夺，是比死更坏的命运。

古希腊这种建立自由人共同体的政治生活形式，产生了深远的影响。两千多年以后，黑格尔说，只有成为国家公民，个人自由才具有客观性、真理性和伦理性。他说："当国家或者祖国形成一种共同存在的时候，当人类主观的意志服从法律的时候，——'自由'和'必然'间的矛盾便消失了。那种'合理的'东西作为实体的东西，它是必然的；当我们承认它为法律，并且把它当作我们自己存在的实体来服从它，我们就是自由的。"这种实体与自我互相渗透而无对立的美好伦理世界，在历史上，黑格尔认为相当于古希腊

---

① 参看肯尼斯·米诺格：《当代学术入门：政治学》，辽宁教育出版社和牛津大学出版社 1998 年版，第一章。

② 黑格尔：《历史哲学》，上海书店出版社 1999 年版，第 18 页。

③ 斯东：《苏格拉底的审判》，三联书店 1998 年版，第 220～221 页。

的城邦社会。黑格尔说:"一位雅典的市民履行政府规定他应做的事情,仿佛是出于本能或者天性。""道德便是'义务',便是实体的'权利',所谓'第二天性'"。[1]

但是,如同黑格尔所指出,古希腊人的这种政治生活形式,随着希腊时代的终结而终结。在随后罗马的法权社会里,伦理的直接性破裂,形成了自我与实体的对立,但是罗马人创立了较为完善的法律制度,法律成了政治并一直主要与政治交织在一起,这成为罗马政治的重要特征。而且,罗马以一座孤城而拓展为一个地跨欧、亚、非三洲的大帝国,从而大大扩展了实际的政治范围。现代政治词汇多来自于希腊和罗马这两个源头,其中罗马人的政治词汇包括国家、民族、政府、共和国、帝国主义、宪法、公民和自由等,它们比希腊语的影响实际上更加深远。

在西罗马帝国灭亡后,西欧历史进入了中世纪,封建制成为典型的政治统治形式[2]。韦伯认为,在封建制中,权力基于契约,而不是专断的,封建制下的契约对于领主的权力有严格的限制,而领主与其封臣之间的义务也永远是相互的,尽管并非完全平等。韦伯说:"充分发展了的封建制度是最极端的系统性分权的制度。"[3]在这种政治结构中产生了一种新型机构——议会。同时,在罗马帝国的国家与军事力量衰亡过程中,一门雄心勃勃、席卷全球的宗教——基督教破土而出,在政治生活中引进了一种新型的宗教补充和宗教成分。教会对欧洲政治产生了重要影响,教权与俗权的

---

① 黑格尔:《历史哲学》,第41、42页。

② 我们这里采用韦伯的"封建制"概念。它仅仅指欧洲中世纪的那种社会政治结构,而不是泛指所有前资本主义的社会形态。这种结构在中国存在于先秦的历史之中。秦以后尤其是"汉承秦制"进一步完善中央集权的官僚政治后就意味着封建主义的全面废除。韦伯把这种政治权力不受制约和社会结构一元化(政教合一)的政治统治形式称之为"家产制",以区别于"封建制"。

③ 韦伯:《经济与社会》下卷,商务印书馆1997年版,第407页。

并存、组合,成为中世纪一千多年政治生活的主要特征。

现代国家体系的建立,揭开了西方历史的新篇章。现代国家的政治发源于两种对立的运动:国家一方面以某种形式走向分裂,另一方面又以别的方式走向统一。中央集权的君主获得了集中的王权,但与此同时个人和既有的阶级也设法巩固自己的特权和利益,有的权益就被纳入称作“权利”(rights)的一系列新词汇中。探索处理统治者与被统治者之间关系的策略要求,产生了新型的政治,“至少现在它被彻底地理论化了”①。从马基雅维利、布丹到霍布斯、洛克、斯宾诺莎、伏尔泰、孟德斯鸠、卢梭、康德、黑格尔,空前繁荣的政治研究成为现代国家体系的一部分。总起来说,现代政治始终在自由主义与国家主义所代表的倾向之间摆动。自由主义认为国家是一种工具性、契约性的存在,是一种必要的恶。这是一种关于政府的消极理论,有时甚至激起一种反政治的理想。而国家主义强调政府应该也能够为社会普遍福利承担重要责任,人的自由乃至人性的真正实现,离不开社群的、共同体的以及国家、民族、历史、传统和文化的层面。

直至今天,我们仍然生活在民族国家体系之中。现代国家体系构成了一种占统治地位的政治生活样式。但是,现代国家体系的建立并不是政治变化的终结。变化还在继续。与现代国家体系的建立同步的全球化进程,在20世纪70年代后期以来大大加速了。全球化向人类的政治生活提出了挑战,其中最明显的领域是国家主权与自主权的行使方式。德国学者乌尔利希·贝克认为,全球化导致了“经济力量的强大”和“政治塑造力量的削弱”。与经济力量的跨国活动导致产生世界市场不同,在国家领域,“不是从民族国家向世界国家的过渡,而是从国家向市场的过渡”。而且由于个体性进程越来越深入人心,人们对既定的集体性范畴的依附变

① 肯尼斯·米诺格:《当代学术入门:政治学》,第33页。

得很脆弱。[1] 而英国学者鲍曼则认为,“新的全球自由移动的最重大的后果之一是:把社会问题重新锻造成有效的集体运行已变得愈加困难,也许是根本不可能的了”[2]。

从现代国家体系在全球化时代遇到挑战就得出政治终结的结论,也许还为时尚早。但全球化时代的政治生活已经和必将继续发生重大改变则是确定无疑的。主权国家在全球化进程中面临着新的压力,同时也获得了扩张权力的机遇。比如“9·11事件”爆发后,美国布什政府借助危机形势不仅加强了对社会的控制,而且将权力进一步渗透到在从前认为完全是属于私人自由的领域。全球化带给国家的挑战正在于它要求国家在压力与机遇中提升生存能力,这不仅意味着国家要对所面临的问题取得合理的认识,也意味着国家要在这一认识的基础上寻找新的行为方案。有鉴于此,加拿大政治哲学家查尔斯·泰勒提出了“承认的政治”概念,贝克提出了“世界主义政治”概念。在泰勒看来,承认的政治常常落空,强权政治、恐怖政治作为平等的承认的反面大行其道,并不是现代人对于承认的需要不够强烈,而是争取承认的努力之所以会失败的条件问题。因此,对于承认的政治而言,更为要紧的是去探讨争取承认的努力之所以可能的条件。泰勒提出的“承认的政治”试图在自由主义的普遍主义政治与文化多元主义的差异政治之间建立某种平衡。贝克提出的“世界主义政治”,也“不以整齐划一为归宿,而是以承认他人有所不同为核心原则,从一开始的出发点就是:经济仅在民主的框架内才是可能的,非地域化的经济需要有对民主的恢复。如果人们把世界主义理解为对他人的承认,对其他文化的承认,如果人们将这种政治理解为一种民主性方案,这种方案致力

---

① 贝克、威尔姆斯:《自由与资本主义:与著名社会学家乌尔利希·贝克对话》,浙江人民出版社2001年版,第40、20～21页。

② 鲍曼:《全球化:人类的后果》,商务印书馆2001年版,第66页。

于在跨国领域内扩大民主，即推行一种试验性的民主，如果人们把这种民主理解为非地域化经济的框架秩序，在这种经济中，人道主义的标准要由政治来重新设定，它包括符合人的尊严的工作与生活的标准、对待自然的方式的标准、生态标准，那么，可以说这种前提就是一种世界主义政治的方案”①。如果说全球化导致边界消失和分裂，那么全球化政策就意味着划分边界、制定规则和实现团结统一。在这个过程中，迫切需要发挥政治的作用，以让国家、政权和非政府组织占领跨国政治空间，而决不是由市场规则来覆盖一切领域。

以上，我们简单回顾了从古希腊时代到全球化时代政治生活的变迁。这并不是对不同时代政治观的概括，事实上，这种概括几乎是不可能的。我们的目的是，既看到政治是一个不断变化着的概念，又从中得出关于政治的一般定义。

就政治概念的变迁而言，我们不能停留于古希腊的政治观中，对后世的政治作出一种怀旧的或浪漫主义色彩的批评，而是要充分认识政治观变迁的历史合理性。黑格尔在高度评价古希腊城邦社会中实现的伦理实体的自由的同时指出：“在古典的古代国家中，普遍性已经出现，但是特殊性还没有解除束缚而获得自由，它也没有回复到普遍性，即回复到整体的普遍目的。”“普遍物必须予以促进，但是另一方面主体性也必须得到充分而活泼的发展。只有在这两个环节都保持着它们的力量时，国家才能被看作一个肢体健全的和真正有组织的国家。”② 他特别指出，在东方专制制度下，并没有国家存在，因为它们缺少“表现为法、自由伦理和有机发

---

① 贝克、威尔姆斯：《自由与资本主义：与著名社会学家乌尔利希·贝克对话》，第54页。

② 黑格尔：《法哲学原理》，商务印书馆1961年版，第261页。“主体性”原译作“主观性”。

展的那种自我意识的形态"[①]。可见,黑格尔在致力于一种历史的、时代的综合。出于这样的历史理性,黑格尔在家庭与国家——很大程度上相当于亚里士多德的"家庭"(oikos)和"城邦"(polis)——之间加进了"市民社会"这个重要环节,结合现代劳动和生产体系于一个重新理解的政治概念之中[②]。在国家、经济、社会、文化有了明确界分的现代,对于政治的理解必定不同于古代。马克思说过,人体解剖对于猴体解剖是一把钥匙,资产阶级经济为古代经济提供了钥匙。相应地,现代政治对于理解古代政治是一把钥匙,而不是相反。

而就政治的定义而言,它必须以现代为轴心,把国家看作政治的主要活动领域,把政治与经济、社会、文化区分开来,并探讨它们之间的恰当关系,但也要考虑到前现代、后现代的政治特征。它必须把政治看作是人类生活的特定领域,比古希腊人主张的政治价值观宽泛,但也不能把所有事物都贴上"政治"的标签。循于此,我们试着提出一个关于政治的定义:

政治是一种在人的社会物质生产基础上产生的社会基本活动形式,它的根本任务是对集体行动作出调节,它的主要内容是对社会公共事务作出决策,对社会资源、利益、价值和权力作出分配和调整,这些决策和分配一般被认为对集体行动具有约束力,并作为公共政策加以实施。

这个定义所包括的要素在于,第一,政治是一种活动,是一种人类的基本存在形式,而且指出了政治以社会物质生产活动为基础。这体现了马克思主义关于人类活动的基本理论以及关于政治与经济、物质生产活动之间关系问题的基本立场。人类实践作为一种总体性存在,必然以政治活动为重要组成部分,而政治是经济

---

① 黑格尔:《法哲学原理》,商务印书馆 1961 年版,第 279 页。

② 现代"经济"(economy)的词源是希腊文"家庭"(oikos)。

的集中体现。

第二,政治是一种在共同体中并为共同体利益作出决策并付之实施的活动。这是政治不同于经济等活动的特定目标和特定内容。而且,政治调节集体行动,需要共同决策,因而它预先假设存在着观点上的分歧,"政治"方式也就意味着某种与作出决策的方式有关的东西,比如谈判、说服、投票等等制度安排,它排除了运用武力解决分歧的方式。此外,政治主体之为社会共同体,既可以是国家,也可以是其他社会组织,因此既可以有国家政治——这是政治的主要部分,但也可以有社会政治——在全球化时代,这部分的重要性在不断增加。

第三,政治是一种运用权力和权威作出决策并付之实施的活动。要制定和实施政策,必须要有权力,即将政策强加给不愿意服从的社会成员。在这样的意义上,我们可以把政治归结为权力或以权力为中心的活动。但是,不能把这样的理解放大为政治的一般定义,这样的定义不是过宽,就是过窄。说它定义过宽,是因为它没有能够区分社会权力与政治权力;说它定义过窄,是因为政治还包括了其他大量内容。比如政治不能缺少权威。"权威"(authority)不同于"权力"(power),权威依赖于人们服从的义务,这种服从来自于领导者所属职位的合法权力,但是仅仅占据职位并不足于支配权威,有效的权威要求有力的、公正的和明智的领导者。制定政治决策并付之实施需要权威,表明政治总意味着一种合法性追求。政治合法性与法律规范之间并无直接联系,它指社会秩序和权威被自觉认可和服从的性质和状态。

上述政治定义,是我们有意于历史的、时代的综合角度作出的,在其中可以看到从柏拉图、亚里士多德到黑格尔、马克思,到哈罗德·拉斯韦尔、戴维·伊斯顿等政治学家的影子,但我们不把"政治"首先当作一个语言问题、概念问题来讨论,而是当作人类的实践问题来讨论,试图从人类政治实践活动的展开过程中揭示出政治概念的一般。接下来我们就来讨论人们对于政治生活的研究。

二、政治学:历史与理论

在《开放社会科学:重建社会科学报告书》中,华勒斯坦把1850—1945年称之为社会科学的建立时期。相比于历史学、经济学和社会学,政治学作为一门学科出现得要晚一些,主要是因为大学的法学院拒绝放弃它们在这个领域中的垄断权。至少直到1945年以后发生行为主义革命时为止,政治学家一直都十分注重研究政治哲学(政治理论)。①

与政治科学的较为晚出形成鲜明对照的是,政治学研究源远流长。自从人类进入阶级社会,有了阶级统治与政治管理,政治研究也就应运而生。在回答什么是政治的问题时,我们考察过政治生活的历史变迁。事实上,政治生活与政治思想、政治理论密不可分,作为政治研究的政治思想、政治理论本身属于政治生活,它提供着对政治生活的辩护和论证。当这种思想达到精深、抽象和自我意识的高水平时,它便获得了对最切近环境的某种独立性。“政治思想的传统获得了自我意识,提供了以往历史的事实和思想,对照这些事实和思想,人们可以评价现在,也许还可以根据它们来规划未来。”②

西方政治学的研究传统是由古希腊思想家柏拉图和亚里士多德奠定的。古希腊人不仅创立了政治事物,把它与个人存在和集体存在的其他方面区分开来,而且,他们还在活动的意义上创立了

① 华勒斯坦:《开放社会科学》,三联书店1997年版,第20~21页。

② 德怀特·沃尔多:《政治学:传统、学科、专业、科学、事业》,载格林斯坦、波尔斯比编《政治学手册精选》上卷,商务印书馆1996年版第9页。以下对政治学研究传统的叙述多参考此书。

政治学，意识到它本身是活动，即致力于研究政治事物的活动。其次，希腊人造成对单个政体(国家、城邦)两重性中固有的问题尤其是公民与政体的关系问题的持久意识。再次，希腊人首先认真地表达了政治学研究中主要的、令人迷惑不解的、一再出现的问题，即“既然”和“应然”的关系。他们从此开辟了解决实际的和伦理的东西之间关系问题的道路，即使没有为以后的政治学研究提供一条可以被接受的路线，也提供了一个起点。

古罗马时代没有出现伟大的政治理论家，也没有形成在后来具有重大影响的政治哲学，但是，罗马人在三个方面深刻地影响了直至今日的政治思想。其一，罗马人扩大了实际的政治范围，从希腊时代的城邦扩展到了世界帝国；其二，罗马人以这样那样的方式把很多古代政治思想传入中世纪，由此再传到现代世界；其三，罗马人创立了较完备的法律制度。

中世纪基督教会的兴起，产生了独立于国家以管理人类宗教事务的独特体制。政治学说史家萨拜因认为：“它的兴起无论就政治学还是就政治哲学而言，都不无道理地被描述成西欧历史上最革命的事件。”① 教权与俗权的二元并存，把基督徒置于双重法律和双重政府之下。教会与国家、教权与俗权的关系，成为中世纪政治思想的主题。“在两种权力之间的关系成为主要争论问题的时期过去之后很久，对于宗教自治和宗教自由的权利的信念还留下了它的残存物，而如果没有这种残存物，则关于个人私生活和自由的现代思想就几乎是无法理解的了。”② 而且，教会与国家的两种权力之争，导致了对政治的限制，中世纪的封建主义与其封建制度就在这样的基础上建立起来，它们与后世的自由主义与宪政的运动之间有着一条直接发展的思想路线。

---

① 萨拜因：《政治学说史》上卷，商务印书馆 1986 年版，第 222 页。

② 同上书，第 239～240 页。

如前所述，民族国家体系的建立，是近现代政治特征的主要方面。近现代的政治研究也主要表现为关于民族国家的理论。如果说“马基雅维利对国家这个词的近代政治含义所作的贡献要超过任何别的政治思想家，甚至国家这个词本身，作为最高政治实体的名称似乎也主要是因他的著作而开始在近代语言中加以经常应用的”[①]，因而马基雅维利堪称近现代政治思想的开端，那么，霍布斯政治思想中的个人主义和功利主义是他最明确地抓住了正在到来时代的特色的方面。他尽管为君主制进行了辩护，但那不过是表面文章，他抓住了那个激励社会思潮至少达二百年之久的精神，即资产阶级的自由主义精神。[②] 由此，我们可以把自由主义及其批评和修正作为考察近现代政治思想史的主要线索。其中，洛克在两篇《政府论》中，对自由主义思想首次进行了经典表达：自由优先于权威，自由是自然的人类状态，政治权威不是自然的，而是约定的。人民的同意是政治社会形成的基础，“同意”不仅在建立政府时是必要的，而且也是政府要求人民服从的持久条件，一旦人民确信政府不再履行保护的职责，便可以收回对政府的服从；政府权威不是无限的，它具有限制自身的义务。从维护个人的自由权利出发，洛克主张从权力结构上分权，以宪政及法律原则来确立政府的权限和公民反对政府的权利；反对对异教信仰者进行迫害，提倡宗教宽容和信仰自由，等等。18 世纪是自由主义大放异彩的世纪。1776 年，美国发生独立革命，北美殖民地以自由契约论为依据来争取独立。我们可以看到，《独立宣言》中成段的文字几乎就是洛克《政府论》下篇的翻版，洛克的自由主义还影响到美国宪法的起草，特别是对联邦党人汉密尔顿、麦迪逊等为争取宪法的通过所提出的论据。在法国，1789 年爆发了大革命，巴士底狱的攻占宣告

---

① 萨拜因：《政治学说史》下卷，第 407 页。

② 参看同上书，第 514～535 页。

了专制主义时代的结束，一个自由的革命和改革时代的到来。自由主义在法国，特别是通过启蒙思想家的著作，产生了广泛的影响。但是，自由主义经过从 17 世纪到 18 世纪的发展、从英国到法国的发展、从法国到德国的发展这种时间和空间的变异，它的内在矛盾与危机日益暴露。因而，就在自由主义影响的扩大过程中，即产生了自由主义的变异与修正，比如卢梭提出平等参与的权利，修正了洛克式免于专制与压迫的否定的（negative）自由观念，而转变为要求享有权利的肯定的（positive）自由观念。休谟通过对理性、事实、价值的严格划分，摧毁了天赋人权以及永恒不变的自然法等一整套理性哲学，从而使人们产生了对一种涵融理性、事实与价值的新哲学的要求。这些修正和批评，在 19 世纪早期，酿成了黑格尔对自由主义的全面批判。

如果说宣称人拥有自然权利是 17、18 世纪西欧自由主义政治理论的实质性精神，那么，社会契约论则为它提供了概念框架和程序性解释。黑格尔的自由主义批判，既指向自然权利说，又指向社会契约论。不仅如此，黑格尔还对使自由主义政治理论得到检验的重大事件——法国大革命进行了深刻分析，从而对 17、18 世纪欧洲政治理论遗产作出了一个全面清理。在此基础上，他重建了自由理论，成为近代自由理论的集大成者。他的作为规范和标准的"真正的自由"概念，建立在互主体性哲学模式之上，是一个伦理实体的自由概念。在这一自由概念中，黑格尔完成了古代伦理实体与近代道德主体之间的综合，并把它表现为概念各个环节的辩证发展，从"家庭"经过"市民社会"到"国家"，体现着自由意识的发展，而只有在"国家"中自由理念才真正得到了实现；"国家"的发展史构成世界历史，这个历史也是自由意识从低级到高级的发展史。历史的目标就是实现一切人都自由的原则，并在社会和国家现实方面取得合理形态，因此，历史的终结也即是自由概念的完成。黑格尔在历史终结论中完成了对近代自由理论的重建，并在这一重建中最终完成了对自由主义的批判。

黑格尔的政治思想不仅构成了自由主义批判的持久资源,也成为自由主义内部修正、自我批判的重要资源。19世纪后期英国从约翰·密尔到牛津唯心主义学派对古典自由主义所进行的修正,他们对社会立法、实现整个社会福利的重视和对社会义务具有的深刻觉悟,都与黑格尔政治思想有着重要的关联。当然,更重要的是,从继承、批判黑格尔的政治思想出发,马克思揭示了政治革命的限度,从而把克服市民社会与超越政治解放之间紧密地联系了起来。马克思提出的"人类解放",是一个阶级消灭、国家消亡的社会理想。[①]

从关心创立和论证现代国家到致力于改革和改善国家,再到寻求摧毁和超越国家,近现代政治思想家为我们提供了一份关于民族国家理论的完整图景。但是,只是在19世纪末、20世纪初,以现代国家及其政治为研究对象的政治学才以我们今日所知的方式在主要大学里得到正式承认,即学科的制度化。主要的标志是,1880年,美国哥伦比亚大学(当时称哥伦比亚学院)创立政治学院,并于1886年创办《政治学季刊》。创建于1876年的约翰·霍普金斯大学在1877年成立"历史和政治学会",并于1883年创办《约翰·霍普金斯大学历史和政治学研究》。密西根大学、宾夕法尼亚大学、芝加哥大学、威斯康星大学、哈佛大学等也较早开始了政治学教学与研究,它们都培养研究生,开始授予硕士和博士学位。1903年,美国政治学会成立。1906年,学会开始出版《美国政治科学评论》。从学术团体、专业杂志、书籍出版、基金资助渠道、教育培训、职业化以及图书馆新收藏目录的确定,特别是大学相关专业教育的发展等多方面标准来衡量,最晚到20世纪20年代,政治学

① 对近现代自由主义及其批判的思想史考察,可参看郁建兴:《自由主义批判与自由理论的重建:黑格尔政治哲学及其影响》,学林出版社2000年版。

已经成为了一门独立的学科。

政治学成为独立学科的又一个标志在于其方法论。与政治科学的前史相比,它们之间的区别主要不在于研究对象,而在于研究方法。传统的政治研究,从柏拉图、亚里士多德到马克思,基本上终结于哲学方法,尽管在马基雅维利那里就已经具有经验研究的某些特征,19 世纪英国的政治研究更是具有经验主义、实证主义的倾向。在政治科学中,经验的、实证的方法取代思辨的、演绎的方法而成为主要研究方法。

现代政治学在美国的兴起,是政治学史上的重要事件。19 世纪以前,政治研究的中心在西欧。而 20 世纪的政治学主要是美国政治学。要理解政治研究中心的转移,必须考察西方历史提供的模式和可能性以及美国的经历所提供的特殊环境。这种背景和环境因素有很多,特别是美国独特的政治经历,其主要特征包括:以主权在民原则为特征的宪法、权利法案、领土上的权力分立、权力的职能相互独立;自由主义思想和社会精神气质兴盛;源于以经验为基础的个人独立感和地方自治感;持久的两党制和由于组成了一些政治协会才有的丰富的团体生活;源于生气勃勃的民族主义以及有关的民族"使命"观念的兴起;源于民主理论和实践的发展对原先的共和国设计施加了影响;以及美国的经历是(或将成为)整个人类的那种深刻而有影响力的感觉的经历等。①

另一个重要的背景因素是美国的科学主义传统。尽管在一开始,美国的政治学受到欧洲思想的无可怀疑的重要影响。但相比之下,自然科学成就的示范作用显然更大。美国早期的政治学家们普遍相信,自然科学的经验、实证方法可以用于政治领域的研究。甚至"政治科学"一词的使用,既显示了赞成对科学方法要求

---

① 德怀特·沃尔多:《政治学:传统、学科、专业、科学、事业》,载格林斯坦、波尔斯比编《政治学手册精选》上卷,第 25～26 页。

的深入理解，又显示了同欧洲的、特别是欧洲大陆的政治研究传统的某些背离。这种新的理解在1880年后的几十年里，确立了明显的统治地位。

第二次世界大战以后，世界政治结构发生了巨变，美国一跃而为世界上最强大的国家，以美国、苏联为首的两大阵营展开所谓冷战，一大批非西方国家取得民族独立。在1945年后的30年，生产力迅猛发展，人口急剧增加，达到了前所未有的规模。大学系统在世界各地都得到了惊人的发展。这些都极大地刺激了政治学研究。而美国成为超级大国这一现实状况则深刻地影响了政治学家对什么是最急迫的问题，什么是处理它们的最恰当方法的界定。

战后政治学发展中的最重要事件无疑是行为主义革命的发生。它延续了美国政治学家对科学主义的信奉①。虽然行为主义政治学缺乏统一的组织和单一的信条，但它的总倾向可以被解释为按照自然科学的方法论及模式来发展政治学，重视研究社会政治生活的过程，而不是像传统政治学那样注重探讨事物的本质。行为主义政治学的代表人物戴维·伊斯顿把行为主义方法论归结为八个设想目标：(1)规则性。政治现象可以在观察行为的规则性基础上得到分析和解释，甚至被论断。(2)验证。政治学应该注重研究可以观察的现象，研究个人和政治团体的行为，而不是政治制度。(3)技术。政治学应该采纳和解释数据的正确技术以及使用研究方法的工具。(4)数量确定。政治学必须用严格的测量和数据处理过程代替不精确的数量判断。(5)价值观念。政治学应该采取“价值中立”立场，把价值观与事实区别开来。(6)系统化。政治学研究应该是系统化研究，政治学应该成为统一的理论。理论不应由思辨和反省构成，而应由分析、解释和论证组成。(7)纯粹

① 在两次世界大战之间，由于欧洲移民政治学家和其他社会科学家的冲击，曾经短时间出现过“重新欧洲化”倾向。

科学。政治学应该把新发现的重点放在基础或纯粹理论上，而不是放在应用研究上。(8)一体化。社会科学各学科从根本上是一致的，科际合作或跨学科研究对各学科都是有益的。①

行为主义将政治学研究的重心由原来的法规、制度的静态研究转向政治制度的运作或政治行为、政治过程的动态研究，并力求建立可检验的经验理论。行为主义使政治学对方法论更加自觉、熟练和精通，并提供了政治研究的"工具箱"，其中包括观察、访问、实验、模拟、模型、统计分析、系统分析等等。行为主义强调社会科学各学科在本质上的一致性，自觉吸收了心理学、社会学、经济学、人类学、统计学、系统分析等学科的概念、理论与方法。这些都扩展了政治学的研究视野，丰富了政治学的研究内容，提高了政治学的研究水平。但是，它也存在着过分注重方法而忽视内容、注重事实而忽视价值、偏重微观与中观理论而忽视宏观理论研究等理论和方法论上的缺陷。在 20 世纪 60 年代美国社会出现种族冲突、民权运动、城市骚乱、反文化运动、环境恶化、政治领袖相继遇刺、贫困和社会不平等、越南战争等背景下，行为主义政治学的上述缺陷愈益显得突出，导致了行为主义政治学的危机。以戴维·伊斯顿 1969 年 9 月担任美国政治学会主席时发表就职演说《新的革命》为标志，一场所谓后行为主义"新革命"发生了。后行为主义放弃"追求科学主义的狂热"，主张实质重于技术，注重研究政治与社会目标和行为的关联。它批评行为主义把事实与价值截然分开的做法，重新引入价值及规范研究。它反对政治学为学术而学术，提倡研究紧迫的社会问题，发展应用政治学。后行为主义的"新革命"导致了规范政治理论或政治哲学的复兴，也促使政治学向政策科学过渡。1971 年，罗尔斯发表《正义论》，随即产生了经久不绝的

---

① 参看王沪宁：《当代西方政治学分析》，四川人民出版社 1988 年版，第 2 章；以及单天伦主编：《当代美国社会科学》，社会科学文献出版社 1993 年版，第 5～6 页。

社会正义研究热潮，形成所谓“罗尔斯工业”，一举改变行为主义革命所导致的“政治理论的终结”局面。《正义论》的发表可以被看作是政治理论或政治哲学复兴的标志。现在，政治理论取得了与政治学其他分支学科相等的地位。而政策科学的出现更被人们誉为政治学发展中的“最重大突破”。政策科学是一门实践取向、应用性很强的学科，提倡以问题为中心，而不是以学科为中心的知识产生方式，力求把科学知识尤其是社会科学知识直接运用于解决社会政治问题。在美国，自20世纪70年代以来，政策科学几乎成了政治学的别名。此外，后行为主义关注社会现实政治问题研究的取向，也引发了政治学研究主题的多样化，种种关注社会现实政治问题的思潮、流派和理论，如女权主义政治学、环境政治学、科技政治学等应运而生，并迅速得到发展。①

后行为主义的兴起标志着行为主义政治学的衰落。但是，这并不意味着政治学研究重新回归传统。事实上，后行为主义接受了行为主义的主要成果，它只是对行为主义在理论及方法论上一些缺陷的修正。总起来说，后行为主义的“新革命”是行为主义家族内部的一场改革运动。经过行为主义革命和后行为主义“新革命”，“动态化”牢固地成为政治学研究的“范式”②。传统政治学侧重研究政治制度、宪法、主权、司法机构、国家、制衡等课题，而当代政治学的研究内容中则出现了诸如政治参与、政治文化、政治社会化、政治沟通、民意、利益、政党、投票行为、利益集团、政策制定、政治心理、政治人格、大众传播、冲突、革命等新课题。自20世纪80年代以来，政治制度研究出现了复兴，形成了新制度主义政治学。但是，它也不是对传统政治理论的简单复归，而是力图把对制度的

① 参看陈振明：《20世纪西方政治学：形成、演变及最新趋势》，载《厦门大学学报》1999年第1期。

② 参看王沪宁：《当代西方政治学分析》，第3章。

关注与当代政治学的要素结合起来，如盖伊·彼得斯所说，“‘新制度主义’反映了旧制度主义对政治理解的许多特征，但也在大量新的理论和经验层面上推进了政治学研究。它沿用了老制度主义中的许多假说，但也通过新的研究工具和借鉴了行为主义和理性选择的分析丰富了这一思想”[①]。

在20世纪的最后25年，政治学发展除了继承行为主义革命和后行为主义“新革命”的遗产外，还出现了许多新的特点。这里特别需要提到全球化的影响。

全球化已经是一个客观存在。全球化以信息技术革命为重要动力，它也同样是一个社会方式、生活方式和思维方式的变迁过程。[②] 由此，作为社会学家的贝克倡导建立一种全球社会学。他说：“社会学大大小小的问题都要进行重新探讨、确定、处理和回答，而且不是在无所不包的乌托邦理论中、不是在为琐琐碎碎的民族主义辩解这一意义上探讨，而是在跨民族的文化比较中探讨。”[③] 而国家理论的复兴可以视为政治学对全球化的一种回应。

国家理论原是传统政治理论的核心，甚至可以说，国家理论是传统政治理论的别名。从柏拉图到马克思，政治理论家们几乎都把政治学理解为国家学。只是由于行为主义革命的缘故，制度的研究让位于行为的研究，国家的研究让位于政治系统的研究。全球化进程从外部、内部两条战线上向国家的地位发起了挑战[④]，从而突出了研究国家问题的重要性。外在的挑战在于，跨国主体和

---

① B. Guy Peters. Institutional Theories of Political Science. London: New Pinter, 1999, p.1。

② 参看郁建兴：《全球化：一个批评性考察》，浙江大学出版社2003年版，第1章。

③ 贝克、威尔姆斯：《自由与资本主义：与著名社会学家乌尔利希·贝克对话》，第10页。

④ J. Rourke and M. Boyer, World Politics: International Politics on the World Stage, Brief, Duskin/McGraw-Hill, 1998.

跨国活动急剧增加，超越了传统意义上的主权与边界；内在的挑战在于，个人和国内团体力量不断增强，削弱了对国家的依赖和信任，不少国家出现了分崩离析的局面。

对此，新自由主义主张通过解除国家的互助共同体关系把个人释放出来，使他们进入不受调控的世界市场的“自然狩猎区”。[①]新自由主义通过对战后炽盛的种种国家主义的检讨、批判和调整，以及对市场和市民社会的礼赞，激活了国家与市民社会、政府与市场的关系研究，并在最近20多年间形成了一股全球性的“市民社会思潮”。从起源上看，全球化时代复兴了的国家理论较多地具有反国家主义色彩，但也不尽然。国家主义与反国家主义这两种非此即彼的学理构架和现实选择正在被人们逐渐超越。在今天，即使新左派也在采用“市民社会”这一概念。

国家理论的复兴，也意味着国家理论的拓展。这种拓展，意味着“从标志战后最初对国家的重新发现之特征的抽象的理论说明出发的转变，和从提出一些（只有经过充分发展的、成熟的理论框架才有希望加以解释的）理论问题和经验问题出发的转变”。英国著名政治学家杰索普把包含了这些转变的当前国家论题概括为以下五种：国家身份（或者国家状态）的历史可变性；国家所具有的相对实力或者弱点；民族国家在所谓的全球化和地区化时代所具有的未来；有关规模、空间、领土权，以及国家的争论点；最后，各种治理机制及其明确表达的兴起。[②] 鉴于全球化时代的国家理论还处在形成和发展过程中，我们仅仅限于指出几点它对于政治学发展的可能贡献。

---

① 参看哈贝马斯：《超越民族国家？》，载《全球化与政治》（论文集），中央编译出版社2000年版。

② B·杰索普：《国家理论的新进展——各种探讨、争论点和议程》，载《世界哲学》2002年第1～2期。

政治学的新视野。相比于传统政治学，当代政治学越来越具有跨国或全球视野。在全球化时代，国家仍然是基本政治单位。针对新自由主义鼓吹市场由“看不见的手”来调节、政府应当回归最小状态的自由市场神话，乔姆斯基指出，政府是现代资本主义制度的核心，在出现全球化的市场经济之后，政府和决策层所发挥的中心作用比任何时候都更加明显。[①] 所谓政治学研究的全球视野，是指政治学不再认为国家是一个完全独立的政治实体。比如华勒斯坦认为：“现代国家从来不是一个完全自治的政治实体。国家是作为国家体系的组成部分而发展和形成的。国家体系是国家必须在其中运行的一系列规则，是国家舍此便不能生存的一系列合法化过程。从任何国家的国家机器的角度上看，国家体系代表了对其意志的约束。这些约束可见于外交活动、管理活动和合约（国际法）的正式规则，以及对如何及在何种情况下进行战争的种种限制。”[②] 由此，华勒斯坦主张放弃以国家为中心的传统社会科学分析取向，代之于世界体系理论。此外，泰勒“承认的政治”观、贝克“世界主义政治”观以及国际政治经济学、世界城市研究、全球制度经济学、世界史、文明研究、跨国地区研究等新学科，也都不再以单一主权国家为焦点，而以跨国或全球为视野，它们研究跨国结构出现的新特征，探讨世界体系中经济和政治的新秩序[③]。

政治学的新方法。相比于传统政治学，当代政治学的边界越来越不清晰，与其他学科的整合研究成为其方法论上的显著特征。特别是在全球化进程中，经济力量在社会生活中的地位不断凸现，经济学在建立可检验的经验理论方面不断取得重大成就，这对政

① 参看乔姆斯基：《新自由主义和全球秩序》，江苏人民出版社 2000 年版，第三章“对自由市场的偏爱”。

② 华勒斯坦：《历史资本主义》，社会科学文献出版社 1999 年版，第 31～32 页。

③ 鉴于国内政治与国际政治之间的界限日益模糊，“本国政治”与“国际政治”的政治学传统分类方法越来越成为问题。

治学研究产生了巨大的示范效应。政治学与经济学的整合研究遂成为一个得到迅速发展的独立领域。公共选择理论、国际政治经济学、新制度主义等就是这一领域中的主要理论或学科分支。公共选择理论是关于政治的经济学,它以经济学方法来研究诸如政府干预、投票规则、投票行为、政党政治、官僚结构等政治学主题,形成了非市场决策论、代议民主制经济论、寻租理论、官僚结构经济论、政府失灵论、利益集团理论等等。国际政治经济学以竞争国家系统与跨国市场经济之间的关系作为研究主题,应用理性行为模式来解释国家行为。而在 20 世纪 70、80 年代经济学研究中兴起的制度主义思潮,鼓舞了政治学研究中的制度主义理论家。通过“制度”这一关键变量打通了个人行为与集体行动、社会与国家、经济与政治的联系。新制度主义也因此被人们视为经济学与政治学科际整合的范例。

政治学的新形态。除了上述全球化时代的政治学新形态外,自 20 世纪 90 年代以来,“少一些统治,多一些治理”正越来越成为人们解释和解决政府改革的有用口号。在传统政治学中,无论是国际关系研究还是本国政治研究,国家(政府)都曾经是它们预设的惟一主体。国际组织、跨国公司、第三部门和其他社会组织以及社会活动的出现和成长改变了这种状况,并且把国际关系和公共管理、国际和国内这两个以前截然分开的领域用“治理理论”联系在一起,实现了两者在研究对象和方法上的交叉。在这两个领域里,国家不再是惟一的行为主体,而是与国际组织、跨国公司、国内不同层次的各种组织共存的主体之一。作为全球化的产物,治理理论不仅陈述和解释国家主权被挑战的种种现象,而且提出一种较为明确的观点来主动地、有意识地削弱绝对主权。对内方面,治理理论没有停留于对国家权力进行宪政层面制衡的古典自由主义立场,而是明确提出了多中心治理观点,使得一直由行政官僚负责的具体公共事务这部分自留地,也不得不向个人和其他组织开放,通过协商合作的方式来共同管理，从而分享国家对内主权中的行政管理权部分。对外方面，治理理论也超越了国际规制理论只注重正式权威的狭窄视界，强调非正式权威的重要性，特别是在处理全球公共事务和解决全球性问题方面，认为跨国经济组织和非政府组织等也是不可忽视的行动者。实际上，治理理论的分支——全球治理的轮廓正逐渐清晰起来，它的宏大抱负就是实现某种超越传统主权和民族国家的全球政治模式，以求更为彻底地消解主权的绝对性。从本质上看，治理理论试图全面消解现代性的绝对主权观念，从而表现出当代政治学的后现代走向，甚至可能导致政治的终结这样令人忧虑的后果。同时，由于现代性与后现代性的争论还在延续，治理理论围绕主权所凸显的间接民主与直接民主、官僚制与后官僚制以及全球治理与地方治理的紧张关系问题等等，又体现了现代性与后现代性的某种交融。治理理论提出由"统治"变为"治理"，由"善政"转向"善治"，既给人们带来了未来处理公共事务新的模式和新的希望，又给人们带来一些疑问和困惑。在这种两重性中，似乎预示着政治学的未来发展方向。

以上我们结合不同时代政治生活的特征简要考察了政治学史。不了解政治学所处的和所继承的独特历史，就不可能了解政治学。另一方面，所有政治实践的开始，是一种把事物看作是它们应该如何的观念。政治学史与政治史之间是一种相表里的关系。进一步的问题是，政治学之为"科学"，就像物理学或者生物学一样，它的规定性又在哪里？换句话说，政治学是科学吗？

对"政治学是科学吗"问题的追问构成了现代政治学的现代性。在考察现代政治学的形成时，我们把学科的制度化和方法论的转型作为它的标志。政治研究在 19 世纪末取得科学形态，包括经济学、社会学等学科的形成，正是科学在 19 世纪大获全胜的表现。科学自 16 世纪趋于成熟以来，在相当长时期内都被界定为对于超越时空、永远正确的普遍自然法则的追寻。托马斯·胡克

(Thomas Hooke)曾于1663年为英国皇家学会草拟了一份章程，除了强调学会宗旨是“通过实验手段增益关于自然万物的知识，完善一切手工艺、制造方法和机械技术，改进各种机器和发明”外，他还指出，皇家学会“无涉于神学、形而上学、伦理学、政治学、语法学、修辞学或逻辑学”。[①] 这里体现的认识方式分化导致了斯诺(C.P.Snow)后来所说的“两种文化”。这两种知识领域或“两种文化”的分化逐渐地失去了原先作为两个独立而平等领域的意义，到19世纪初，自然科学完全占了上风：人们常常把科学与自然科学等同起来。所以，社会科学的形成本身就是自然科学取得巨大成就示范下的产物。我们已经看到，战后自然科学以及社会科学的某些学科如经济学在建立可检验的经验理论方面取得的成就，是行为主义政治学革命产生的重要知识背景。行为主义革命是政治学史上追求“科学性”的高峰。通过行为主义革命，政治学对研究方法和分析技术的探索更加成为自觉。目前，政治学方法论成了政治学科的重要分支。

但是问题在于，正如行为主义的批评者们所指出，政治学的研究对象与自然科学不同，它涉及人类行为，人类行为十分复杂，缺乏稳定性，存在太多的偶然性和变量；它独一无二且不能重复，不能做实验。而且，政治学和其他社会科学一样，不能把价值、情感和意识形态一类东西与经验事实分开。因此，我们首先遇到的不是政治学“要不要”科学化的问题，而是“能不能”科学化的问题。

在行为主义革命之后，政治学家们从两种不同方向上求解着上述问题。在追求政治学更加科学化的学者看来，政治科学作为一门科学还没有完全建立起来。他们把政治研究史上丰富的历史文献看作是一个包袱，并倾向于引证怀特海的名言：迟迟不肯忘记开创者的科学可能也是没有希望的。而强调政治学不可能成为一

---

① 转引自华勒斯坦：《开放社会科学》，第4页。

门科学的学者则强调政治理论主要是对政治理论史的研究,强调政治学之为规范理论的意义。政治科学与政治理论或政治哲学之间的这种紧张关系,推动了政治学的发展。就目前来看,尽管在两者之间仍然存在着强大的分离力量,它们之间仍然可能不断重新开战,但是战后"追求科学主义的狂热"时期对政治科学领域中严格分类现象抱有的神经质状况已经消除。取而代之的是它们之间实际关联的一些新观念。比如《布莱克维尔政治学百科全书》对政治科学的定义就是:

"一门学科,它力求系统地描述、分析和解释政府机构和公共政治性组织的运作,加之所有那些有助于确定合法权威所作出的具有约束力的分配方案或决策的社会活动和互动关系;以及那些展示有关这些机构、决策和分配的各种论点的价值观、人性观和各种描述性理论。"①

在我们看来,解决"政治学是科学吗"问题的关键是对科学概念的理解。行为主义政治学家在实证主义方法与价值中立性的基础上理解科学概念。20 世纪 60 年代以来,这一科学概念正经受着严厉的批判。历史主义科学哲学家库恩在 1962 年发表的《科学革命的结构》一书中指出,科学研究基本上是一种非理性的过程,科学发展也不是一种渐进的、量的积累过程,而是一种渐进的中断或科学革命的过程,科学革命则是一种新的研究范式代替旧的研究范式的过程,而范式是科学研究共同体所共有的全部成规,包括科学共同体成员共同的世界观和方法论。在库恩看来,影响科学家进行理论选择的因素很多,有客观方面的,也有主观方面的,但主观因素才是主要的、根本性的、决定性的,科学理论或范式的本

① 戴维·米勒、韦农·波格丹诺编:《布莱克维尔政治学百科全书》,中国政法大学出版社 1992 年版,第 569 页。在这样的定义下,作者把经验分析、政治理论和国家理论看作政治科学的主要研究途径。

质是科学家们的主观的或心理上的信念。新范式战胜旧范式靠的并不是逻辑的力量、理性的力量,而是心理上的宣传、共同体的"说服技巧"。在库恩之后,费耶阿本德发展了他的非理性主义和相对主义。在费耶阿本德看来,科学研究可以采取多种规则、多种方法。没有一种方法、规则能够成为一切研究的基础,并保证它是"科学的"、可靠的。由此,他提出的口号是:"怎么都行!"不仅如此,费耶阿本德还提出"科学沙文主义"、"科学专制主义"概念,指出科学沙文主义已经成为自由社会的大敌。他说:"科学确实不只是意识形态了,而是所有意识形态的客观标准了。""科学沙文主义智力污染更成问题,目前科学家已逾越了他们的职业界线,而试图把他们所认为的方法论规则普遍化为整个社会的一部分。"虽然我们不必同意库恩和费耶阿本德非理性主义、相对主义的科学观,但他们给科学与非科学消除界线,至少为我们提供了一个重要启示:科学研究中事实与价值并不能截然分开,科学方法并不只是实证主义方法,实证主义方法也并不绝对正确、有效。

在科学概念得到修改的意义上,确实可以说:政治学是科学。由此,在政治学研究中,历史、比较的方法与经验、实证的方法都有其存在的合理性。穆恩把政治研究的模式分成两大类:自然主义模式或科学模式、释义模式或人文科学模式。前者强调根据自然科学的方法论原则来构筑政治学。后者则坚持人文科学在方法论上的独特性,因为社会现象不同于自然现象,它们部分是观念的和语言的。研究者必须理解他正在研究的行动和社会形式的意义,而不能只用概括来加以解释。穆恩说,这两种方法论模式都存在着缺陷,“所需要的是一种真正综合这两种模式的方法论观点”[①]。这也可看作是我们论辩“政治学是否科学”问题得出的结论。

三、建构中国政治学

当我们提出建构中国政治学的任务时,首先必须指出,这里的“中国政治学”指的是政治学的中国类型,而不是说在不同国家或地域存在着不同的政治学。作为一门学科,政治学是惟一的。人们通常说:“存在着许多不同的政治学。”其实,这个说法是有语病的,尽管存在着许多迥然各异的政治学类型、流派或体系,但政治学却是惟一的。在类型、流派或体系的意义上,政治学才可能有它的复数形式,像“一切政治学类型”、“全部政治学体系”或“所有的政治学流派”等等表述。作为一门学科的政治学永远只有单数形式。英文“政治科学”的复数形式(political sciences)指的是政治学的各分支学科[②]。当然,如果我们把“美国政治学”、“中国政治学”的提法都改为“政治学的美国类型”、“政治学的中国类型”,也许会觉得别扭,我们仍不妨沿用中国政治学、美国政治学这种习惯提法,但是切不可把它们理解为各种政治学,而应该理解为政治学的各种类型。[③]

如前所述,现代政治学形成于美国,20 世纪的政治学几乎是

---

① J·唐纳德·穆恩:《政治研究的逻辑:对立观点的综合观》,载格林斯坦、波尔斯比编《政治学手册精选》上卷,第 240 页。米诺格也说,用科学方法研究政治是 20 世纪一项伟大然而又有局限性的成就,政治科学经常以忽略纯科学的严格规限的方式摆脱其局限性。《当代学术入门:政治学》,第 94 ~ 95 页。

② 德怀特·沃尔多作者认为“政治学”的复数形式是一种较不严谨的用法。《政治学手册精选》上卷,第 92 页。

③ 此处参考了俞吾金对哲学类型理论的论述,见其《关于哲学基本问题的再认识》,载《北京大学学报》1997 年第 2 期。

美国政治学的别名。那么,提出建构中国政治学的任务,是否意味着与美国争夺政治学话语的中心地位?答案是否定的。政治学中的美国中心主义必须批判,但是这种中心主义并不是仅仅依靠意识形态批判就可以克服的。如同现代政治学在美国形成,与其独特政治经历、知识传统等等相关联,今天美国政治学的域外影响力与其经济、政治、军事、科技等等的影响力之间也有着相表里的关系。

"建构中国政治学"的命题,首先必须读作建构政治学的中国"类型"。这意味着,政治学在中国有着一个科学化的任务。在全球化时代,政治生活、政治现象的共同性、规律性日益显现。对政治学作为一门科学的学科认同,是承担这一艰巨任务的前提和基础,而深入研究这些具有共同性、规律性的政治生活、政治现象,就是这一任务的主要内容。同时,"建构中国政治学"命题也必须读作建构政治学的"中国"类型。在这里,我们必须正视我国政治学发展仍然处于一种起步阶段的现状。马克思当年曾经指出德国与英国、法国等国的发展存在着时代落差:"在法国和英国行将完结的事物,在德国现在才刚刚开始。"[①] 这种评论也部分适用中国政治学与西方发达国家政治学之间的关系。马克思从中把落后的德国的发展目标设定为:既达到英法等国的历史水平,又超越它们。同样地,中国政治学的建构工作,也应该实现双重目标:既完成"补课"任务,与国际的政治学发展接轨;又实现政治学的本土化、中国化,即一方面以中国政治建设与政治发展为中心论题。在美国,由于政治制度已经步入稳定的发展时期,政治学关注的中心也就相应地从制度转移到公共政策上来,而中国社会发展所处的阶段要求我们仍然需要把政治制度建设当作政治学研究的主题。另一方

① 马克思:《〈黑格尔法哲学批判〉导言》,《马克思恩格斯选集》第1卷,人民出版社1995年版,第6页。

面，由于现有的政治学范畴、方法、分析框架等等都是在西方历史经验基础上形成的，运用这些范畴、方法、分析框架来研究中国问题，必然会遇到它的解释力与其存在的困难之间的紧张关系。因此，结合中国本土经验，界定一系列清晰的政治学范畴、方法、分析框架，使之成为经验观察中有用的工具，并指出使用这些概念工具的限度，当是建构中国政治学的重要内容。而且，政治学的本土化、中国化与科学化、国际化之间不是对立的，而是相辅相成的。只有真正实现了科学化、国际化的政治学，才能解释、解决中国政治建设与政治发展问题。当前，政治学的落后已经成为制约我国政治发展的一个重要因素。同样地，只有真正实现了本土化，才可能国际化。一种不能解释、解决中国政治建设与政治发展问题的政治学，无论是对于世界还是对于我国都没有任何实际意义，当然也就谈不上实现国际化。

实现中国政治学建构的上述双重目标如何可能呢？

中国是一个世界文明古国。几千年的文明社会历史留下了丰富的政治学遗产。在汉语中，孙中山先生最早使用了“政治”一词[①]。孙先生说：“管理众人的事，便是政治。”但是，在孙先生之前，古代中国的先哲们，通过分别阐述“政”与“治”，表达了他们的政治理念。这些政治理念，像儒家的“仁政”，道家的“无为而治”，法家的“以法治国”等，至今仍闪耀着夺目的光芒。

值得指出的是，由于古代中国并没有创立古希腊式的政治事物，实行封建制政治统治的时间也很短，在秦以后尤其是“汉承秦制”进一步完善中央集权的官僚政治后，封建主义就被全面废除。与西欧社会的封建制不同，古代中国长期处于“家产制”即政治权力不受制约和社会结构一元化（政教合一）的政治统治形式之下。

① 《尚书·毕命》篇虽然提到“道恰政治，润泽生民”。《周礼·地官遂人》篇中也有“掌其政治禁令”的说法。但这里的“政治”一词不同于我们今天的用法。

尽管我们在超出古希腊政治传统的意义上使用政治概念，但古代中国未能发育出自由民主（与市场经济）制度，终究是一个经验事实。在发生学意义上，近现代意义上的自由民主（与市场经济）制度产生于西方。与此相应，古代中国也没有能够发育出近现代意义上的政治学。近现代意义上的中国政治学，是西学东渐的产物。19世纪末，中国的先进分子在睁眼看西方、学西方的过程中，把西方的政治思想、政治制度，以及开始独立为一门社会科学的政治学介绍到中国，这是中国政治学的起点。

一百年来，中国政治学“走过来的是坎坷、泥泞的道路”。在1949年以前，中国的政治学教学与研究，取得过一定的成绩，出现了一批著名学者，出版了一批有价值的著作，培养了一批专业人才。但是，当时的政治学教学与研究中，介绍西方的研究成果多，对中国问题的研究少，对中国现实政治问题的研究更少。而且，学科的制度化水平低，特别是职业化程度低，培养出来的学生很难找到工作。新中国成立后，由于众所周知的原因，我国的高等教育体制以苏联为蓝本。1952年，高校中政治学系科被取消。1960年，由于中苏两党争论的公开化，中央感到需要大量对马列主义有较好理解，并能宣传马列主义的理论家，因此，不少大学重建了政治学系。但这些重建的政治学系，主要是讲授马列主义理论，并不涉及到政治学广阔领域的其他方面问题。1964年，根据中央一个关于加强外国问题研究的决定，北京大学、复旦大学和中国人民大学的三个政治学系又被改为国际政治系，主要培养关于外国政治问题的教学与研究人才。“文化大革命”结束以后，现实生活提出了一系列亟待解决的问题要求给予科学的回答，恢复政治学就成为一种强烈的社会需要。1983年，邓小平在党的理论务虚会上提出，要对政治学、法学、社会学和国际政治研究“赶快补课”。这样，上下结合，中国政治学得以恢复。20多年来，中国政治学在学术团体、专业杂志、书籍出版、基金资助渠道、大学相关专业教育的发展、教育培训、职业化等各方面都取得了长足的发展。但毋庸讳言，“20年来政治学的发展，与其他学科如经济学、法学、社会学相比，显然进步很慢，与当前中国社会主义现代化事业对政治学所要求的程度相比，存在差距更大”。政治学“直至今天，也很难说它已步入坦途”。[①]

认识到中国政治学发展的现状，我们就要充分认识实现中国政治学科学化与中国化建构目标的长期性、艰巨性和复杂性。从根本上说，一条“终极解决”的途径是不存在的。我们在这里仅仅试着提出几点达到目标的可能性思路。

第一，建构中国政治学，必须以马克思主义政治理论为指导。

毫无疑问，直至马克思逝世的1883年，现代政治学还处于形成时期。按照丹尼尔·贝尔的看法，马克思是现代社会科学的祖父辈人物。[②] 以马克思主义政治理论为指导，首先，这里的“马克思主义”是被大大扩展了的，我们必须对马克思、恩格斯、列宁、毛泽东、邓小平，以及在不同程度上，还有卢森堡、葛兰西、托洛茨基和布哈林等人的著作都给予充分的重视。其次，它要求从理论体系、基本立场和方法层次上把握马克思主义政治理论的灵魂和精髓，作为政治学研究的基本指导思想和方法原则。

接下来的问题显然是：马克思主义政治理论究竟具体包括哪些东西？它对说明历史和现实有何意义与帮助？事实上，马克思主义在政治领域里和其他领域一样充满着需要回答的问题，并由于其在理论建构方面的缺失与相对贫乏而使得重新研究的任务更为迫切。

关于马克思主义政治理论，历史上已经形成两种相去甚远的

---

① 赵宝煦：《中国政治学百年历程》，载《东南学术》2000年第2期。

② 参看丹尼尔·贝尔：《当代西方社会科学》，社会科学文献出版社1988年版，第14页脚注。

解释传统。一种解释传统认为,马克思主义政治学已是众所周知,那就是阶级斗争和无产阶级革命与专政理论。在政治学与马克思主义之间划上等号,再把马克思主义与阶级斗争、无产阶级革命和专政学说之间划上等号,是直到今天仍在我国社会中相当普遍的认知线索。作为对上述解释传统的挑战,另一种解释传统认为,马克思主义并没有一个真正意义上的政治理论。意大利学者科莱蒂(L.Colletti)在写于1968年的著名论文《作为"市民社会"批评家的卢梭》中认为,在严格意义的政治理论上,马克思和列宁除了分析国家消亡的经济基础外,"没有在卢梭的思想上增加任何东西"[①]。在1974年与《新左派评论》杂志主编佩里·安德森的一次谈话中,科莱蒂更是明确指出:"马克思主义缺少一个真正的政治理论。"[②]在他看来,马克思1843年写作的《黑格尔法哲学批判》中"已经有了关于政治和国家的非常成熟的理论","就政治方面说,成熟的马克思主义在这上面没有多少可增添了"。[③]而马克思的主要政治著作,无论是《黑格尔法哲学批判》、《论犹太人问题》,还是后来的《法兰西内战》,"都重复了卢梭早已发现的主题"。科莱蒂还认为,马克思主义缺乏一个真正意义上的政治理论,正是社会主义国家无一例外地采取集权政治的重要原因。1990年,在一篇总结东欧剧变的长篇论文中,哈贝马斯也认为,马克思主义缺乏一个完整的法学遗产,这是左派要记取的最重要教训之一。

这两种看似对立的解释传统有着一个共同的前提:对马克思主义政治理论的理解过于狭窄。其中的原因,部分来自马克思主义政治理论的实质和特点。英国政治学家密里本德曾对此作出过

---

① L.Colletti, From Rousseau to Lenin, New York and London, 1972. p.185.

② L.Colletti, A Political and Philosophical Interview, in New Left Review, No.86, July/August, 1974.

③ L.Colletti, Marx's Early Writings, "Introduction", London, 1975. p.45.

一个系统的分析[①]：首先，马克思主义政治著作的性质决定了马克思主义的政治理论须要被仔细“辨认”才能够发现。从马克思本人起到所有主要的马克思主义者所撰写的政治著作，大多是特定历史事件和特定环境的产物。即使在称得上是马克思主义经典的著作中，对政治理论的探讨也多半是不系统的和片断的，而且往往是其他著作的一部分。其次，由于马克思主义从一开始就坚持认为把社会整体的政治、经济、社会和文化各部分分割开来是不符合实际和武断的，因此在马克思主义者看来，政治是冲突、特别是阶级冲突无所不在的表现形式，并且进入一切社会关系，“政治的这种普遍存在性使它失去了自己的特性”，成了不便于进行独特论述的东西，除非只对其过程和制度作纯形式上的描绘，而这是马克思主义者所力求避免的。第三，马克思主义对经济基础和上层建筑的含义及其相互关系的阐述，对政治因素在马克思主义中地位的界定，很容易被解释为把政治变成完全是“被决定的”和“有条件的”活动，其“被决定的”和“有条件的”程度，甚至已达到使政治主要地具有派生、从属和“副现象”的性质，这使马克思主义经常被极端地理解为“经济决定论”。最后，马克思对“政治解放”和“人类解放”所作的基本区分，也在马克思主义内部导致一种忽视政治理论的倾向。马克思虽然坚持“政治解放”不可轻视，但他始终把作为对政治解放之超越的“人类解放”视作自己的社会理想。马克思认为人类解放决不能单独在政治领域中获得，认为“人类解放”意味着作为人异化表现的“政治终结”的想法，难免造成一种忽视政治形式、政治制度及与之相关的问题的倾向。

马克思主义政治理论的实质和特点告诉我们，一方面，马克思主义政治理论不是现成的，而是解释学的。根据马克思“社会是机体”的认识，“经济学”不能完全独立于“政治学”，没有“经济学”，只

---

① 密里本德：《马克思主义与政治学》，商务印书馆 1984 年版，第 1 章。

有“政治经济学”。同样地，马克思的大量政治见解总是结合经济分析和其他分析作出的。这就要求我们在研究马克思主义政治理论时，既要与经济学研究和其他研究结合进行，不懂得马克思主义经济学是不可能懂得马克思主义政治学的；又要把马克思主义的政治见解系统化、理论化，建构起马克思主义政治理论体系。在这里，当务之急是要认真研读马克思主义政治著作。仅仅就马克思的著作而言，无论是“小写字母的”政治著作，像《黑格尔法哲学批判》和《论犹太人问题》这样集中讨论市民社会与国家关系问题的政治著作；还是“大写字母的”政治著作，像《资本论》及其手稿，我们的研究都还非常薄弱。这种状况必须得到根本改变。

另一方面，马克思主义政治理论在今天依然具有解释力。密里本德就通过对发达资本主义国家在战后出现的新情况和新动向的深入分析，得出了马克思主义国家理论比多元民主论更具有解释力的结论。[①] 同时，马克思主义政治理论也包含着许多矛盾、紧张点、尚未解决的问题以及由于时代变迁需要补充发展的诸多空白。我们必须结合时代发展变化，把补充、丰富和发展马克思主义政治理论当作自己的使命。这意味着，以马克思主义政治理论为指导，并不只是一味地从原著中辨认与寻找，而是在经典马克思主义所提供的基础上，结合时代最重要的经验“发现”和“创建”马克思主义政治理论。[②] 可见，以马克思主义政治理论为指导建构中国政治学的过程，也将带来马克思主义政治理论的建构与重建。

第二，建构中国政治学，必须面向世界，学习、借鉴、吸纳国外政治学的新理论、新方法。

前面说过，近现代意义上的中国政治学，是西学东渐的产物。

---

① 参看密里本德：《资本主义社会的国家》，商务印书馆 1997 年版。

② 对马克思主义政治理论的系统考察，请参看郁建兴：《认真对待国家：马克思国家理论的当代解读》，人民出版社 2003 年版。

20世纪80年代以来我国政治学的恢复与重建,也主要表现为一个"补课"的工作,即对西方政治学的引进。随着我国社会政治实践的发展,一些引进的政治学理论和观点日益暴露出自身的不足及其对我国政治学进一步发展的制约等弊端。与其他社会科学一样,政治学研究中的西方中心主义或美国中心主义必须予以揭露和批判。正是在这样的背景下,政治学的"中国化"为越来越多的人所关注。但是,我们必须牢记,"中国政治学"的提法只是指政治学的中国类型,它绝不意味着在不同国家或地域存在着不同的政治学。作为一门科学,政治学有其特定的研究对象、范畴和方法体系,它对于社会政治实践的研究应该有其相对独立性和稳定性,要按照学术活动的固有规律展开。

遵循政治学发展的自身规律,我们看到,西方政治学发展的历史和社会基础决定了西方政治学在世界政治学发展中处于领先地位,引进西方政治学的理论与方法,已经为中国政治学学科建设提供了重要的学术营养和推动力量,也为其进一步繁荣发展奠定了必要基础。但是,从中国政治学取得更大发展的要求来看,特别是从中国特色社会主义民主政治建设的客观要求来看,这种学习、借鉴、吸纳工作仍然是非常初步的。

在最一般意义上,建构中国政治学的理论资源有三个方面:马克思主义政治理论、中国古代的政治学遗产和西方政治学。从上面的分析可以看到,马克思主义政治理论主要为政治学研究提供一种基本指导思想和方法原则,而且正处于建构和重建之中的马克思主义政治理论也并不是离开人类文明发展道路之外的东西。古代中国则没有能够发育出近现代意义上的政治学,尽管它确实为后世贡献了诸多治国理念、经验和技术。毫无疑问,西方政治学应当成为建构中国政治学极其重要的理论资源。

以西方政治学为建构中国政治学的重要理论资源,我们必须大量译介西方政治学名著名篇。在这方面我们已经作出了很大努力，但是，鉴于我们取消政治学科、脱离政治学研究达 30 年之久，而这 30 年正是西方政治学大发展的时期；也鉴于在最近 20 多年来，伴随着全球化的加速推进，西方政治学无论在研究视野、研究方法还是在研究成果上都取得了长足进展，我们必须继续并加大这样的努力。在选题上，要特别关注一些优秀教材、工具书和学术前沿著作。

以西方政治学为建构中国政治学的重要理论资源，我们必须认真学习、借鉴西方政治学的理论与方法。鉴于我国的政治学研究在理论和方法上还基本停留在类似于政治哲学的思辨水平，基本遵循着经典解释、规范性和定性研究、制度和机构描述以及历史探讨的方法，我们必须加强经验研究或实证分析方法及技术的研究与引进，把定量分析方法及技术放在突出的位置，同时保持在规范政治理论研究方面业已取得的优势，努力实现经验、实证方法与规范、历史方法的相补充、相结合、相统一。

以西方政治学为建构中国政治学的重要理论资源，我们还必须致力于政治学的国际化。有的论者把政治学的国际化命题概括为三重含义：一是我国政治学成为世界政治学不可或缺的一支，具有与国际政治学界对话的地位和能力；二是我国政治学者能从全球的高度，从整个人类社会发展的高度来解释我国社会的政治实践和建构我国的政治学理论；三是从全球的战略高度，扩大视野，积极研究全球性的政治现象。① 从这三重含义来看，它们表达的是一个意思：政治学是"一门"科学。政治学的国际化就是政治学的科学化、客观化。因而，以西方政治学为理论资源，落脚点不在于"西方"，而在于"政治学"。华勒斯坦指出，社会科学的客观性并不仅仅指尽量扩张数据的"硬性"方面，使之具备最大限度的可测

① 洋龙、韩旭：《迈向 21 世纪的中国政治学：发展中的几个问题》，载《政治学研究》1998 年第 3 期。

量性和可比较性，而更是指社会科学知识的可理解性、可交流性。[①] 确立客观性，可以看作是建构中国政治学所要达到的科学化目标的具体内容，而这种理解、交流的对象，首先和主要的当推西方政治学。

第三，建构中国政治学，必须面向中国特色社会主义民主政治建设的伟大实践。

如果说马克思主义政治理论、西方政治学和古代中国的政治学遗产为建构中国政治学提供了主要理论资源，那么，中国特色社会主义建设的伟大事业则为它提供了主要实践动力。同样地，解释、解决中国特色社会主义政治建设中的理论与实践问题，是建构中国政治学的关怀点和归宿点。

华勒斯坦曾经论述过社会科学与社会变革之间的关系。他说："若要对社会变革进行合理的组织，那就必须首先去研究它，了解支配它的种种规则。这就不仅为我们后来称为社会科学的那一类学科提供了发展空间，而且还对它们产生了深刻的社会需求。"新制度主义经济学家们也把社会科学知识储备当作制约制度安排的重要因素。科斯说："即使政府有心建立新制度安排以使制度从不均衡恢复到均衡，但由于社会科学知识不足，政府也可能不能建立一个正确的制度安排。"他举例说，在 50 年代初期，许多不发达国家采用了苏联式的中央计划体制，这大多不是当时流行的社会

---

① 华勒斯坦说："客观性可以被看成是人类学习的结果，它代表着学术研究的意图，并且证明了学术研究的可能性。学者们彼此之间竭力地想说服对方相信自己的发现和解释是有效的。他们仰赖于这样一个事实：即他们所使用的方法能够为其他人所重复使用，他们将这些方法的细节和盘托出，供其他人鉴察。他们还希望自己的解释能够适用于最大多数的现成数据，能够比别的解释适用于更多的数据，并且在此过程中证明这种解释是一贯的、实用的。总而言之，他们将自己的解释交付给所有对特定主题进行研究或系统思考的人，供其在一种主体间的脉络中作出判断。"见其《开放社会科学》，第 98 ~ 99 页。

科学知识的直接结果。由此科斯作出结论道:"如果占统治地位的社会思想,是在一个范围广泛且受过不同训练的社会科学家之间经过充分的相互作用和商议的结果,而不是一小撮权威人物谋划的结果,那么它的危险会较小。"① 另一位新制度主义经济学家拉坦则证实,在最近一个世纪,社会科学知识的进步已为制度创新的效率开辟了新的可能性。特别是,"在本世纪后半期,社会科学知识的进步已对制度创新成本的降低作出了重大贡献。社会科学研究能力、制度设计以及管理能力都利用了社会科学知识,并已在许多国家有效地制度化了"②。拉坦还认为:"对社会科学知识的需求是由对更为有效的制度绩效的需求中派生出来的。"③

具体到在政治学发展与政治发展之间,这种内在关系有着典型性的表现。在"文化大革命"结束以后,基于中国社会和政治发展的深刻需要,中国政治学得以恢复和重建。20 多年来,中国政治学通过对范畴与体系、国家与社会、民主与法制、发展与稳定、人权与主权、政党与政权、机构与职能、政府与市场、中央与地方、决策与行政、权力与腐败、自治与民主等 12 类主题的研究,为中国政治发展提供了具体的发展目标,为中国政治发展的战略选择提供了理论依据,为中国政治发展改善了政治文化基础。④ 中国政治学作出的这些贡献,在很大程度上就是中国政治发展本身的要求。这也就是说,中国政治学发展所贡献给中国政治发展的东西,在很大程度上正来自于中国政治发展本身的客观要求,而且这些贡献是在政治发展与政治学发展的相互推动中实现的。

---

① R·科斯等:《财产权利与制度变迁——产权学派与新制度学派译文集》,上海三联书店、上海人民出版社 1994 年版,第 400 页。

② 同上书,第 353 页。

③ 同上书,第 352 页。

④ 林尚立:《政治学与政治发展:中国政治学发展 20 年》,《政治学研究》1998 年第 2 期。

以加入世界贸易组织为标志，我国在参与全球化、接轨世界的道路上迈出了一大步。入世首先是政府的入世。入世直接地对政府管理经济的职能、手段、方法等提出了改革要求，并必将影响到全部政治生活。而改革开放20多年来，我国的经济结构、社会结构和社会组织也都发生了重大的转型。这一切都对中国的政治建设和政治发展提出了严峻挑战，也提供了良好机遇和有益思路。

党的十六大提出了“政治文明”概念，不仅指出发展社会主义民主政治，建设社会主义政治文明是全面建设小康社会的重要目标，而且还论述了中国特色社会主义民主政治的基本结构框架，即把坚持党的领导、人民当家作主和依法治国有机统一起来。这是我们党在中国特色社会主义建设实践中取得的新的重大认识，必将对政治体制改革和政治发展产生深远意义。

在2002年党的十六大和2003年十届人大、十届政协一次会议上，我国顺利完成了党和国家领导人的大规模新老交替。2002年12月底，新任中共中央总书记胡锦涛引人瞩目地主持中央政治局首次集体学习，其议题是学习宪法。2003年3月18日，新任国务院总理温家宝在记者会上宣示：“惟有坚持民主、科学和负责任的精神，才能实现我们的目标。”从十届全国人大一次会议通过的国务院机构改革方案中，我们可以看到，经过多年实践，我国的改革已不再局限于裁减人员、调整机构，而是从更宽阔的视野来思考公共管理的问题，越来越做到政企分开、市场与政府互补，越来越重视社会力量的作用，越来越重视公共服务观念的建立。

新领导集体的政治理念，在2003年春天一场猝不及防的SARS危机面前得到了显现。一种由冠状病毒导致、至今仍无特效治疗药物的“非典型肺炎”（国际社会称之为SARS）肆虐我国。政府在这场抗击SARS的“战争”中，从公开透明、责任政治、社会动员到依法治疫等各个方面，都把体制改革大大推进了。SARS危机一发生，党中央、国务院明确提出要以对人民高度负责的态度，及时发现、报告和公布疫情，绝不允许缓报、漏报和瞒报。从4月20日起，疫情公布由原来的五天一次改为每天一次。两位高官（卫生部长、党组书记张文康和北京市委副书记、市长孟学农）因为防治SARS不力而被免职。防治SARS的力量，除了政府，医疗机构、专家组、世界卫生组织、社区中的自愿性公民团体以及个体公民等等，都得到了有效整合。而且，整个应对危机的工作都在法律框架中进行。从国务院将非典型肺炎列入我国法定的传染病进行依法管理，到《中华人民共和国传染病防治法》得到修改、《突发公共卫生事件应急条例》快速出台，内部机制被公开机制取代，内外整合的结果就是依法运作，抗击SARS成为依法治国道路上一次有意义的实践。SARS危机至今还没有得到彻底克服，对政府的考验还在进行。但我们可以预期，这场抗击SARS的"战争"将会对政府在依法治国、实现由"领导管理型"向"公共服务型"转变，以及确立公共信息披露制度等方面产生深远影响。

上述中国政治建设和政治发展中出现的新变化、新气象，既为中国政治学的建构和发展提供了广阔的空间，也向中国政治学的建构和发展提出了新的更高要求。政治学必须能够正确描述并科学解释我国的社会现实政治生活，揭示中国特色社会主义政治的发展规律，预测我国社会政治发展的前景，从而指导我国改革开放和现代化建设实践。

我国著名政治学者赵宝煦先生在考察中国政治学"坎坷、泥泞的"百年历程后乐观地预言：中国政治学一定会得到长足发展，因为中国的社会主义现代化事业需要政治学。从当前中国政治建设和政治发展的最新变化来看，作出这一预言的理由越来越充分了。而关于政治学科学化、国际化与本土化的热烈讨论，也不断推动着政治学的学科发展。我们将通过对中国政治学的理论取向与现实取向的讨论，更为辩证地看待中国政治学的建构问题。

中国政治学的理论取向与现实取向

2002年11月召开的中共十六大提出，在大力发展社会主义文化，建设社会主义精神文明的过程中，必须坚持社会科学和自然科学并重，充分发挥哲学社会科学在经济和社会发展中的重要作用。这是我们党在中国特色社会主义建设实践中对包括政治学在内的社会科学的重要性取得的新的重大认识，必将对包括政治学在内的社会科学发展产生深远影响。

从邓小平1983年提出要对政治学等学科进行补课，到十六大报告作出关于社会科学重要性的新论述，中国政治学的研究环境越来越宽松。但是，另一方面，一门学科能否获得长足发展，在经济与社会发展中发挥较大作用，学科自身的成熟程度是更为重要的因素。这就需要思考一些学科建设方面的问题。

1. 如何理解和把握政治学的学科属性？

政治学是不是科学？是什么样的科学？这是政治学界长期争论且尚未很好解决的问题。一般认为，科学具有客观性、积累性、知识性、系统性、可验证性、可预见性等特征，但是，政治学和其他社会科学一样，研究方法和研究对象的特殊性和复杂性，决定了知识的普遍适用性和必然性远不如自然科学，可预见性更低，而且，政治学研究无法完全做到价值中立，具有很强的主观色彩。这些都使得政治学的科学性不像自然科学那样明显。这就提醒政治学者，对现实中的政治现象，不宜作过分自信的解释和预测。

不过，政治学的研究对象依然是客观的，其验证性和预见性也并非完全不能体现，而且，实证、观察、案例、计算、统计等从自然科学引入的方法可以运用于政治学研究，政治学也同样具有科学性。这就意味着政治学并不是相对主义的天地，它依然有一定的标准来验证某一研究成果的科学程度。

2. 政治学者需不需要政治化？

在20世纪50、60年代的行为主义革命中，政治学家主张政治学应该以理论为取向，追求价值中立、客观的科学或学术研究。而后行为主义强调现实取向的政治学研究，强调关注当前重大而迫切社会问题的研究，关注人类价值，以科学方法为手段建设理想社会。它认为政治学者的政治化是不可避免的事。

这种政治学取向上的争论构成当代中国政治学发展中的一个母题。长期以来，我国的政治学研究常常不能摆脱现实政治的干扰，为了一时的宣传需要，惟书，惟上。政治学研究的现实取向常常以牺牲科学性为代价。作为对这种实用主义、惟书惟上主义的反动，对政治学科学性的强调又往往走向了另一个极端。如何超越非此即彼的线性思维，处理好学术意识与实用倾向、学术研究与理论宣传的关系？这无疑是制约中国政治学发展的重大问题。

3. 中国政治学的前景是本土化还是国际化？

西方政治学从亚里士多德的《政治学》算起，已有两千多年的历史，可以说是西方最古老的学科之一。西方政治学所留下的浩如烟海的研究著作，毫无疑问是中国政治学重要的理论资源，分析和吸收这些理论资源，学会西方政治学的分析框架和研究方法，都是十分必要的。今天，任何一种学术所具有的地位和生命力，都不是从国家的范围来评价的，而是从国际的范围来评价的。因而，学术本身是否具有国际性，对当今的学术发展来说是至关重要的。由此，一些学者主张政治学国际化，强调扩大开放，增加交流，大胆吸收、借鉴，甚至直接移植欧美政治学研究的既有成果。

另一方面，政治学本土化也是很现实的问题。这根本上是由政治学的相对科学性决定的，自然科学就没有所谓本土化的问题。西方政治学中的理论预设，是从西方社会独特的历史传统中抽象出来的，其对中国现实的解释力往往是有限的。因而，很多学者主张跳出西方中心论，建构自己的理论，用来描述、解释、预测和指导中国的社会现实政治，揭示和把握社会主义政治建设的规律。

第二章 国家与社会

国家与社会关系理论强调社会与国家相对的二元性质，关注那些不能与国家混淆或不能被国家淹没的社会生活领域。

在近代，洛克和黑格尔提出了两种相对立的市民社会理论模式。而马克思把市民社会与政治社会都看成是真正人类社会之否定性形式，他追求实现一个超政治、超经济的社会。

20世纪70、80年代以来，市民社会理论实现了当代复兴，其中超越传统二分法的三分法理论被视为最具现代性的市民社会理论，而对道德、法治之于市民社会意义的强调也是当代市民社会理论的重要特色。

建构"中国市民社会"，就是建设一种不同于国家化社会主义的"社会化社会主义"。它是一个包括市场经济发展、国家机器重塑以及志愿性社团、文化、教育和意识形态等领域建设的总体性过程。

现代社会科学的分化，是以现代国家、市场和社会相继形成并按照各自不同的逻辑运行为前提的。如同社会学研究的社会是现代市民社会以及以市民社会为基础而形成的社会组织，经济学研究的市场是在现代才得以发育成熟的市场一样，政治学研究的国

家,不是古代血缘意义上的"民族国家"(nation),而是现代社会管理意义上的国家(state)。

现代国家的形成,是一项现代性成就。对它的研究,必然涉及公共权力的根源、结构、范围、运作及控制等方面,这就必然要求对国家与社会、政府与市场之间的关系作出详细说明。国家与社会、政府与市场的关系研究,既是政治学合法化为一门独立学科的前提,也是政治学的重要内容。

作为一个分析框架,国家与社会关系理论强调社会与国家相对的二元性质,关注那些不能与国家混淆或不能被国家淹没的社会生活领域,因而它通常被简要称为市民社会理论。"市民社会"首先是作为自由主义概念提出的,通过对国家权力范围的限定以及对社会不受国家权力渗透的原则规定,市民社会理论隐含了抵御国家无所不及的政治专横的设想,从而为社会和人获得政治上的解放提供了学理引导。而市民社会理论无论在学理上还是在现实运用中存在的严重缺陷,引发了黑格尔和马克思对它的全面批判。黑格尔和马克思肯定市民社会的历史作用,否定市民社会的规范意义。从中黑格尔得出了国家理想主义的结论,而马克思则把市民社会与政治社会都看作是真正人类社会的否定性形式,把阶级消灭、国家消亡看作是实现真正人类社会的前提。在马克思之后的一个多世纪中,市民社会研究相对沉寂。20 世纪 70 年代,市民社会理论实现了复兴,并在冷战结束后成为国际社会科学中的热门话题,市民社会的含义得到大大拓展。不仅如此,伴随着中国改革开放后出现的经济市场化和社会自治化,市民社会研究也成为当代中国政治研究的重要理论视角之一。[①]

---

① 参看陈明明:《比较现代化·市民社会·新制度主义:关于 20 世纪 80、90 年代中国政治研究的三个理论视角》,载《战略与管理》2001 年第 4 期。

第二章　国家与社会

一、市民社会理论的源流

“市民社会”(civil society)是一个具有悠久历史和丰富涵义的术语，其源头可以追溯到古希腊城邦的政治生活，但近代意义上的市民社会概念源出于洛克的自由主义学说。在早于洛克的大政治理论家霍布斯那里，国家主权或政府的力量被看成是绝对的，因而他只有政治理论而没有社会理论。洛克发展了一种社会理论，来讨论有限政府和人民主权。尽管现代意义上的、与国家相分离的市民社会观念在洛克那里并不存在。事实上，这两者的严格区分，直到黑格尔才得以作出。对洛克来说，市民社会与政治国家当然地重叠，在《政府论》中，他总是相伴相随地使用这两个概念。但是，洛克“透过对自然状态的假定以及社会契约论的手段而赋予了社会以前政府或国家的生命”。这就意味着在他那里已经隐含了对市民社会与国家关系的某种认识，从而奠定了一种重要的市民社会理论架构。[①] 在洛克之后，斯密主张自由放任的经济政策，反对国家干预经济，为洛克提出的“社会先于或外在于国家”的观点注入了实质内容。具体而言，洛克提出的自然状态中的自由和平等，在斯密这里通过国家保证市民社会的经济平等和契约自由获得了实现。而正是这一经济与政治相分离的思想为市民社会与国家的分野奠定了坚实的基础。

同洛克一样，孟德斯鸠关注公民的平等与自由，但他更关注在政治社会中如何实现公民的自由。因而他强调的实际上是一种“来自国家并针对国家的自由”，即政治自由。在他看来，分权的政府是公民自由的前提和保障，无分权就无自由。从社会与国家关

① 邓正来：《市民社会与国家：学理上的分野与两种架构》，载《国家与市民社会：一种社会理论的研究路径》(论文集)，中央编译出版社 1999 年版，第 83、92 页。

系的角度来看，那就是，一个自由的社会总是和一定的政治构成相符合的，它取决于一个良好法制的国家。

比较孟德斯鸠与洛克的思想，我们不难发现，孟德斯鸠超越了市民社会与政治国家、公民权利与国家权力的同一性，而对国家与社会的关系作了深入拓展。首先，孟德斯鸠指出，自由状态不是与生俱来的，而是取决于环境；对这种"状态"的确定来自宪法。宪法是社会权利的来源，社会从国家那里获得规定性。另外，孟德斯鸠对无宪法、无分权社会的不信任也表明了他对社会自律性的怀疑。孟德斯鸠甚至说："就是品德本身也是需要界限的。"[①] 基于此，当代政治哲学家查尔斯·泰勒把市民社会的孟德斯鸠解释模式看成是不同于洛克模式("L 流")的"M 流"。[②]

孟德斯鸠对国家与社会、政治与自由关系的理解在很大程度上影响了黑格尔市民社会观的形成。查尔斯·泰勒写道："托克维尔可以说是孟德斯鸠 19 世纪最出色的弟子。但黑格尔早就因不满于洛克学说而转向诉诸孟德斯鸠了。"[③] 具体而言，黑格尔"不满"于洛克将市民社会等同于政治国家以及市民社会充分自足的观念，而诉诸于孟德斯鸠的市民社会与国家相分离以及"根据政治组织来界定"市民社会的思想。

黑格尔批判了洛克等社会契约论者的社会国家观，指陈其混淆了国家与社会的根本区别。在他看来，从社会中的个人利益出发结合成国家，将国家视为保护个人利益的工具，必将导致国家存在的偶然性。这就既伪造了个人的本质，又伪造了国家的本质。因此，洛克式的共同体不是真正的"政治国家"，而只是"市民社

---

① 孟德斯鸠：《论法的精神》上卷，商务印书馆 1995 年版，第 154 页。

② 参看查尔斯·泰勒：《市民社会的模式》，载《国家与市民社会：一种社会理论的研究路径》。

③ 同上，第 26 页。

会”。

从对国家与市民社会作出严格界分出发，黑格尔展开了对市民社会的批判。他说：“市民社会是个人私利的战场，是一切人反对一切人的战场。”[1] 市民社会是以私利活动为内容、受盲目导向和因果律支配、同国家相对的、具有特殊性的利己社会。而国家是普遍利益和共性的代表，是理念发展的最高阶段。因此，国家在逻辑上高于市民社会，市民社会必须在“国家的最高观点”上被克服。

值得注意的是，黑格尔在他的市民社会理论中继承了早期自由主义者的经济独立思想，并以经济社会的独立为核心，发展出了市民社会与国家各具自主性的思想。他认为，市民社会是单一的个人、各个阶层、各个团体和各个机构的有序组合，它们的交往由民法调节，因而它们并不直接依赖于国家。而且，这种市民社会不是超时空的、预先给定的、不变的生活的基础，而是长期、复杂的历史演化过程的产物，是“现代世界的成就”。市民社会也不是自然的，作为一种商品生产体系，它将自然转化为一种满足各种需要的工具。[2]

可见，黑格尔的市民社会理论体现着一种生动的辩证性质，一方面，他抛弃了洛克所谓的自然状态的“完备无缺”的设想，指出了市民社会的不自足性，即市民社会中人的利己性、差异性、特殊性；另一方面，他又肯定、接受了市民社会中自由（经济自由）的许多因素，认为市民社会为自由的完全定义提供着必要但不充分的内容。不仅如此，黑格尔认为分离的国家与市民社会间的关系并非是绝对对抗的。在他看来，这种分离以国家保护、完善市民社会，以克服市民社会的不自足为前提，而市民社会也不断生成着普遍性，克服市民社会，达到国家的普遍性、具体性的力量就在市民社会之

① 黑格尔：《法哲学原理》，商务印书馆 1961 年版，第 309 页。

② See John Keane, Democracy and Civil Society, Verso, 1988. p.46.

中。

马克思的思想转折是通过批判黑格尔国家理想主义开始的。马克思的这种批判，受到了洛克、卢梭、康德的市民社会思想的深刻影响，“市民社会”成为给国家神话除魅的重要范畴。但是，马克思同样深刻地领会了黑格尔通过市民社会批判并进而实现的对17、18世纪欧洲自由主义社会政治哲学的总批判的意义，他没有运用自然状态说和社会契约论赋予社会以前政治或国家的生命，而是从历史发展的角度考察了市民社会的形成、发展以及与国家相分离的原因、后果，指出了市民社会与国家都是阶级社会的产物，它们必将随着阶级的消灭而消亡。马克思的这些工作，奠定了他在市民社会理论史上的重要地位。

马克思的市民社会概念，直接上承黑格尔对国家与市民社会的区分。马克思对黑格尔的批判，首先指向其关于国家与市民社会的关系以及它们之间的中介方法的论述。在写于1843年夏天到1844年初的《黑格尔法哲学批判》、《论犹太人问题》、《〈黑格尔法哲学批判〉导言》等著作中，马克思指出黑格尔在国家与市民社会的关系问题上弄颠倒了，不是国家决定市民社会，而是市民社会决定国家；马克思还指出黑格尔关于官僚政治和等级（国会）可以起到中介国家与市民社会的作用的观点，也是完全错误的，因为在现代，国家与市民社会已经彻底分裂。市民社会的特征是特殊性、利己主义和个人主义，而国家不过是阶级统治的工具。

马克思对市民社会的批判，乍一看来，与黑格尔的市民社会观之间有着惊人的相似之处。但是，经过仔细分辨，我们仍可以发现马克思对黑格尔市民社会观的重要修正和发展。他们之间的根本差异首先集中在对市民社会中的人的看法上。在黑格尔看来，人不过是精神展开的过程中出现的一个阶段，市民社会成员作为“私人”，把自身利益看成自己的目的，说明他们不过是“具体的观念”，处于精神发展的低级阶段，因而市民社会中的人不是现实的存在。

与此相反，马克思认为，尽管市民社会中的人是有种种缺陷应该加以克服的人，但是，这样的人才是现实的人。[①] 同时，马克思的这一修正和发展，还影响到他提出不同于黑格尔的克服市民社会的方案。与黑格尔迷恋官僚政治、得出国家理想主义的结论不同，马克思认为只有依靠现实的人及其感性的活动才能克服市民社会。这种克服市民社会的力量，马克思明确地赋予无产阶级。

除了以上两点，马克思市民社会观中更为令人瞩目的原创性在于，他在批判市民社会的时候，揭示出了政治革命的限度，从而把克服市民社会与超越政治解放紧紧地联系了起来。

黑格尔视君主立宪制国家的建立为“历史的终结”。而在马克思看来，政治解放存在着巨大的“限度”[②]。他写道：“像北美很多州所发生的情形那样，一旦国家取消了选举权和被选举权的财产资格，国家作为国家就废除了私有财产，人就宣布私有财产在政治上已被废除。”“但从政治上废除私有财产不仅没有废除私有财产，反而以私有财产为前提。……国家还是任凭私有财产、文化程度、职业来表现其特殊的本质。国家远远没有废除所有这些实际差别，相反地，只有在这些差别存在的条件下，它才能存在，只有同它这些因素处于对立的状态，它才会感到自己是政治国家，才会实现自己的普遍性。”[③]

在考察法国1791年、1793年、1795年宪法，美国《宾夕法尼亚宪法》、《新罕普什尔宪法》后，马克思指出，通过政治解放而确立的“所谓人权无非是市民社会的成员的权利，即脱离了人的本质和共同体的利己主义的人的权利”。换言之，以确立所谓人权为标志的

① 城塚登：《青年马克思的思想》，求实出版社1988年版，第57～58页。

② 马克思：《论犹太人问题》，《马克思恩格斯全集》第1卷，人民出版社1956年版，第426页。

③ 同上书，第427页。

政治解放并没有克服市民社会,它不过是完成了市民社会从政治中的解放而已。历史还远未终结,克服市民社会与超越政治解放是同一个过程。基于此,马克思提出了作为政治解放之超越的人类解放概念:

"政治解放本身还不是人类解放。"[①]

以《论犹太人问题》提出人类解放目标为起点,论证这一目标,探讨实现这一目标的手段与途径,成了马克思社会政治思想发展的一根红线,以至于我们可以把"从政治解放到人类解放"称为马克思全部社会政治思想的主题。那么,这一在马克思看来必须通过共产主义革命得以实现的人类解放,究竟是一种怎样的目标呢?这是一种超政治、超经济性质的目标。

马克思通过对市民社会的政治经济学分析,看到了作为近代政治革命之结果的市民社会,其存在的基础就是私有制。这样,超越政治解放,就集中到了消灭其私有财产基础的问题上。根据新历史观,一旦生产关系成为生产力发展的桎梏,"市民社会"就会被扬弃。而人类解放,作为对"市民社会"的扬弃,它在扬弃特定形式的生产关系与交往关系即资产阶级社会的生产关系与交往关系的同时,由于它是"最后的革命",因此它也是对一切旧的生产关系与交往关系的基础的扬弃,简言之,它也是对以往一切社会的私有制基础的扬弃,是对"市民社会"的经济意义的扬弃。

超经济的"人类社会"概念又必然内含超政治的结论。1844年7月,马克思在初次对市民社会进行经济学分析,认识到国家存在的私有制基础后指出,要克服公共利益与私人利益之间的矛盾,

---

① 马克思:《论犹太人问题》,《马克思恩格斯全集》第1卷,人民出版社1956年版,第435页。

“国家就必须消灭自己”[①]。在《德意志意识形态》中，他同样写道，无产阶级“应当推翻国家”，才能使自己的个性获得解放。[②] 在1847年写作的《哲学的贫困》中，马克思更为明确地写道：“劳动阶级在发展进程中将创造一个消除阶级和阶级对立的联合体来代替旧的市民社会；从此再不会有原来意义的政权了。因为政权正是市民社会内部阶级对立的正式表现。”[③] 在标志马克思主义正式诞生的《共产党宣言》中，马克思将这一“消除阶级和阶级对立的联合体”名之为“自由人的联合体”，“在那里，每个人的自由发展是一切人的自由发展的条件”。由于阶级和阶级对立的消除，造成劳动异化的条件不复存在，因此，“公共权力就失去政治性质”[④]。

这就是说，马克思消解黑格尔制造的国家神话，得出的结论是国家必须被扬弃。国家消亡与人类解放是同义的。马克思的这一社会理想在今天招致了许多批评。波兰裔英国政治理论家柯拉科夫斯基在一篇产生重大影响的文章中说，马克思指出国家的消亡也即是国家成为社会的真正代表，这种对政治社会与市民社会统一性的追求，若付诸实施，对人的统治由对物的管理和对生产过程的领导所代替，则很有可能侵吞市民社会，导致专制主义、极权主义。[⑤]

就现实社会主义国家较少承认社会的自治性而言，柯拉科夫斯基的这种批评是可以成立的。但如批评者所言，他批评的是这

---

① 马克思：《评“普鲁士人”的“普鲁士国王和社会改革”一文》，《马克思恩格斯全集》第1卷，第479页。

② 马克思、恩格斯：《德意志意识形态》，《马克思恩格斯选集》第1卷，人民出版社1995年版，第121页。

③ 马克思：《哲学的贫困》，同上书，第194页。

④ 马克思、恩格斯：《共产党宣言》，同上书，第294页。

⑤ See L. Kolakowski, The Myth of Human Self-Identity: Unity of Civil and Political Society in Socialist Thought, in Kolakowski and S. Hampshire, eds., The Socialist Idea: A Reappraisal, London, 1974. pp.18-35.

种思想的源头——马克思的社会解放(人类解放)概念,因此我们需要进行辨正。事实上,马克思把市民社会与国家结合起来进行批判,表现出他对无论是洛克式、孟德斯鸠式还是黑格尔式市民社会理论架构的超越特征。也就是说,虽然市民社会与国家有着各自的自主性,两者不能重叠,但是市民社会充当着国家的现实基础,而国家守护着市民社会,现代社会正是这两者的统一体。因此,柯拉科夫斯基对马克思的指责是站不住脚的。马克思确实批判了现代社会即资产阶级社会中市民社会与政治社会的统一性,但是马克思绝没有追求实现两者之间的一种新的统一性,恰恰相反,他把市民社会与政治社会都看成是真正人类社会之否定性形式,因而追求对这两者的共同扬弃。我们在上面说过,马克思追求实现一个超政治、超经济的社会,它似乎应该更确切地表述为一个超政治同时必须超经济的社会。

因此,考察马克思的国家消亡论,重要的不在于从坚执国家主义的立场走向坚执市民社会之不可超越性的自由主义立场,而在于展开马克思既"从国家中解放出来"、又作为市民社会之克服的"(人类)社会"概念的可能性。"'市民社会'并不是马克思社会概念的全部,毋宁说它倒是真正社会之否定性的形式"。[①]

必须指出,在1844年以后,马克思使用市民社会一词的涵义发生了变化。1844年以前马克思所说的作为近代革命的结果的市民社会,在1844年后日益被归约为社会的生产关系、交往关系。他在《德意志意识形态》中说:"在过去一切历史阶段上受生产力制约同时又制约生产力的交往形式,就是市民社会。"[②]

如何看待马克思市民社会概念涵义的变化?日本学者城塚登

---

① 吴晓明:《历史唯物主义的主体概念》,上海人民出版社1993年版,第233页。

② 马克思、恩格斯:《德意志意识形态》,《马克思恩格斯选集》第1卷,第87~88页。

提出了“双重形象说”,即马克思1844年以前所说的市民社会指的是近代政治革命的结果产生的资产阶级社会这一具体形象,而《德意志意识形态》中所说的市民社会指的是作为生产关系总和的抽象形象。市民社会的具体形象和一定的政治、法律关系紧密相联,而其抽象形象则完全摒弃了它的法律的、政治的意义。城塚登认为,我们不仅仅应把“市民社会”作为经济关系,而且要把它作为一定的政治过程、法律过程和思想过程的整体来重新把握。也就是说,使抽象形象重新向具体形象复归。这样,我们就能把民主制度视为人类解放的工具。[①] 这样,城塚登实际上批评了马克思恩格斯关于市民社会的思想“存在着混乱”。市民社会的具体形象发展为抽象形象,意味着在其中无法纳入“在资产阶级社会发展起来的”民主制度之作为人类解放工具的作用[②]。

就后来的马克思主义者把马克思早期在市民社会与国家之间的区分简单化地等同于他后期在经济基础与上层建筑之间的区分、并进而“使政治失掉任何意义上的自主性”而言,城塚登此说是深刻的。但是,城塚登的“双重形象说”并没有把握马克思市民社会概念变化的实质。《德意志意识形态》中的市民社会概念与马克思1844年以前的理解之间确实存在着不同之处,但是,这个不同,不是“抽象形象”与“具体形象”之间的不同。如果市民社会的具体形象指的是在其中经济关系和一定的政治、法律关系紧密相联的形象,而抽象形象则是指完全摒弃了其法律的、政治的意义的形象,那么,“抽象形象”与“具体形象”,正是马克思与黑格尔市民社会观相区别的标志。马克思正是从完全否定作为近代政治革命产物的市民社会具有政治意义、指出市民社会与政治国家已彻底分

---

① 参看城塚登:《青年马克思的思想》附录一:《“市民社会”的思想与现实》,特别是第三节。

② 同上书,第156~157页。

裂,而开始了他的思想转折的。

马克思把市民社会理解为物质的生活关系的总和,必须考虑到他当时的理论目标。1845 年的马克思所要打击的是德国厚重的唯心主义哲学传统,表现为种种"德意志意识形态"。但是,即使这样,马克思也坚决反对仅仅在直观的意义上理解生产、交往形式。马克思对"生产一般"、"劳动一般"的论述可以启发我们把握"市民社会一般"的真实含义:

"生产一般是一个抽象,但是只要它真正地把共同点提出来,定下来,免得我们重复,它就是一个合理的抽象。不过,这个一般,或者说,经过比较而抽出来的共同点,本身就是有许多组成部分的、分为不同规定的东西。……对生产一般适用的种种规定所以要抽出来,也正是为了不致因为有了统一……而忘记本质的差别。那些证明现存社会关系永存与和谐的现代经济学家的全部智慧,就在于忘记这种差别。"①

如同"生产一般"、"劳动一般",马克思的"市民社会一般"也不能被理解为排斥各种根本性历史差别的所有社会的"交往形式"。马克思告诉我们,他的方法是"从抽象上升到具体",具体之所以为具体,不是因为它的直观和表象,而是"它在思维中表现为综合的过程,表现为结果",是"许多规定的综合,因而是多样性的统一"。马克思把"市民社会"作为解释原则和方法论,正是就其作为"一个具有许多规定和关系的丰富的总体"而言的。② "市民社会"作为对社会生产关系、交往形式的归约,正体现着它的具体性,不过不是直观和表象意义上的具体,而是抽象的规定在思维行程中导致再现的具体,即思维具体。

---

① 马克思:《1857—58 年经济学手稿》,《马克思恩格斯全集》第 30 卷,人民出版社 1995 年版,第 26 页。马克思对"劳动一般"的论述,见第 44 页以下。

② 参看同上书,第 42、41 页。

认识到马克思1844年以后著作中“市民社会”概念的具体性，我们就可以看到，他使用“市民社会”这一术语，试图解释人类的全部历史，是因为只是在他所处的时代，社会的经济性质才全面凸现。马克思试图以近代市民社会——资产阶级社会——为我们洞察近代以前的社会历史提供钥匙。在《德意志意识形态》中他是这样说的：

“‘市民社会’这一用语是在18世纪产生的，当时财产关系已经摆脱了古典古代的和中世纪的共同体。真正的市民社会只是随同资产阶级发展起来的；但是市民社会这一名称始终标志着直接从生产和交往中发展起来的社会组织，这种社会组织在一切时代都构成国家的基础以及任何其他的观念的上层建筑的基础。”[①]

可见，1844年前后马克思市民社会概念的区别只在于，他把市民社会的经济意义归结为生产关系、交往关系，并以深入分析近代市民社会得出的结论为指南，用它来把握以往全部历史。

但是，即便指出了马克思的市民社会概念的上述解释力，我们仍然不能得出马克思的历史唯物主义是一般历史哲学的结论。马克思考察了近代以前的社会历史，其着眼点在于“这一个”社会，即近代市民社会。马克思在阐述共产主义革命的历史必然性和无产阶级历史使命这一目的下获得的历史观，是以近代历史为中心的，也最适用于近代的历史。卢卡奇说得好：“经典形式的历史唯物主义……意味着资本主义社会的自我认识。”[②] 马克思的历史唯物主义不能简单照搬到对以前的社会形态的分析中去，它的最重要的功能是揭示资本主义社会的运动规律，以便指导无产阶级在革命斗争的实践中对资本主义社会进行彻底的改造。

---

① 马克思、恩格斯：《德意志意识形态》，《马克思恩格斯选集》第1卷，第130～131页。

② 卢卡奇：《历史与阶级意识》，商务印书馆1995年版，第312页。

进一步说，马克思与黑格尔一样，把资产阶级政治经济学看作“关于市民社会的科学”。但是马克思的市民社会批判超出黑格尔的地方还继续表现在，他抓住了“市民社会”之为资产阶级经济学范畴的意识形态性质。在这个意义上，“市民社会”在德语中完全可以读作“资产阶级社会”。由于在德语中没有一个专门用来表述区别于“资产阶级社会”的“市民社会”用语，“burgerlich Gesellschaft”兼有“资产阶级社会”与“市民社会”的双重意义，伯恩斯坦当年提出修正主义纲领时曾经主张，用外来词“bourgeois”专门表述特权的资产者及相关事物，而“burgerlich”则专门用来指社会权利平等的市民及相关事物。通过这一语言学的区分，伯恩斯坦指出，社会民主党只需要反对或消灭“资产阶级社会”，而不需要反对或消灭“市民社会”。[①] 在我国，也有论者持相似看法。前面我们在讨论马克思关于权利体系的消解思想时，曾经提到有的论者主张将“burgerlich Recht”改译为“市民权利”而不是以往所译的“资产阶级权利”，以避免把权利体系误解为具有阶级性的体系。事实上，考虑到马克思对“市民社会”之为资产阶级经济学范畴的意识形态性质的揭示，以及他的历史唯物主义作为市民社会批判最适用于资产阶级社会，“资产阶级社会”与“市民社会”之间的一致性仍是不难发现的。这也可视作马克思市民社会概念含义变化的意义。

作为一个佐证，“市民社会”的早期用法，在《资本论》中几乎完全消失了。《资本论》中非常稀少地使用“burgerlich Gesellschaft”一词[②]，企鹅(Penguin)英文版《资本论》中仅有一次出现“市民社会”

① 参看伯恩斯坦：《社会主义的前提和社会民主党的任务》，三联书店 1965 年版，第 195 ~ 196 页。

② 在《〈政治经济学批判〉导言》的开头，马克思使用了“市民社会”一词，但是加了引号，与《德意志意识形态》中的用法完全相同。

(civil society)一词，但是它无疑可以更确切地翻译为“资产阶级社会”(bourgeois society)[①]。从这个意义上说，《资本论》对市民社会的批判是充分但是暗含着的。亨特通过考察马克思市民社会概念的发展史后指出，马克思后期的市民社会概念有着双重性质：“就其现象学内容而言，它是资本主义社会形式中的商品交换和流通关系的总体；而就其意识形态形式而言，它是一个作为自由、平等、自私自利、财产所有者个人拥有权利的集合体的社会概念。”[②]如此而观，市民社会既是经济基础，又是上层建筑。就经济基础而言，它也只是其中的一个方面，一个表面的、经验的方面。市民社会的现象学内容也即是占有剩余价值的资本主义生产的本质关系的现象学形式。而就其作为资产阶级观点的未批判的、意识形态特征而言，市民社会与国家构成了“社会”的全部内容，市民社会标志着社会的全部私人领域，而国家则标志着社会的全部公共领域。亨特说，马克思的《资本论》是关于市民社会的“解剖学和生理学”，但是对于市民社会作为占统治地位的商品交换关系的一种实际的意识形态形式，马克思没有予以太大关注，《资本论》第3卷在正准备从事阶级分析时中断。因而马克思没有完成对市民社会的全面批判。

马克思市民社会批判理论的未完成特点，是马克思主义国家理论乃至全部政治理论在长时期未获得应有进展的一个重要原因。但是，马克思市民社会概念的总体性特征，则仍然是显见的。这就为马克思的后人们从厚重的经济学分析中发展出国家理论、

---

① Marx, Capital, Ⅰ, p.135. Harmondsworth, 1976. 莫斯科进步版(Progress)《资本论》第1卷在这里仅仅译作“社会”(society)。参看 G.Hunt, The Development of the Concept of Civil Society in Marx, in Karl Marx's Social and Political Thought: Critical Assessments(Bob Jessop ed.), Vol.Ⅳ, Routledge,1990. pp.34-35.

② G.Hunt, The Development of the Concept of Civil Society in Marx, in Karl Marx's Social and Political Thought: Critical Assessments(Bob Jessop ed.), Vol.Ⅳ,p.31.

意识形态理论提供了资源,留下了余地。比如,葛兰西就提出过一个著名公式:国家 = 政治社会 + 市民社会。他把市民社会归属于上层建筑,认为它是统治集团对这个社会行使“领导权”的领域,从而市民社会也就成为国家的一个重要组成部分。这样,市民社会就成了两个公式的组成部分。它和国家构成了上层建筑的两个层面,同时又和政治社会构成了国家的两个层面。毫无疑问,葛兰西的市民社会概念不同于马克思。但是,葛兰西的市民社会概念仍然可以在马克思那里找到它的起源,他们都把市民社会看作是资本主义社会的本源和认识资本主义的关键性因素,不同的是马克思较多地关注市民社会的本质即物质关系,较多地强调经济基础的决定作用,而葛兰西较多地关注市民社会的意识形态、文化功能,较多地强调意识形态、文化的反作用。

由此可以得出结论。马克思把市民社会归约为经济关系,其目的恰恰不在于把政治意义、法权意义上的“资产阶级社会”剥离出去,而正是为了说明政治意义、法权意义上的“资产阶级社会”,存在于资本主义的社会经济结构之中。资产阶级经济学家看不到这一点,表明了他们停留在关于市民社会的意识形态立场。“善于抓住事物实质的马克思为了更透彻地说明问题,常喜欢直接用事物的本质来界定事物”。“当马克思在实质上把市民社会归结为社会经济结构时,他并未因此而拒斥一般意义上的市民社会概念”①。

前面说过,在西方近代政治思想史上,洛克和黑格尔的市民社会概念代表了两种相对立的市民社会理论架构②,他们指出的市

① 俞可平:《马克思的市民社会理论及其历史地位》,载《中国社会科学》1993年第4期,第67页。

② 参看邓正来:《市民社会与国家——学理上的分野与两种架构》,载《国家与市民社会:一种社会理论的研究路径》(论文集)。

民社会发展方向，一是肯定、扩大市民社会，警惕、限制国家权力，使国家成为“最弱意义上的国家”；一是用国家来克服市民社会。这些方案都没有科学地把握社会的发展规律。马克思运用历史唯物主义考察社会发展，认识到国家和市民社会关系调整的限度，认识到它们都是阶级社会的产物，必将随着阶级的消灭而消亡。他还对扬弃国家和市民社会的道路、途径、方式、方法进行了深入的探索。这就确立了他在市民社会理论史上的地位，他的市民社会观为我们今天的理论论争提供着重要的资源。

二、市民社会理论的当代复兴

在马克思之后，市民社会研究进入沉寂时期。左翼阵营中，只有葛兰西和哈贝马斯对市民社会有过独特的研究，但他们的成果直到近年来才为人们所认识；自由主义者尽管一贯持有对市民社会的热情，但由于在20世纪的许多年间，自由主义的影响不大，就西方社会的现实来说，许多人觉得古典意义上的“市民社会”已经过时，即使在自由民主国家，由于普遍实行福利国家政策，谈论独立于国家的市民社会已没有什么意义。[①] 在最近20多年间，市民社会理论实现了复兴，并形成了一股全球性的市民社会思潮。它既被用作西方“去国家化”运动的资源，又被广泛运用于原苏东地区和其他发展中国家的转型分析，在首要的意义上，它表现为对社会政治实践的一种关怀。“中国市民社会研究”的倡导者邓正来指出：“主要是十九世纪与二十世纪之交初显并于二十世纪中叶炽盛的形形色色的‘国家主义’，这在现实世界中表征为国家以不同的形式、从不同的向度对市民社会的渗透或侵吞。为对此种猖獗的

① 参看童世骏：《1989年以后的欧洲人文思想界》，连载于《欧洲》1995年第1～4期。本节较多参考该文。

‘国家主义’作出回应，人们开始诉诸市民社会理念，试图对国家与社会间极度的紧张作出检讨、批判和调整，以求透过对市民社会的重塑和捍卫来重构国家与社会间应有的良性关系。”①

因此，复兴的市民社会理论不可避免地表现出极大的倾向性，人们谈论市民社会，“所援引的并不是那个使用了数个世纪、与‘政治社会’具有相同含义的古老概念，而是体现在黑格尔哲学之中的一个比较性概念。此一意义上的市民社会与国家相对，并部分独立于国家。它包括了那些不能与国家相混淆或者不能为国家所淹没的社会生活领域”②。从这种意义上看，市民社会思潮所复兴的是“国家与(市民)社会”的政治研究框架，尤其是这个框架中的社会独立于国家这层意义。从20世纪70年代末、80年代初东欧持不同政见者在与官方正面冲突之外采取所谓“非政治的政治”策略(即设法在官方的政治领域之外建立一个与之既不冲突、又不妥协的领域)，从人们将1989年东欧剧变及随后的苏联解体事件的本质看作是代表“社会”的力量与代表“国家”的力量之间的冲突，从以市民社会理念解释过去一个年代的第三波民主化浪潮，市民社会被认为在20世纪70年代西班牙和葡萄牙这两个西欧国家向民主制度的成功转型中，以及继而在拉美、韩国和赞比亚等发展中国家对独裁政权的颠覆过程中起了重要作用，从对“资本主义使政治沦落为商业广告业的分支”、对“重新政治化”的资本主义商品生产关系的批判，以及将西方国家大刀阔斧的“去国家化”改革看作是市民社会的重建中，我们都能清楚看到对市民社会的这种流行理解。换言之，复兴了的“国家与社会”分析框架，对国家主要持批判、否定的立场，表现出强烈的反国家主义色彩。

这种国家与社会关系的解释模式主要来源于洛克式的古典自

---

① 邓正来：《国家与市民社会》(论文集)“导论”，中央编译出版社1999年版。

② 查尔斯·泰勒：《市民社会的模式》，载上书，第3页。

由主义，它将市民社会解释为非政治的领域，从而包含着激进的政治理想，有时甚至是反政治的理想。1989—1991年苏东剧变的本质被很多学者看作是代表“社会”的力量对于代表“国家”的力量的胜利。而产生这一结果的原因，被认为是东欧、苏联持不同政见者在与极权主义政治中采取的合理斗争策略，即在国家之外发展市民社会的力量：采取与政治不合作的态度，在国家权力的缝隙中谋求社会力量的发展。这种做法视市民社会与国家之间的关系为一种没有关系的关系，市民社会的政治是一种“非政治的政治”。在汉语中，有的学者称这种在国家之外建立自己阵地的社会为“民间社会”[①]，进一步明确了它的非政治含义。

但是，“民间社会”所指称的含义很快超出了这种理解。一些学者指出，国家与社会关系还可以采取另一种形式，即在社会中形成反政治的力量，以社会对抗国家。在这种形式中，市民社会与国家处于对抗的关系之中，市民社会的政治是一种“反叛的政治”。1989年以后的东欧社会现实表明，“非政治的政治”所采取的回避政治的态度正是这一策略的主张者在新政权中遭受失败的原因。匈牙利哲学家、1989年以前匈牙利著名持不同政见者塔马斯（G.M.Tamas）指出，“非政治的政治”这一策略使东欧持不同政见者无法在政治上形成一股强大力量，因而无法对政局产生影响。在极权主义不存在的情况下，如果仍然陶醉于“生活在真理中”、“无权力者的权力”等道德主义、乌托邦观念，只会为他们原先所反对的东西，甚至他们更不愿意接受的东西（如完全无法无天的独裁统治）创造条件。建立一个主动积极的社会才是更有意义的。因此，塔马斯主张将“反叛性政治”同“非政治的政治”相区分，使之成为常规政治的一部分。赫斯特（Paul Hirst）认为“反叛性政治”不仅应

① “市民社会”（civil society）又可汉译为“民间社会”、“资产阶级社会”、“文明社会”、“公民社会”等。

成为常规政治的一部分，也要成为建设性政治的一部分。而伊萨克(Jeffrey C. Issac)则主张，在新的情况下应该把“反叛性政治”同“非政治的政治”结合起来，市民社会应该成为“造反政治”的基础，而“造反政治”是：“一种自愿结社的政治，它独立于国家，设法创造空间以反对冷漠的、使人软弱无力的官僚结构和法团结构。这样一种政治常常把矛头针对国家，但它不寻求像政党那样控制国家。它也不像利益集团那样对国家进行院外活动，以谋取特殊好处。相反，它是一种道德奉劝的政治，设法在沙漠中造成绿洲，为它的实行者提供一种尊严感和强大感，用它的榜样和它的具体、非常切近的结果的力量来影响政治世界。”[①] 在伊萨克看来，市民社会不仅应该积极影响政治，而且应该成为政治合法性的来源。

市民社会作为“民间社会”的这两种意义，在1989年后被人们更多地强调的是后者，尤其对非西方社会而言。一方面，东欧社会的现实给出了直观的认识，另一方面，比较东西方社会所处的历史阶段，人们也可能得出这样的结论。东西方国家之间这种历史发展阶段的差异还继续表现在，东方关注市民社会之于国家的政治意义，而西方对市民社会经济意义和文化意义的关注早已超出了其政治意义。新自由主义者自然膜拜自由市场；部分保守主义者也将市场经济看作是市民社会的主体；而一些西方左翼学者也设法借助于马克思主义之内一些未引起充分注意的传统和马克思主义以外的一些传统来重新理解“市民社会”。比如，约翰·基恩从经济领域来理解市民社会；哈贝马斯把市民社会诠释为“公共领域”；柯亨、阿拉托将市民社会解释为“社会文化的生活世界”。

强调市民社会的经济意义和文化意义所继承的是黑格尔和马克思主义传统。就前者而言，黑格尔认为市民社会是以私利活动

---

① Jeffrey C. Issac, “Civil Society and the Spirit of Revolt”, in Dissent, Summer, 1993, p.357.转引自前引童世骏文。

为内容的、同国家相对的、具有特殊性的“需要的体系”；而马克思则一再强调市民社会的资产阶级属性：市民社会不但起源于资产阶级政治革命，而且以资产阶级生产关系、交往关系为基础。[①] 市民社会由此获得了“资产阶级社会”的属性。德语“bürgerlich Gesellschaft”兼有“市民社会”和“资产阶级社会”两重意义，正是这种解释传统的体现[②]。这种视“市民社会”为“资产阶级社会”的理解仍然构成当代市民社会理论的主要派别。后自由主义者约翰·格雷和左翼学者约翰·基恩是其代表性人物。

格雷将市场经济看作市民社会的主要成分，认为经济自由和人身自由是市民社会的两大本质特征：“法治之下的私有财产和契约自由的自主建制，允许各种各样的价值观和世界观的人们和平相处”。[③]在他看来，与自由民主制度相联系的市民社会并非惟一的市民社会形式。东亚地区如台湾、韩国、新加坡和香港的市民社会就是专制主义的。在这些社会中，一方面经济自由和人身自由受到严格保护，另一方面政治民主和自由民主受到很多限制。从历史上讲，这种同专制制度或有限的自由民主制度相连的市民社会反而占多数，例如俾斯麦的普鲁士、辉格党的英格兰。因此，对于在西方和东欧占主导地位的对1989年东欧剧变的解释，格雷说他只赞成一半，即认为1989年的积极意义仅在于它是市民社会对

---

① 对市民社会经济意义的强调，致使像城塚登这样的批评者认为马克思剥离了市民社会的政治意义、法权意义与伦理意义。参看本章第一节。

② 这种解释传统的影响，可以从以下两个例子中看得很清楚：19世纪末，伯恩斯坦为了修正马克思主义，主张用外来词“bourgeois”专门表述特权的资产者及相关事物，而“burgerlich”则专门用来指社会权利平等的市民及相关事物。通过这一语言学的区分，伯恩斯坦指出，社会民主党只需要反对或消灭“资产阶级社会”，而不需要反对或消灭“市民社会”。哈贝马斯在1992年出版的《事实与规范之间》中专辟一章讨论市民社会问题。为了表达超出“资产阶级社会”意义上的“市民社会”，他用另一个德语词“Zivilgesellschaft”来表示英语世界中“civil society”(市民社会)的含义。

③ John Gray, Post Literalism: Studies in Political Thought. Routledge, 1993. p. 205.

于极权主义的胜利，而不是西方式的自由民主的胜利，换句话说，1989年只是一般意义上的市民社会的胜利，而不是一种特殊形式的市民社会即西方式市民社会的胜利。

对于西方式的自由民主，格雷持激烈的批判态度。在他看来，西方的自由生活变成了为争夺国家掌握的资源的战场：过于重视平等、团体权利和对少数群体的照顾，妨碍了司法自由、机会均等这些社会的基本条件。相对于早期西方的市民社会而言，当前的自由生活反而是一种倒退。因此，格雷建议东欧应当学习以前的西方，在专制主义下建立市民社会，而不是学习现在的西方，让市民社会存在于大众民主造成的混乱中。在继续进行私有化和建立真正的法制的同时，这些国家的当务之急是建立那些限制民主而不是高扬民主的制度。①乍一看来，格雷所提倡的专制主义与市民社会的发展格格不入，然而，这却正体现了格雷主张的自由市民社会的特征。在那里，既然大众民主无力保障市民社会中经济自由和契约自由的实现，那就只能依赖于强制性的外力。与孟德斯鸠和托克维尔寄希望于自治团体发挥对市民社会的规范理解不同，格雷将更大的希望寄托在国家身上。这体现的正是黑格尔的国家主义传统。

左翼学者基恩也从经济领域来理解市民社会。他认为，“一种社会主义市民社会的理论……必须更多地考虑它在生产、交换和消费方面的主要的组织原则”②。基恩将市场看作市民社会的力量之源，剥夺了财富来源的市民社会实际上丧失了捍卫和扩大其权力的物质基础。从一个简单的事实来看，工人运动的可能性就寓于一定的经济能力。另外，经济领域也是市民社会得以对抗国家的力量之源，没有经济前提，行动者不可能发挥社会功能，慈善

① John Gray, Post Literalism: Studies in Political Thought. Routledge, 1993. p.213.

② John Keane, Democracy and Civil Society, xiii.

团体、工会、专业性的组织和工人联合会等都无法建立。总之,“没有市场,市民社会无法生存”[1]。因此,基恩激烈反对将经济领域独立出市民社会的三分法,认为在国家之外将市民社会与市场再作出划分所体现的仍是从前那种强调市场失灵的老观念。但是,基恩虽然批评对市场力量的全盘否定,同时也指出,市场的确不尽如人意,它存在结构性弱点:市场失灵和市场变化从来就不是自发愈合的,它总是要仰仗互助的以及自愿的各种社会基础组织;并且,市场无法创造出社会秩序,关键的社会整合在市场的互动中无法实现。在这个意义上,“没有市民社会就没有市场”[2]。可见,基恩对市民社会经济性质的强调不但是有针对性的,而且是有原则的。他的主张的实质是一种以经济为核心的、市场与社团联合互动的社会结构,在其中市场和社团的功能和作用分明,但却并不因此应该和能够彼此分离,更不应该将任何一部分划离市民社会这一统一概念。

对市民社会作超出经济意义上的理解,主要来源于左翼阵营,可以一直追溯到“西方马克思主义”创始人之一葛兰西。在马克思之后,葛兰西率先明确地赋予国家以伦理和文化的意义,认为国家是政治社会和市民社会的统一体,而市民社会是制定和传播意识形态特别是统治阶级意识形态的各种私人或民间机构的总称。[3]在葛兰西之后,著名左翼学者哈贝马斯又将市民社会作了“私人领域”和“公共领域”的划分,进一步突出了它的文化和伦理意义。[4]但是真正将市民社会定义为文化生活,对其作最狭义理解的,却是

① John Keane, Civil Society, Old Images, New Vision. Polity Press. 1998. p. 19.

② Ibid.

③ 参看葛兰西:《狱中札记》,中国社会科学出版社2000年版。

④ 哈贝马斯的市民社会理论可参看其著作:《公共领域的结构转型》,学林出版社1999年版;《合法化危机》,上海人民出版社2000年版;《交往与社会进化》,重庆出版社1989年版;《交往行为理论》,重庆出版社1994年版。

美国学者柯亨和阿拉托。他们认为真正意义上的市民社会应该由社会和文化领域构成，并由此提出以国家—经济—市民社会的三分法来代替国家—市民社会的二分法。

三分法的直接理论来源是哈贝马斯的市民社会理论。在《公共领域的结构转型》一书中，哈贝马斯提出，市民社会是一种独立于国家的“私人自治领域”，包括私人领域和公共领域。其中私人领域是指由市场对生产过程加以调节的经济子系统，“公共领域”是由各种非官方的组织或机构构成的私人有机体，包括团体、俱乐部、党派、沙龙、报纸杂志书籍等。公共领域实际上是社会文化生活领域，它为人们提供了讨论和争论有关公众利益事务的场所或论坛，在这里理智的辩论占主导地位。哈贝马斯关注的主要是公共领域，认为这一领域不但促进了社会整合和群体的认同，而且为国家和政治子系统奠定了合法性基础。

但是，哈贝马斯指出，公共领域在晚期资本主义的发展并不鼓舞人心，由于国家权力的膨胀和商业化原则的盛行，市民社会的结构在当代发生了重大变化。政治子系统和经济子系统从分离走向结合，“社会国家化”和“国家社会化”的齐头并进不断地侵蚀着公共领域的原则，公共领域日渐商业化和世俗化。国家不仅面对着成倍增加的经济和社会事务，而且面临着由于不能恰当解决问题带来的合理性危机；而人们日益远离政治讨论和政治事务又使国家面临着“合法性危机”。国家消除其危机困境的努力只可能存在于重建市民社会，尤其是重建公共领域之中。

为重建公共领域，哈贝马斯进而研究了“理想的生活世界”的建构问题。他提出了“系统世界”和“生活世界”概念作为其分析框架的基础。前者是指社会运行的系统过程，包括政治系统和经济系统这两个方面，其运行遵循的是权力和金钱的逻辑，人们在系统世界的行为受这一逻辑的支配。生活世界是指由“文化传播和语言组织起来的解释性范式的贮存”，包括文化、社会、人格三方面的

"解释性范式"。人们在生活世界中的行为是以相互理解为目的的,哈贝马斯称之为"交往行动"。按照哈贝马斯的观点,生活世界主要属于社会文化系统,交往行动主要发生在公共领域。生活世界和系统世界遵循的是不同的逻辑,因而在它们分化之初就存在矛盾。在当代西方国家,由于系统世界对生活世界的侵蚀,追求金钱和权力的行为取代了以相互理解为目的的交往行动,其结果是生活世界的再生产出现了深刻危机,从而影响到整个社会的整合程度。为了恢复系统世界和生活世界的平衡,建构一个"理想的生活世界",哈贝马斯主张重建"非政治化的公共领域",使社会文化系统摆脱政治化和商业化影响而获得独立发展。不仅如此,他还主张使交往行动及其所遵循的原则扩展到系统世界的领域中去,使人们重新发现生活的意义和价值。

以哈贝马斯的交往行动理论为基础,柯亨和阿拉托建立了市民社会的三分理论。他们认为市民社会主要是由生活世界的机构或制度组成的。具体说来,它是介于经济和国家之间的社会相互作用的领域,由私人的领域、团体的领域、社会运动及大众沟通形式组成。按照柯亨和阿拉托的观点,以家庭为特征的私人领域乃是个人自我发展和道德选择的领域,不应受到外界干扰。非正式性团体和自愿性社团以及文化机构和大众传播媒介构成了现代市民社会的公共领域,它们不同于经济社会和政治社会的组织,后者以追求金钱和权力为目的,前者的目的在于进行规范性的整合和开放的交往。社会运动以捍卫私人领域和公共领域自主发展的合法权利不受经济系统和国家的侵犯为目标。柯亨和阿拉托认为政治国家和市民社会的二分法已经过时,主张采取市民社会—经济—国家的三分法,因为经济系统已从市民社会中分离出去,构成了一个独立的领域。他们反对以国家为中心和以经济为中心的研究模式,主张采用以社会为中心的研究模式,三分法就是服务于这一目的的。柯亨和阿托拉认为,解决当代资本主义国家存在的种种问题的希望在于市民社会的重建，实现现代乌托邦理想——保障个人的基本权利，实现民主、自由、平等、团结、公正的希望也在于此。

以上各种市民社会理论，无论是采取市民社会的二分法还是三分法，也无论是突出市民社会的政治意义、经济意义抑或它的文化意义，它们都体现出一个共同点，即对市民社会自足性的或深或浅的信任。在二分法理论中，如果社会在与国家的冲突中获胜，那么社会就应该是一派和谐，没有国家对社会的压迫，也没有各种政治力量之间的冲突；三分法理论则认为生活世界有自己的民主化逻辑，可以从内部建立起必要的秩序，行政和经济不应干预文化的逻辑。显然，这与黑格尔—马克思传统中对市民社会不自足性的认识存在相当大的差异。黑格尔认为市民社会是一个特殊的领域，需要国家的力量来规制；马克思继承黑格尔对市民社会不自足性的批判，但认为克服这种不自足性的力量存在于市民社会之中。从政治现实来看，1989 年以后东欧各国民众的道德状况的大幅度下降引起各阶层的严重关注。俄罗斯的情形可能更糟，出现了所谓“俄罗斯现象”。今天的俄罗斯表面上即使不是一个稳定的民主制，也是一个西方式的政体架构，它有多党制，有定期选举，有几乎什么话都可以讲的新闻媒体，有集会、结社自由，有游行自由，等等。但就是这样一个国家，在政治生活、经济生活和社会生活诸方面出现了普遍的犯罪化，俄罗斯黑社会的名声现在已接近意大利黑社会的名声。东欧、苏联市民社会的发展现状表明，对市民社会的完全信任是一种比信任政府更为可怕的冒险行为。市民社会是一个“既温暖又模糊”的概念，“任何地方的市民社会都是由良莠不齐，甚至完全怪诞的成分组成的令人眼花缭乱的纵队”①。

这就意味着，在国家与社会关系问题上，一方面必须从制度上

① 托马斯·卡罗瑟斯：《市民社会》，载《国外社会科学文摘》2000 年第 7 期。

防止市民社会被国家权力所摧毁;另一方面又不能像一些持不同政见者那样过分强调市民社会对于国家,甚至对于政治的独立性。渗透或侵吞市民社会的国家主义固然应该被抛弃;但完全脱离了国家、离开对每个人都有约束力的某些规则和程序的市民社会,也不是我们的可欲目标。有鉴于此,当代市民社会理论既突出了市民社会之为“文明社会”、“公民社会”的意义,又突出了对市民社会与国家之间实现一种正和(positive-sum)博弈关系的追求。

对于市民社会的道德、伦理含义,达伦道夫在东欧剧变后的第二年写道:“市民社会”是关键。市民社会之建设必须有一种“精神框架”:“一个市民社会(civil society)必须是 civil(意为民间的、非暴力的、文明的——引者),甚至是 civilized(文明的——引者),而这要求有这样一些男人和女人,他们互相尊重,更重要的是,他们有能力、并且有诚意以这样的方式来自主行事,即鼓励他人、创造必要的行动手段,需要一些毫无畏惧、也没有理由畏惧的充满信心的男人和女人——公民。”[①] 克服当前东西方普遍出现的社会道德危机,应该成为建设市民社会所要实现的目标。

追求市民社会与国家之间的正和博弈关系,无疑超越了国家主义与反国家主义这两种相对立的市民社会模式。如前所述,查尔斯·泰勒考察了市民社会在历史上的不同模式。在他看来,孟德斯鸠实际上早已揭示了市民社会的重要性并不在于它构成了一个非政治性领域,而在于它构成了政治体系中权力分立及多样化的基础。泰勒写道:“如果说洛克学派揭示了有关社会具有非政治向度的观念,那么孟德斯鸠的贡献则在于他提出了自己的社会图景,亦即社会是根据其政治组织来界定的,但是这种界定依照根据架

① Ralf Dahrendorf, Reflections on the Revolution in Europe, 1990.p.93,99. 转引自前引童世骏文。

构则是多种多样的,因此需要在各个独立的力量之间分配权力。"[①] 由此,泰勒认为,市民社会包括以下三种含义:"(1)就最低限度的含义来说,只要存在不受制于国家权力支配的自由社团,市民社会便存在了。(2)就较为严格的含义来说,只有当整个社会能够通过那些不受国家支配的社团来建构自身并协调其行为时,市民社会才存在。(3)作为对第二种含义的替代或补充,当这些社团能够相当有效地决定或影响国家政策之方向时,我们便可称之为市民社会。"[②] 可见,市民社会不仅作为国家合法性的来源,而且,为实现这一功能,市民社会与国家之间应该存在某种联结机制或合作机制。

受泰勒影响,一些学者对国家与社会关系进行了重新研究,并提出了"国家在社会中"或"社会中的国家"的新研究框架。该研究框架认为,国家与社会之间总是存在一些重要的联结,它们常常影响着国家与社会各自的控制领域,使得这些领域的边界模糊而又经常移动;国家作为政策制订者不是凌驾于社会之上,而是存在于社会中,构成社会的一部分;无论是国家还是社会都无法独立主导社会的变迁;国家与社会各自的行动是灵活的、反应性的,双方在社会结构中的相对位置及行动都是互动的结果,无法预先确定。[③] "国家在社会中"的研究方法试图突破国家—社会二分的限制,用

---

① 泰勒:《市民社会的模式》,载邓正来、亚历山大主编《国家与市民社会》(论文集),第 27 页。

② 同上书,第 7 页。

③ See Joel S. Migdal, State in society: studying how states and societies transform and constitute one another, Cambridge, New York: Cambridge University Press, 2001. 早在 1994 年,米格代尔(Joel S. Migdal)在与克奇利(Atul Kohli)、许惠文(Vivienne Shue)联合编辑的《国家权力和社会力量:在第三世界中的支配和转型》(State power and social forces: domination and transformation in the Third World)一书中,就以低收入国家为案例,讨论了"国家中心"论作为这一区域分析框架的局限,提出从国家与社会的相互冲突、适应及创造方面理解双方的变化,取代以任何一方"独立"解释社会转型的做法。

基于合法承认的"互动"关系来解释社会结构的运转特质。这一研究方法对于在新的层面认识国家与社会之间的关系无疑具有重要意义,但我们更愿意将它看作是在国家一社会框架之中的、对国家和社会独立性以及双方共存和互动意义的强调,而非一种超越固有框架的新解释范式。

上述两种市民社会理论的取向,都强调了国家之于市民社会的积极意义。这种意义主要体现在国家通过一定的程序和规则对市民社会实施规制上。而宪法和法律又是这种程序和规则的正式形态,因而强调市民社会的这一层意义,必然强调现代法治之于市民社会的意义。如果说当代市民社会理论呈现出一种见仁见智的多元主义倾向,那么,在强调市民社会必须是法治社会这一点上它们却达到了惊人的共识。而且,法治不仅在规范市民社会的意义上得到强调,它更是在规范国家与社会、政府与市场的关系意义上得到强调。

在这样的意义上,格雷指出,市民社会的否定意义就是它不同于控制一切的"极权主义",而它的肯定意义除了保护私有财产,就是依法治国。他说:"在任何市民社会中,大部分社会活动和经济活动将进行于由法治保护、但独立于国家的自由建制之中。"[①]建设一个经济自由和人身自由受到法治严格保护的市民社会,而不是西方大众民主式的市民社会,这是格雷向东欧人提出的劝告。与格雷的保守主义立场不同,更多的学者恰恰是基于西方自由民主制度对法治作出理解的。意大利学者鲍比欧多年来一直致力于把社会主义与自由主义传统结合起来,提出"自由社会主义"模式。在他看来,社会主义的目标只能在自由民主制度的框架内实现。只有自由民主才是真正的民主,因为民主离不开他所谓的"现代人的四大自由",即个人自由、出版和言论自由、集会自由和结社自

① John Gray, Post-Liberalism Studies in Political Thought, p.315.

由。如果说民主的基础是自由的话，那么自由的基础就是法治。

法治在哈贝马斯的市民社会理论中同样占据重要地位。在《交往行动理论》中，哈贝马斯提出了以交往主体之间的相互同意、普遍赞同且自觉遵守的规范为内容的交往合理性概念，并为此创造了一种"理想的话语环境"。这是一种脱离了经验、不受行为制约的交往形式，其结构将能够保证，只有话语的潜在有效性要求才可成为讨论的对象；能够保证参与者、话题和意见不受限制，除了更有说服力的论证不存在任何强制，除了共同寻求真理，任何其他的动机都必须摒弃。这种"理想的话语环境"要变成"现实的话语环境"，惟有通过民主、合理和公正的话语规则和程序来保证每一个话语主体平等、自由的话语权利。由此，哈贝马斯展开了对程序民主的讨论。他认为，应以法律来保证民主程序的实现，一个由法制保证的彻底民主的国家才能促成话语权利的真正实现。在1992年出版的《事实与规范之间》一书中，哈贝马斯明确提出了"程序民主主义"的观点，努力将共和主义的共同体主义，即重民主、共识和特定的伦理生活方式和自由主义，即重自由、多元和跨共同体的普遍原则统一起来。他还建议将这种建立在交往行动和商谈伦理基础上的民主法制制度推广到全球。

从上可见，复兴的市民社会理论在沿袭传统市民社会理论的基础上，使市民社会概念的含义得到了极大拓展，其中超越传统二分法的三分法理论被视为最具现代性的市民社会理论，而对道德、法治之于市民社会意义的强调也是当代市民社会理论的重要特色，这种强调日益增加和扩大着市民社会概念的解释力。

三、中国市民社会的建构

国家与社会关系理论或者说市民社会理论是典型意义上的西方话语。马克思说过，真正的市民社会只是随同资产阶级发展起来的。[1] 把市民社会这一源自西方历史经验的概念运用于一个个具有截然不同的历史轨迹和社会特征的社会中，把它当作一种理解社会变化的工具时，它很可能是存在问题的。特别是当它卷入意识形态争论中，作为一个理想化的反国家形象出现时，它降低了自身在经验主义的、社会科学分析上的价值。[2]因此，我们在界定一个清晰的、可使用的市民社会概念后，还需要指出使用这一概念工具的限度。

运用国家与社会关系理论作为认识当代中国的分析框架，必然会遇到它的解释力与其存在的困难之间的紧张关系。在中国，"建构(西方式)市民社会"的问题因社会主义遭受巨大挫折而凸现，也因以社会主义方式建设物质基础、社会基础取得成功而逐渐在现实中被积极扬弃。[3] 在这里，我们拟借用西方左翼思想家基恩提出的"社会主义市民社会"概念，对以社会主义方式建设中国市民社会的问题作出一个探讨。

如前所述，马克思主义创始人追求的理想社会是一个"自由人的联合体"，在其中，由于阶级消灭、国家消亡，每个人都实现了全面而自由的发展。无疑，马克思把市民社会与政治社会都看成是真正人类社会之否定性形式。但是，现实社会主义国家在其建立过程中几乎无一例外地把"社会主义"理解、落实为"国家主义"，或者如一些学者所说的"国家化社会主义"。[4] 这种我们今天称之为"传统社会主义模式"或者"社会主义计划经济体制"的基本特征，是国家职能在经济、政治、社会生活中的无限膨胀，国家机构与国

---

① 马克思、恩格斯：《德意志意识形态》，《马克思恩格斯选集》第1卷，第130页。

② Gordon White [et al.], In Search of Civil Society: Market Reform and Social Change in Contemporary China, Oxford: Clarendon Press, 1996, p.1.

③ 郁建兴：《伯恩斯坦的市民社会理论与马克思》，载《哲学研究》1997年第4期。

④ 参看刘京希：《从国家化社会主义到社会化社会主义》，载《文史哲》2000年第4期。

家权力关系扩展到社会的各个领域,从而取消或大大降低了其他非权力关系在社会生活中的地位和作用。[①]

作为对这种国家化社会主义的批判,一些西方左翼学者采用了市民社会概念。他们强调社会主义(共产主义)既不是国家以社会的名义对个人的全面控制,也不是国家以社会的名义对经济的全面控制,它是对国家主义和经济主义的双重超越。英国学者德凡(Pat Devine)指出:"社会主义意味着社会对于社会生活的控制。具体地说,是市民社会的建制对国家和经济两方面的控制。换言之,社会主义意味着政治民主——社会对国家的控制,以及经济民主——社会对经济的控制。"[②]这种把市民社会概念理解为社会主义概念之核心的做法,更早地还可以追溯到约翰·基恩(John Keane),他在1984年出版的《公共生活与晚期资本主义》中,就与哈贝马斯商讨"社会主义公共生活理论的组成部分",在1988年出版的《民主与市民社会》一书中,他直接使用了"社会主义市民社会"概念。我们主张建构"中国市民社会",就是在这样的意义上主张的,即建设一种不同于国家化社会主义的"社会化社会主义"。这必然意味着继续马克思当年对国家理想主义的批判,即对国家主义神话进行再一次的消解,必然意味着建立在家产制基础上的政治和社会结构实现转型。

如果说20世纪90年代市民社会理论受到中国学术界的高度关注,"国家与社会"被看作是一个极富增殖性和原创性的分析框架,国家体制外的社会领域的重要性得到一再强调,标志着中国社会发展研究中国家主义取向的危机,对国家主义神话的消解工作

---

① 参看刘京希:《从国家化社会主义到社会化社会主义》;以及唐士其:《国家与社会的关系》第5章,北京大学出版社1998年版。

② Pat Devine, Economy, State and Civil Society, in Economy and Society, Vol.20, No.2, May 1991, p.205.

就此开始，那么，中国的政治与社会结构的转型则可以追溯到更远，它与1978年开始的改革开放是同一过程。尽管迄今为止在中国仍然没有出现一个清晰的、可使用的市民社会概念，也尽管迄今为止在中国国家仍然控制着主要的社会资源，国家与社会之间的可欲关系还有待规范，但是“国家与社会”的视角仍然有助于说明中国改革开放20多年来的变化。20多年来，中国社会的确发生了类似西方工业革命以后的变化。第一，社会资源的占有与控制已逐渐呈现多元化态势，社会很大程度可以利用这些自由流动资源和自由活动空间发展出独立于国家的物质生产和社会交往形式。第二，伴随着社会资源占有与控制的多元化，个人独立性相对扩大，表现为个人受组织、身份的限制趋于减弱，寻求自身发展的选择余地不断增加，个人财产权利、言论、发表、隐私权及其他权利的状况较以前有所改善。第三，随着从旧体制摆脱出来的新的社会力量和角色群体的发展壮大，在政府行政组织之外开始了民间社会的组织化过程，经济、社会、文化领域的非赢利团体和非行政化的赢利性经济组织日益成为国家不能忽视的社会主体。① 从20世纪50年代一直到改革开放前的70年代，我国各种社团和群众组织的数量非常少，50年代全国性的社团只有44个，60年代也不到100个，地方性社团大约在6000个左右。到1989年，全国性的社团增至1600个，地方性的社团达到20多万个。② 此后，政府于1989、1998年两次对社会团体进行了重新登记和清理，取缔了一批

① 孙立平等：《改革开放以来中国社会结构的变迁》，载《中国社会科学》1994年第2期；王颖等：《社会中间层——改革与中国社团组织》，中国发展出版社1993年版；康晓光：《权力的转移》，浙江人民出版社1999年版；俞可平：《中国公民社会的兴起及其对治理的意义》，清华大学第二届公共政策与管理国际研讨会论文，2002年5月14－16日。

② 王名、刘国翰、何建宇：《中国社团改革》，北京，社会科学文献出版社2001年版，第4页。

非法社团，注销、合并了一批业务相同或相近的社团，其数量有所减少。截至2002年底，全国共登记社会团体13.3万个，其中，全国性社团1712个，省级社团20069个，地级及县以上社团52386个；民办非企业单位11.1万家。[①] 处于弱势地位的民工也开始有了自己的组织，外来工自治组织（外来人口协会）2002年初现浙江瑞安。社会组织的数量、种类以及职能都得到了较大的发展。

中国市民社会的兴起，对于中国社会政治和经济生活产生了深刻影响，在相当程度上改变了社会的治理状况，尤其对公民的政治参与、政治公开化、公民自治、政府的廉洁与效率、政府决策的民主化和科学化等具有重要意义。从国家与社会关系来看，伴随着政府大幅度放权、职能转变和日益重视法制和法治，国家与社会间的新博弈关系逐渐建立。举20世纪70年代末的农村改革为例。国家从对农村无处不在的控制状态大踏步后退，以此交换稳定的税收、低成本的控制系统和农民的政治支持；农民则以保证对国家的上缴和承担经营责任，换得土地的长期使用权和流转权，承包上缴之余资源的私产权，以及非农资源的部分或全部所有权。在改变了的国家与农村社会关系的背景下，新的产权安排包括着自我保护的机制。“国家再也不能单方面为所欲为地改造社会和产权”[②]。无论是农民集体所有、农户承包经营的地权制度，还是村民自治制度，都为（市民）社会提供了客观的活动空间，国家与社会在此空间内的互动过程中规定着自己和对方，进而形成国家与社会关系的重要转型。

如何实现中国市民社会的进一步发展，并在国家与市民社会之间建立起一种可欲的关系模式？在下面我们试着提出一些原则

---

① 《2002年民政事业发展统计公报》，来自中国民政部网站。

② 周其仁：《中国农村改革：国家和所有权关系的变化》，载《中国社会科学季刊》1994年夏季卷。

性认识。

第一，发展市场经济，建构市民社会。

从历史上看，市民社会的发展，与市场这一独特的经济体系的发展相伴随。波兰尼(Karl Polanyi)说，市场经济的出现所产生的社会效应成为影响过去两个世纪西方社会学家和政治学家的中心事物。[①]当代中国市民社会得以兴起的最深刻根源，就是以市场为取向的经济体制改革和社会主义市场经济的发展。在今天，市民社会作为一个可欲的目标，它的达成，仍然不能离开发展市场经济这个基础。

在这里，我们仍然需要阐发黑格尔—马克思式市民社会概念的当代意义。黑格尔受到古典政治经济学的深刻影响，把市民社会看作"需要的体系"，把市场经济当作市民社会的主要成分。马克思则更是把市民社会看作"始终标志着直接从生产和交往中发展起来的社会组织"[②]。在这种传统中，约翰·基恩和约翰·格雷主要从经济领域来理解市民社会的做法值得我们注意。尽管格雷在保守主义立场上为转型国家提出的"专制主义加市民社会"目标，基恩从左翼理论家身份提出"市民社会主义"、"社会主义市民社会"概念并非没有可商榷之处，也尽管中国市民社会的兴起，像法制与法治、行政体制、领导体制、选举制度、监督制度、党政关系、中央与地方关系等政治体制方面的变革也发挥了重要的作用，但是，把市场经济看作市民社会的主要成分，从中指出市民社会的非西方形式的可能性，无疑既可以增强市民社会概念在中国的解释意义，也可以增强它的规范意义。由此，我们确实可以在一般意义上把当代中国市场经济的发展称之为市民社会的胜利。在进一步建

① See Karl Polanyi, The Great Transformation: the Political and Economic Origins of Our Time, Boston: Beacon Press, 1957.

② 马克思:《德意志意识形态》,《马克思恩格斯选集》第1卷,第131页。

设中国市民社会的过程中,发展市场经济的目标和步伐绝不能动摇和延缓。

第二,超越国家主义与自由主义的抽象对立。

在当代中国,对国家主义神话的消解,不能得出自由放任主义的结论。建构中国市民社会,不能在"反对国家"的路子中达成。

如前所述,"市民社会反对国家"的理论架构是洛克奠基的,它把国家与社会关系理解为零和博弈关系。这也是当代市民社会理论中的流行理解。特别是对苏东剧变,很多人倾向于认为是市民社会对于国家的胜利。但是,1989年以后多个国家的转型经验,尤其是俄罗斯的经验表明,国家力量的衰减并不必然导致或帮助市民社会的健康发展。这两者之间的关系不是零和关系,不是此长彼消的正负关系。

事实上,在市民社会概念引介到我国时,就有学者对"市民社会反对国家"的范式提出批评。甘阳在1991年的一篇文章中指出,市民社会与国家的关系,"绝非是时下许多人所片面强调的那种简单对立以至对抗的关系(所谓前者'vs'后者),恰恰相反,它所要建立的正是社会与国家之间能够具有一种良性的互动关系"①。邓正来和景跃进在《建构中国的市民社会》一文中,明确主张市民社会与国家关系的"良性互动说",他们还进一步认为,"市民社会内部存在着各种矛盾和冲突,这不但可以引出国家干预的必要性,而且值得指出的是,这种矛盾和冲突如果处理不当还很可能导致市民社会本身的分崩离析"②。

作为对市民社会的"公民社会"、"文明社会"、"公共领域"、"法治社会"诸维度的强调,对于市民社会与国家关系的认识也就进入

① 甘阳:《"民间社会"概念批判》,载张静编《国家与社会》,浙江人民出版社1998版,第28页。

② 邓正来、景跃进:《建构中国市民社会》,载《中国社会科学季刊》1992年第1期。

了一个新阶段。关于国家与社会相互型塑的观点不断为人们所接受并得到进一步阐发。

除了苏东国家之外，东亚新兴工业化国家的经验和教训也论证了国家与市民社会之间建立起正和博弈关系的必要性。一段时期以来，东亚新兴工业化国家的崛起，使得亚洲价值观、亚洲国家与社会的互补与协作作为成功经验而得到强调，而1997年金融危机的爆发，使一些人的看法转向另一个极端，亚洲经验越来越被看作是亚洲问题的根源而不是成功的根据。很多论者认为这使经济自由主义的解释边界再一次扩大，国际货币基金组织应对东亚金融危机的政策，也多基于私有化和贸易自由化主张的“华盛顿共识”。对此，著名经济学家斯蒂格利茨提出了尖锐的批评，在他看来，有关政府作用的争论的核心不是政府在“所有领域中都已管得太多，而是在某些领域里管得太少”[①]。事实上，东亚新兴工业化国家的崛起证明了政府解决“市场失灵”的能力。但是，东亚国家在引进政府干预之后，一方面没有注意到干预的应有限度，特别是在本国经济经历了几十年的快速发展之后，政府迟迟没有从一些不该再管的领域中退出。另一方面，政府干预失去限度，不但不能保证政府自愿退出竞争性经济领域，因而不利于市场的发育和成熟，而且容易导致政府的腐败和滥用权力。[②] 因此，亚洲金融危机所终结的并不是国家与市民社会之间互补与协作的解释范式，而恰恰是僵硬的国家主义以及同样僵硬的自由主义。其解救之道，也就不是国家领域的缩减或者增加，而是实现政府与市场、国家与市民社会之间的互补与协作。钱颖一指出，现代市场经济作为一

---

① Stiglitz, J. More Instruments and Broader Goals: Moving Toward the Post Washington Consensus, the 1998 WIDER Annual Lecture, 7 January, Helsinki.

② 参看文贯中:《市场机制、政府定位和法治》，载《经济社会体制比较》2002年第1期。

种有效运作的体制条件是法治，而法治则是通过其两个经济作用来为市场经济提供制度保障的。法治的第一个作用是约束政府，约束的是政府对经济活动的任意干预。法治的第二个作用是约束经济人行为，其中包括产权界定和保护，合同和法律的执行，公平裁判，维护市场竞争。如果没有法治的这两个经济作用为制度保障，产权从根本上说是不安全的，企业不可能真正独立自主，市场不可能形成竞争环境并高效率运作，经济的发展也不会持续。[①]毫无疑问，市民社会的建立，市民社会的不自足性，都构成了国家的存在理由。离开了国家，离开了对每个人都有约束力的某些规则和程序，"市民社会"不可能成为"文明社会"，一个可欲的市民社会不可能建立起来，当然更谈不上国家与社会间的良性互动了。

可见，市民社会的增长绝不能看作是国家机构体系衰落的自然、必然后果，要成功和安稳地培育市民社会的生长，一个有效能的国家政权是必不可少的环境条件。对于相当多的市民社会论者来说，他们关心的主要是如何通过反对由国家强加的统一和团结来争取自主和多元。如前所述，这种反政治性的路子并不能导致市民社会的真正确立，它常常可能得到相反的结果，而且市民社会在任何地方"都是由良莠不分、甚至完全怪诞的成分组成的、令人眼花缭乱的纵队"。即使在中国，市民社会的发展在带来巨大收益的同时，也意味着风险和代价。美国加州大学圣地亚哥分校教授理查德·马德森在谈到当前中国市民社会发展时说："一方面，社会团体与政府之间存在相当紧密的联系；另一方面社会团体与政府之间的这些刻板联系又被广泛运用的各种非正式关系所克服。这就产生了与众不同的腐败形式，即通过当权者之间的非正式关系，公共的资源被挪作私用。那些处于无助群体中的人们非常痛恨这

① 钱颖一：《市场与法治》，载《经济社会体制比较》2000年第3期。

一现象，这就为大规模的社会冲突埋下了伏笔。”[①] 因此，我们更应该强调国家使具有自主性和多元化（甚至原子化）的社会确保统一和团结的意义，强调政府调节市民社会的意义。在中国，国家机器的重构与市民社会的发展是同一个过程。

在今天，国家不仅要调整传统社会职能的范围，适应新形势承担起新的社会职能；还要在行为过程中不断改进履行职能的方式和手段；国家更要推进实质民主的进程，建立统治的合法性基础，树立真正的国家权威。在全球化进程加速的背景下，国家不仅受到市民社会的自主性和多元化的挤压，而且还受到激烈的国际经济竞争和日益壮大的国际组织的牵制。在国家的未来发展中，市民社会和国际组织将发挥更大的作用，它们与民族国家一起构成一个多中心的治理体系。在这个体系中，国家对于社会内部的整合、国家与市民社会、国际组织之间的互补与协作就显得尤为重要。对此，有的学者认为，单独抽象出单个市民社会或者在此意义上的政府和市场，“对于筛选出有社会首创精神的变量来构成充满生机的民主没有太大的帮助”。因为“社会首创精神关键依赖于一个由政府、市场和公民社会共同构成的环境；而且在这些首创精神中，组织的逻辑常常与法律强制、权威性决策及其执行、政治控制、经济目的以及对团体目标和个人目标的自愿追求结合在一起”[②]。这种认识，无疑超越了国家主义与“市民社会反对国家”之间的抽象对立。

第三，实现国家与市民社会的互补与协作。

如何实现国家与市民社会之间的互补与协作？不少学者已经

---

① 理查德·马德森：《全球化进程中的市民社会发展》，载《社会科学报》2002年10月3日。

② 爱德华和弗雷：《超越普特南的公民社会与社会资本》，载李惠斌、杨雪冬主编《社会资本与社会发展》（译文集），社会科学文献出版社2000年版，第364页。

提出了很好的意见。有学者指出,在目前的中国,国家权力过大与国家能力下降同时并存,而且前者是因,后者是果。因此,必须削减国家权力,提高国家能力。这里要削减的国家权力指国家可以在不必与市民社会各集团进行例行化、制度化讨价还价的前提下自行行动的范围,而要提高的国家能力指国家事实上渗透市民社会,在其统治的领域内有效贯彻其政治决策的能力。[①] 有学者认为,法治是政府取得日益扩大经济功能的合法性的前提。法治的核心是确定政府与经济人之间的保持距离型关系以有利于经济的发展,在法治下可以将政府在经济领域内的性质概括为"一个有限的(limited)和有效的(effective)政府"。在政府的权力受到约束,在政府与经济保持一定的距离之后,政府应该充分发挥其支持和增进市场有效运作的积极作用。[②] 也有学者指出,中国存在着一个"国家机器的重新构造"(state-rebuilding)的任务。而在致力于"国家重构"的过程中,我们更需要把资源和注意力放在司法和执法方面,而不是行政部门。[③]

在这里,我们更愿意强调建设支持国家与市民社会之间的有效互补与协作的条件,建立并维持连接自上而下能力和自下而上资源的社会关系。哈佛大学教授罗伯特·普特南把由公民的信任、互惠和合作有关的一系列态度和价值观构成的社会资本看作是市民社会的黏合剂,他于 1993 年发表的《使民主运转起来》一书中,通过对意大利公民传统的实证研究,论证了社会资本与制度成功的相关性。政治学家彼得·埃文斯同意普特南的结论,认为社会资本的先天禀赋对于国家与市民社会之间的协作是重要的。但是,

① 李强:《国家能力与国家权力的悖论》,载张静编《国家与社会》,第 17~23 页。

② 钱颖一:《市场与法治》,载《经济社会体制比较》2000 年第 3 期。

③ 丁学良:《转型社会的法与秩序:俄罗斯现象》,载《清华社会学评论》2000 年第 2 期。

他不像具有浓厚托克维尔主义倾向的普特南那样,较多地强调社会资本从志愿性社团“自下而上”的来源。通过对“标准”的第三世界国家的案例分析,埃文斯指出,社会资本的先天禀赋并非是关键性的制约因素。国家与市民社会之间的协作似乎较少地受到最初的信任度和低层次的团结的限制,而较多地受到难以把低层次的社会资本“逐步提升”到普遍一致的团结和具有政治、经济有效性的社会行动的限制。问题的关键不在于民间团体层次上的社会资本,而在于如何把诸如个人和团体的团结逐步提升到形成具有发展有效性的组织。换言之,“自上而下”和“自下而上”的连接与良性互动,与市民社会本身的组织特征密切相关。因此,如果说协作可以从团体的社会资本储备中有规律地产生出来,那么,政府会凭借其能力在与这类具有发展有效性的市民组织的创造相互补充方面发生戏剧性的变化。“协作的界限可能在于政府,而不是市民社会”。[①]管理学家威廉·大内把他心目中的理想社会(“M 型社会”)描述为具有社会记忆力,在企业与企业、企业与政府之间创建了有效社会合作的社会。为此,他认为政府应该“促使不同的利益集团能创造和维持对话的关系,以使成千上万较小但仍重要的纷争能先和解”[②]。哈佛大学的两位博士更是具体提出了联邦政府增进社会资本目标的科技政策:公司用于合作研究与开发的支出享受减税优惠;鼓励建立企业研究联盟;鼓励州政府设立技术创新挑战补助基金,弥补联邦政府与小企业或高校联系中的空白带;等等。[③] 尽管以上这些都是针对美国社会而言的,但对中国这样的

---

① Peter Evens, Government Action, Social Capital, and Development: Reviewing the Evidence of Synergy , in State-Society Synergy: Government and Social Capital in Development, edited by Peter Evens, University of California at Berkeley, 1997. p. 191, 193.

② 威廉·大内:《M 型社会》,中国友谊出版公司 1985 年版,第 241 页。

③ 弗泰恩和阿特金森,《创新、社会资本与新经济》,载李惠斌、杨雪冬主编《社会资本与社会发展》(译文集),社会科学文献出版社 2000 年版。

低信任度国家来说，要实现国家与市民社会的有效互补与协作，必须大力培育市民社会社团塑造政治领域的自主能力，如何通过制度安排来落实这一点，上述的政策建议无疑是有启发意义的。正是在那种社团环境下，民主所需要的社会资本正在形成，中国政府与社会的新型关系可能得以建立。理查德·马德森也强调以新的方式实现国家与市民社会之间的平衡。他说："如果考虑到市民社会的政治中的每一件事都是尝试性的和不断修正的，那么这种市民社会的政治就是一种必要的试验。市民社会将不同的价值、理念，以及追求这些价值、理念的各种团体混杂在一起。每个人都学会了容忍不同价值之间的持续比较。而且，为了平衡这些不同的价值和利益，人们必须不断地建立新的临时性的制度安排。"[①]

在黑格尔的市民社会概念中，志愿性社团的出现，是与教育、司法等环节的发展分不开的。因此，除了需要重构国家机器，文化、教育和意识形态等领域的建设，应该被看作是建设新型国家与社会关系的重要内容。布尔迪厄曾经指出，文化资本、社会资本是一种象征资本，能够以一种体制化形态存在，在社会关系再生产过程中发挥重要作用。布尔迪厄称之为"社会炼金术"，并认为这是"正规学校教育爆炸和资格膨胀"的原因。[②] 而葛兰西通过对市民社会别开生面的研究，突出强调了思想文化、意识形态之于政治社会化的意义。在他看来，如果说政治社会的特征是强制，代表着国家暴力，那么市民社会的特征则是教育，它代表着社会的同意，即社会舆论或曰民意。统治集团通过意识形态的论证和建设，把自己的阶级利益装扮成整个社会的公共利益，并整合从属阶级的利

① 理查德·马德森：《全球化进程中的市民社会发展》，载《社会科学报》2002 年 10 月 3 日。

② 布尔迪厄：《布尔迪厄访谈录：文化资本与社会炼金术》，上海人民出版社 1997 年版。

益,从而赢得被统治者的"自愿的"赞成和拥护。从这个意义上看,市民社会就是国家的重要组成部分,它执行着统治阶级的"文化领导权"功能。文化的领导体现的不是国家的强制性因素,而是同意性因素,它表现了国家的伦理内涵。受葛兰西启发,阿尔都塞进而区分了"意识形态国家机器"(the ideological State Apparatuses)与"强制性国家机器"(the repressive State Apparatuses),后者指暴力机构,主要以暴力和强制手段执行其职能;而前者则包括了学校、家庭、宗教、法律、政党、商会、媒体等民间组织,主要通过意识形态来发挥其作用。这就前所未有地突出了文化、意识形态在连接自上而下能力和自下而上资源的社会关系再生产过程中的作用。

总之,建构中国市民社会的工作,不但论证着在国家能力和市民社会同样弱小的中国实现两者之间正和博弈关系的可欲性,而且也展开着某种可行性,那就是,提高国家能力,重构国家机器,是以合理界分国家与社会的职能边界、合理确定国家的合法性基础为前提的,而有限政府并不会自动成为有效政府,国家又必须充分发挥其支持和增进市场有效运作的积极作用,以及使具有自主性和多元化的社会确保统一和团结。这一过程,是一个包括市场经济发展、国家机器重构以及志愿性社团、文化、教育和意识形态等领域建设的总体性过程。我们可以预期,同属于一个过程的国家机器重构与市民社会发展,将导致中国国家与社会关系的新生。

2003 年中国发生的 SARS 事件突出了重构国家机器、发展市民社会的问题,而且也为两者关系的新生提供了契机。我们将此事件作为切入点,具体讨论如何在国家与市民社会之间建立一种可欲关系模式。

应对 SARS 危机:塑造一种新型的国家与社会关系

2003 年春天,"非典型肺炎"(国际社会称之为 SARS)肆虐我国。"以经济建设为中心"的中国人民和新一届政府遭遇了一场重大公共卫生危机。然而SARS问题不仅是公共卫生危机,自2002年11月16日广东佛山发现首例病例以来,短短数月间SARS危机从区域性危机扩散成全国危机甚至全球危机,并从初始的单一的公共卫生突发事件发展成为涉及经济、政治、外交等多个领域的“复合型”危机。

SARS危机首先成为一场影响经济的危机。据CCTV报道,国内三大航空公司4—5月的损失如下:中国国际航空公司减少了2100个航班,东方航空公司减少了2969个航班,南方航空公司取消了9705个航班,占到总航班数量的30.8%。北京市统计局也宣布,4月间北京餐饮业零售额自2000年以来首次下降,比去年同月减少3500万元。

SARS危机同时也造成了政府公信度危机。在SARS疫情初期,由于卫生部应对突发公共卫生事件准备不足,防疫体系比较薄弱,没有及时对全国的疫情制订统一的收集、汇总、报告制度,要求不明确,指导不得力,导致了漏报。这种在疫情公布中显现出来的国家的危机处理能力以及对公众的态度在一定程度上影响了政府公信度。

此外,SARS危机也涉及到了国家的外交领域。在SARS疫情初期,中国政府对于SARS数据公布迟缓的做法受到了国际舆论的批评,截至5月12日,已有113个国家对来自中国的人员采取程度不等的限制措施,多项原计划在中国举行的大型活动被推迟或取消,一些国家纷纷建议国民不要前往中国,一些国际活动表现出对中国的排斥。

SARS危机涉及领域之多、范围之广已给中国的发展造成了严重影响,它迫切要求国家通过更加有力的手段和负责的态度解决这次危机,同时它也要求国家与社会关系重新塑造。对此我们可以作进一步的思考。

1. 国家在这次事件中应该发挥怎样的积极作用?

SARS事件会向哪一个方向发展,很大程度上取决于国家的能力状况。首先国家要采取隔离病人、宣布疫区、封锁疫区、紧急调度医卫人员等一系列措施来控制疫情的蔓延,并且建立与媒体之间畅通的交流通道,及时向公众发布信息,以降低公众获取信息的成本,稳定公众的情绪,增强他们的信心。在此基础上,国家要针对逐步显现的经济影响,出台一系列的应对政策,并以此次事件为契机建立现代危机管理体系,如应对危机事件的预警和快速反应机制。但是如何使这些应对政策有效地刺激经济,防止中国经济大幅度下滑,以及选择怎样的应对策略,以增强国家在处理危机事件中的能力,最大限度地维护国家在危机状态下的合法性和权威性,仍然要建立在对经济形势和疫情状况的判断之上。

2. 应对SARS危机需要塑造怎样的国家与社会关系?

危机事件不仅是对政府能力的挑战,更是对社会整体能力的综合考验。仅仅依靠政府的力量很难做到危机应对的高效、快速、协调、灵活,而各类非政府组织、企业以及公众自身的危机意识、危机预防能力和危机应对水平,特别是每个公民都履行起公民的责任是决定政府危机管理质量的重要因素。举公民责任问题为例,一个需要接受隔离观察的公民有意隐瞒真相、拒绝隔离,甚至逃避隔离,是对其他公民的健康和社会安全不负责任的表现,也是影响SARS防治的重要因素。因此,我们在强调政府责任的同时也要强调公民责任,强调政府危机管理中参与主体的多元性,从而形成公民、国家以及与社会在法律上以及政治上的互动关系,只有整合各种社会力量才能保证公众的安全和社会的健康发展。但是,政府应该采取怎样的行政和法律举措,强制公民承担由于不履行公民责任而导致的后果,以此来维护其他公民或者国家、社会的合法权利,以及如何提高非政府组织、企业、公众参与国家危机管理的能力,设置怎样的参与渠道?这是一个需要在理论上和实践上不断完善的过程,并将涉及深层次的体制改革问题。

3. 全球化背景下，国家如何以更加开放的心态加强与国际组织的合作？

任何疾病特别是原因不明的新发疾病，是全人类的共同敌人，惟有通过国际和地区合作，才能有效应对。在防治 SARS 的过程中，世界卫生组织在信息交流、人员培训、技术支持和资源利用等方面发挥了重要作用。国务院副总理兼卫生部长吴仪在 5 月 20 日召开的第五十六届世界卫生大会上，把“充分发挥世界卫生组织在全球卫生事务中的作用，加强国际合作，同时也要促进和加强双边合作”作为中国抗击 SARS 的一条基本经验。继温家宝总理 4 月 29 日出席在曼谷举行的“中国—东盟领导人关于非典型肺炎特别会议”后，6 月 1 日，我国举办召开了“中国—东盟非典型肺炎出入境检疫管理会议”，中国和文莱、柬埔寨、老挝、印度尼西亚、马来西亚、缅甸、菲律宾、新加坡、泰国、越南等东盟 10 国的卫生检疫和出入境管理部门的代表出席会议。中国与东盟国家在抗击 SARS 中发挥各自优势，积极探索病因，分享防治经验和研究成果，加强出入境检疫等管理措施，受到广泛称赞。抗击 SARS 能否使我国以更加开放的心态加强与国际组织、国际社会的合作？这是涉及“危机”能否变成“契机”的重要问题。

第三章　政　　府

政府一直是政治研究所关注的问题，政治学史上对此展开的论述也总在试图对政府的范围作出明确界定。

政府对经济、社会生活的干预程度和方式总在干预主义和自由放任主义的两极之间摆动。这种干预程度和方式在以往两个世纪里经历了三次重要调整。

全球化改变着各国政府的生存环境，也改变了政府作用的方式。能否建立一个有效政府是关系一国发展成败的关键，提高政府能力也就成为各国政府追求的目标。

中国入世首先是政府入世。这不仅要求政府行为更加规范，更加符合市场经济的一般规则，同时也为政府职能转变提供了契机。

政治学研究现代国家，政府是国家的权威性表现形式。政府要维持其合法性就必须实现国家的目标。保证国家的安全和存续以及促进经济和社会福利是绝大多数现代国家的最高目标，也是政府的一般任务。政府要在经济生活中扮演角色已经成为共识，但政府应如何扮演这个角色仍然是争论的中心。随着社会的复杂化，政府的职能也日趋复杂化，政府的干预程度和方式也因经济、社会环境的不同而有所差异。本章从变化着的政府观念出发，强调在全球化的进程中，能否建立一个有效政府是关系一国发展成

败的关键，提高政府能力也就成为各国政府追求的目标；对于日渐融入世界的中国政府来说，全球化既向传统政府职能提出了挑战，也为政府职能的转变提供了契机。

一、变化着的政府观念

政府是什么？《布莱克维尔政治学百科全书》这样定义道："就其作为秩序化统治的一种条件而言，政府是国家的权威表现形式。其正式功能包括制订法律，执行和贯彻法律，以及解释法律。这些功能在广义上相当于立法、行政和司法功能。……在现代政府中，还出现了广泛咨询的程序、政策规划与设计的程序，以及方案评估与分析的活动。"① 罗斯金指出政府的这些功能所要实现的目标，是"为所有公民提供生存、稳定以及经济的和社会的福利"②。而要实现上述目标，一般分别采取四种方式：放任自由、政府统制、社会主义和福利国家。在实际生活中，各国政府倾向于把这四种体制的因素结合起来。而欧文·休斯则从历史角度，认为在以往的两个世纪中，西方社会对"政府应该是什么"问题的回答经历了三个不同阶段：自由放任社会、福利国家和新古典主义阶段。③

18 世纪以来的西方社会一直奉行"自由放任"的经济政策。

---

① 戴维·米勒、韦农·波格丹诺编：《布莱克维尔政治学百科全书》，第 295 页。

② 迈克尔·罗斯金等：《政治科学》，华夏出版社 2001 年版，第 39 页。

③ 欧文·E·休斯：《公共管理导论》，中国人民大学出版社 2001 年版，第 107 页。这里的"新古典主义"与本书中使用的"新自由主义"同义。自由主义自产生以来，几经变异，特别是 19 世纪 80 年代以格林为代表的牛津唯心主义学派对英国古典自由主义进行了全面批评和重新解释，20 世纪 30 年代大萧条以后，凯恩斯主义成为了主流意识形态，自由主义转型为新自由主义(Neo-liberalism)。而在 20 世纪 70 年代后期以来主导国际意识形态的自由主义，较多强调对古典自由主义的继承与复兴，被人们称作"古典自由主义"、"新古典主义"或"新自由主义"(New Liberalism)。本书统一行文为"新自由主义"。

“自由放任”一词意味着政府应当禁止干预商业活动，它被早期自由市场论者鼓吹为取得经济增长的最佳途径。这一政策的倡导者斯密反对重商主义理论，认为一国的真正财富不是金银的总量，而是其国民创造的商品、服务的数量；同时他也反对重商主义政策，认为政府对经济生活的监督、计划、垄断补助、津贴、关税及其他形式的贸易管制不仅不是推动经济增长的最佳方式，反而会阻碍经济增长。在这个基础上，斯密提出，要增加国家财富就要给人们以经济活动的充分自由，废除一切特惠和限制。在他看来，一切特惠或限制的制度，一经完全废除，最明白最单纯的自然自由制度就会树立起来。每一个人，在他不违反正义的法律时，都应听其完全自由，让他采用自己的方法，追求自己的利益，以其劳动及资本和任何其他人或其他阶级相竞争。这样的自由竞争并不会因为缺乏政府的监督而陷入混乱，因为市场自身会规范经济生活，市场中“看不见的手”——追求自身利益最大化的个人理性——会引导着经济生活的调整。在这样的自由制度之下，政府的适当角色是尽可能远离经济生活，它只有三个应尽的义务：保护社会，使其不受侵犯；维护社会公正和社会秩序；建立公共制度，节约社会总交易成本。斯密的经济自由主义对政府与市场关系的理解是：经济生活应当尽量从政府干预中摆脱出来，管得最少的政府才是最好的政府。

亚当·斯密的经济自由主义思想在相当长时期内都产生着重要影响。直到进入20世纪，以现代的标准来看，国家政府仍然是小规模的。1917年俄国爆发十月革命，大多数私人财产权被废除，国家通过中央计划的方式控制了几乎所有的经济活动。而1929—1933年的经济危机将流行于西方世界的自由放任政策带入了困境。爆发这场空前危机的根本原因在于西方社会的经济运行体制。迟至20世纪30年代，西方经济学界仍然缺乏对现代经济运行的周期性认识，他们认为经济萧条不经政府插手就可以自动恢复到繁荣,因而在经济体制方面不鼓励政府行为。结果,在世界工业国形成激烈竞争局面和各工业国生产能力空前增长的情况下,各国国内经济体制仍然保持着工业化初期的特点,其中最为突出的是,缺乏干预经济周期的机制。在某种意义上可以说,正是经济体制与现代工业社会经济运行的要求不适应,才造成了一场空前的大萧条。[①] 大萧条不仅证实了自发的市场机制的缺陷,而且使政府对经济事务的干预只应保持在最低限度的这种“最小国家”理论遭受到致命的打击。人们发现仅仅靠市场的力量并不能达到帕雷托最优:市场无法解决经济活动产生的外部性,私人部门不愿充分供给纯公共产品;在经济活动属于报酬递增和较少边际成本的地方,自由市场将导致垄断;实际的市场并不具备“完全的”市场特征,在“不完全的”市场中,获取与经济有关的信息受到限制,要素不流动,或者价格和利率扭曲。市场可能既不会产生经济上的效率结果,也不会产生社会上的平等结果。于是在1945—1962年这一时期,西方主流经济学发起了一场大规模的揭露市场失灵的学术运动,这场学术运动的主力军是凯恩斯主义经济学家,他们在攻击市场缺乏效率的同时主张政府干预经济生活。

在凯恩斯看来,资本主义自由竞争的市场所带来的危机,表现出极其鲜明的“过剩”特征,无论是生产资料,还是生活消费品,在危机中都普遍地表现为没有销路、没有市场,即没有需求,这被凯恩斯称为有效需求不足,是导致过剩危机的根本原因。但凯恩斯的贡献远不止于此,他还通过分析引起有效需求不足的原因得出了政府活动可以增加有效需求、从而缓解甚至消除过剩危机的结论。

凯恩斯认为,需求由消费和投资两个方面组成,导致需求不足

---

① 参看赵伟:《现代工业社会与经济体制选择》,中国社会科学出版社1994年版,第105~106页。

的原因也就是分别导致消费不足和投资不足的原因，而影响消费和投资的既有主观因素也有客观因素。影响消费的主观因素是人们的偏好和收入预期，客观因素是收入、利率和政府财税政策；影响投资的主观因素是兴趣、愿望甚至是冲动，客观因素是资本边际效率和利率。在凯恩斯看来，影响有效需求的主客观因素都可以通过政府行为加以改变，从而改变有效需求。例如，可以通过某种政策的贯彻，显示政府的信心，从而增强公众的信心和对经济增长的预期，最终增加消费和投资；可以通过调整财税政策来改变货币的流向和流量，进而影响消费和投资；可以通过操控利率来影响消费和投资，等等。但是所有这些措施的结果都是不确定的，因此凯恩斯希望“政府多负起直接投资之责”[①]。

基于对经济危机的原因分析，凯恩斯主张放弃放任自由主义，实行政府干预，特别是用宏观财政政策和货币政策来调控市场运行，这一理论在二战后大行其道，资本主义国家在认识到经济危机并非任何非国家力量所能解决之后，一反“守夜人”的传统形象而扮演了一个强大保护者的角色。在战后重建中，从美国到西欧到斯堪的那维亚国家，各国政府充分发挥自主权，通过对经济和社会政策的调整重振国家经济和社会民主。在这一过程中，西方国家的福利体制逐步确立。

美国战前的新政已经开始以政府对经济生活的全面干预替代传统的自由放任主义，联邦政府在国民经济发展中起到了积极作用，这为其战后经济体制的调整作了准备，而新政后不久凯恩斯主义就已成为主流经济学说。因此，实行一场以凯恩斯主义为指导的经济和社会革命在当时的美国成为势在必行之事。这场革命进一步巩固了新政的成果，加强了政府对生产资源和相当一部分产品与劳务供给的控制，使政府对经济的干预更加合法化。此外，政

① 凯恩斯：《就业利息和货币通论》，商务印书馆 1963 年版，第 139 页。

府实施了更为全面的社会保障政策，使国家计划深入到社会生活的方方面面。

与美国战后的体制选择相似，英国经济政策的改弦易辙也与凯恩斯主义经济学的影响不可分割。不同的是，英国战后初期的经济政策和体制调整，更受到社会主义理论的影响。这与战后英国工党上台执政密切相关。以费边社理论为指导的英国工党的主要政治主张就是实现收入的较平等分配，建立"福利国家"。为此目的，工党主张实行国有制，并把国有化视为改变资本主义所有制、使劳动者最终摆脱束缚地位的重要步骤。工党大选获胜后，从恢复经济开始，将费边社会主义与凯恩斯主义的经济政策巧妙地结合在一起，实行渐进的国有化和建立全面的社会保障制度，对经济体制进行大幅度调整。这一经济思想与社会思想的结合，最终产生了世界上第一个典型的福利国家(1948 年由首相艾德礼自豪地宣布)。

其他主要资本主义国家在战后的发展道路与美国和英国不尽相似，它们根据其民族文化特点选择了不同的国家体制。但各国的发展殊途同归，最后无一例外地走上了发展福利国家体制的道路。哥斯塔·伊思品—安德森(Gosta Esping-Andersen)在考察西方福利国家的形成及发展过程中，详细论述了各国福利体制的差异性。他认为有三种不同的体制存在于西方福利国家之中：美国、加拿大、澳大利亚及英国等建立的是一种鼓励市场、承诺最小福利计划的"自由的"福利国家；德国、法国、意大利、奥地利等国家的福利体制表现出关注权利平衡的"社团主义"的性质；而北欧国家则形成了普遍主义的"社会民主主义"的福利体制。[①]尽管不同的福利体制表现出不同的特点，以致福利国家这一概念表现出极大的模

---

① See Gosta Esping-Andersen, The Three Political Economies of the Welfare State, in The State: Critical Concepts(edited by John A. Hall), Routledge, 1984, Vol. Ⅲ, p.429.

糊性，但一种福利主义的共识却存在于各国的政治实践之中，这就是国家应在社会发展中扮演关键角色。无论是经济发展，还是社会公正与平等的实现，都有赖于国家的参与、维持；保证“一种相对运转良好的政治民主和一种相对较高的平均生活水平”是国家的基本职能。[①]这意味着各国政府理应承担起如下的责任：制定全面的社会保障计划和广泛的收入再分配政策，全面提高所有公民的福利水平，以减轻社会不平等；政府高度参与经济活动和社会活动的其他领域，调整社会资源配置，建构劳动力市场，促进社会充分就业；政府保证所有的国民个人（无论其社会地位的高低）享受尽可能最好的、没有确定上限的社会服务。这种普遍共识的存在使国家以不同的政策组合对社会进行干预的必要性成为无须论争的事实，“余下的问题不再是政府干预社会的必要性，而是干预的方式和方法”[②]。可见，在各国建立福利国家体制的阶段，政府与市场的关系是：政府承担起维护整个社会再生产的重任，对国民经济进行调节、促进和管辖，在福利国家中，政治被置于经济之上。

福利国家体制在促进晚期资本主义社会的发展上表现出极大的能动性，但它也是一把双刃剑。福利国家这台融会各方利益和要求的错综复杂的机器只是一种有限的阶级调和的产物，它并不能像它保证的那样彻底解决内在于资本主义制度的社会问题，带来真正的社会和谐与公正。因此，当 20 世纪 70 年代的石油危机到来的时候，它面对危机的无力解决最终成为人们对它进行广泛批判的导火线，福利国家阶段开始向新自由主义阶段转变，这一方面表现在理论上自由主义者对福利国家思想的批判和致力于政府

---

① See Walter Korpi, Social Policy and Distributional Conflict in the Capitalist Democracies: A Preliminare Comparative Framework, in The State: Critical Concepts (edited by John A. Hall), Routledge, 1984, Vol. Ⅲ, p.396.

② 周弘：《福利国家向何处去》，载《中国社会科学》2001 年第 3 期。

失灵研究的公共选择理论的兴起，另一方面表现在新自由主义政策在国内和国际层面的推行。

首先，“政府失灵”引发了人们对自由放任的怀古情绪，20世纪70年代，以哈耶克的新自由主义、弗里德曼的货币主义和卢卡斯的新古典宏观经济学为代表的新自由主义理论得到了迅速发展。政府干预经济、加大调控力度等做法遭到了自由主义者在理论上猛烈、全面的批判。哈耶克认为西方国家政策的“左转”，必将导致国家权力无限膨胀，侵害公民自由的神圣人权。自由主义者诺齐克则以权利这一概念为武器，猛烈抨击国家再分配政策对公民平等权利的侵犯。他主张一种没有超出保护职能之外的“最弱意义上的国家”①。新古典宏观经济学派通过对菲利普斯曲线不能反映工资上涨与失业率关系的分析，对凯恩斯主义所主张的政府调节需求的根本性要求进行质疑，进而对政府政策的效力产生怀疑。而自由主义经济学家弗里德曼则指出，民主社会主义者认为经济自由和政治自由可以分离的思想“是一种错觉”，“经济自由也是达到政治自由的一个不可缺少的手段”②。他以货币理论为基石，力主一种自由放任的市场经济模式，排斥国家对经济的一切干预。他否定将道德引入政府的必要，并且没有将大萧条或别的不利事件归咎于过度的市场，而是归因于政府机构的管理不善。他还宣称跨国联系不会是一种威胁，而是为所有参与者提供了机遇。这种使经济体更为紧密的联系并不是一个复杂的过程，因为需要做的无非是缩小政府的活动范围而已。

20世纪80年代流行起来的公共选择理论将“政府失灵”研究更推进了一步。公共选择理论以经济学方法论证政府干预行为的

---

① 参看诺齐克：《无政府、国家与乌托邦》，中国社会科学出版社1989年版，第35~36页。

② 弗里德曼：《资本主义与自由》，商务印书馆1986年版，第9页。

局限性或政府失败问题。它基于政治市场和经济市场有着相似性的假设,提出一切政治行为也是以个人的成本—受益计算为基础的,因而受到经济人本性指引的官员和政治家的官僚主义行为有着必然性。从这种人的基本行为假设出发,公共选择学派不仅批判了凯恩斯主义经济学,认为凯恩斯经济学导致政治家过度自由,并摧毁了对政治家正常欲望的有效约束,还进一步得出了它的基本理论,即资本主义经济的困境与其说在于市场制度的失败,不如说是政治制度的失败。现代民主制度本身的缺陷使得官僚主义特权阶层蔓延滋长,与此同时,存有缺陷的现代民主制度与凯恩斯主义的国家干预结合在一起,既加剧了既有的困境,又产生了新的问题,福利国家赖以生存的政治和经济的理论基础已然落伍。为了纠正政府失灵,公共选择理论提出两种主要的解决思路,一种是芝加哥学派的主张:"重新创造市场",包括设计偏好显示的新机制,以及对政府机构进行市场化改革;另一种思路是以布坎南为代表的弗吉尼亚学派的主张:进行宪法改革,对政府权力施加宪法约束,即在政治上"发明一种新的政治技术和新的表现民主的方式"①,在经济上不能盲目推崇凯恩斯主义。

新自由主义和公共选择理论都击中了福利国家模式的要害,使政府与市场的关系又一次发生了变化,私人市场被再次认为是有效的并且能够自我调节,而政府对市场自我调节机制的干预是无效的,能够由市场提供的商品和服务都应该由市场提供。以政府干预应该最小化为主要特征的新自由主义政策也开始在国内和国际层面得到推行。

国内层面,以哈耶克的保守主义政治思想和弗里德曼等人的经济自由主义思想成为各国进行经济调整的依据。在美国,里根

① 转引自亨利·勒帕日:《美国新自由主义经济学》,北京大学出版社 1985 年版,第 153 页。

政府将政府的扩张性财政政策看作是通货膨胀和经济停滞并发的根源，于是反其道而行之，代之以对供应方面的关注，加强货币政策的地位，实行减税制度。“里根经济学”带领美国经济摆脱了70年代的滞胀，带来了战后第二个最长的持续繁荣时期。同样的情况发生在英国。“福利国家”虽然使英国的传统政治体制得以继续维持下去，但其对长期经济效率的忽视却将英国经济引入一种低效率、低速度的恶性循环之中，使战前就已萌生的“英国病”急剧恶化。撒切尔政府采取紧缩财政政策，大幅度削减公共开支，并对国有企业实行私有化改革的措施，力求实现对英国经济体制的结构性调整；在其执政后期全面改革社会保险制度，实行分摊保险金制度。经过撒切尔夫人近12年的货币主义政策试验和经济体制改革努力，到90年代初，市场力量发挥作用的范围越来越大，政府干预的范围越来越小，“福利国家”对国民的福利关照大大缩小。与英美改革同步，西方其他主要资本主义国家也纷纷削减社会福利，向工会势力开战。

与此同时，新自由主义政策以结构调整为名在国际层面被推行。这主要表现为美国大力倡导的国际自由经济秩序进一步确立。国际货币基金组织、世界银行和关贸总协定（1995年后改名为世界贸易组织）等组织，使一系列包含了保证国际经济自由化的规范成为制约各国内外政策的重要因素。

通过新自由主义改革，国家偏向了对资本主义自由经济的全面维护，这使经济获得了稳定增长，但同时它也带来了不可忽视的负面效应。美国里根政府后期，失业率居高不下，平均水平超过70年代，并且出现了空前的财政和贸易赤字。这一经济和社会包袱一直到布什总统任期结束也未能甩掉，并最终导致了共和党政府的下台。英国撒切尔政府的改革也没有解决英国经济遗留下来的所有问题。到了保守党执政后期，通货膨胀与高失业并存成为困扰英国经济的一个突出问题。更为严重的是各国的改革所带来的一系列社会问题，其中最突出的表现是：贫富分化和不平等所导致的城市暴力日益增多；公民领域受利益原则支配而日益商品化；一种对抗政治的力量正在不断地形成之中。①

新自由主义改革所产生的不良后果，特别是因改变了在福利国家体制中建立起来的经济发展与民主发展之间的微妙平衡而导致的民主危机，表明它无论在理论上还是实践中都存在着巨大的困难。新自由主义给予资本近乎绝对的追求利润的自由，以及对市民社会的过分信任都缺乏令人信服的论证。新自由主义的普遍流行并不意味着它的胜利，作为一个被构造出来的意识形态框架，它是可被挑战和可替代的。20 世纪 90 年代中期以来，伴随着一批中左派政府上台执政，政府与市场关系又出现了一些新的变化。总起来说，中左派政府越来越实用主义化了，它们一方面不再将国家视为绝对的权威，转而倡导一种国家与社会的合作伙伴关系，让社会分担部分国家职能，试图以一个“小而强的国家”取代传统左派对一个“大而全的国家”的追求；另一方面它们的诸多改革措施表现出了浓厚的自由主义色彩。

从上述政府与市场关系的历史考察中可以看出，市场至上和政府至上都不是完美的范式，期望事实上并不完美的某一方来实现完美的目标，是难以奏效的。因此纠正市场缺陷不是政府加大干预的充分条件，减少或弱化政府的作用也不是改革的终点。最好的政府并不一定就是最小的政府，但也不会是一个拥有无限权力的政府。一个有效能的政府才是人们所需要的。

① 参看卡尔·博格斯：《政治的终结》，社会科学文献出版社 2001 年版，第 96 ~ 105 页。

二、全球化浪潮中的政府能力

全球化并不是一个自然过程。当代全球化或者说全球化进程的加快是与20世纪70年代以来世界资本主义的变革联系在一起的,它是以撒切尔和里根为代表的新自由主义理论和政策推行的结果。虽然西方各国的新自由主义改革明显缩小了国家对经济和社会的干预范围,尤其是“重新私有化”的举措使国家失去了对绝大部分经济资源的控制,但是新自由主义所推行的“去国家化”运动并没有真正在实践中削弱国家对经济和社会的控制力,而是前所未有地突出了政府的角色问题,可以说新自由主义推动下的全球化促使民族国家的政府职能必须发生变化。这种变化体现在政府一方面要遵守一系列国际规则,融入国际经济秩序,以适应全球化发展,一方面又要控制经济和抵御由于开放国内市场而带来的额外风险,以促进经济发展和维持社会基本福利。政府职能的变化要求政府能力的相应提高,尽管全球化使政府活动的范围受到了一定程度的限制,但政府并没有因此而成为全球化的被动承受者,而是在某些领域强化着职能,甚至在政府权威面临挑战时创造出了新的职能。

全球化改变了政府的生存环境,最明显的是,使政府活动受到了一定程度的限制。这不仅表现在政府必须遵守国际规则,融入国际经济秩序,还表现在对基于经济体系的社会结构的变动作出即时的反应。

全球化首先促进了经济世界的变革:信息技术加速了生产要素的流动,发达的通讯和交通消蚀了市场的边界,生产和金融的国际化成为不可阻拦的趋势。这种新的经济关系和过程改变了国家经济政策可能展开的范围。其次,“大量国际政权和组织的成立,它们管理着整个跨国行为(贸易、海洋、空间)所涉的领域以及集体的政策问题。新形式的政治联合数目的增长反映了跨国联系的快速膨胀"[①]。全球化进程中成长起来的跨国组织和国际组织在某些方面改造着传统主权国家所承担的职能。与这两者相适应的是,"使个体、政府和非政府组织隶属于新的法制的国际法体系的发展"[②]。换言之,一系列国际规则对试图从全球体系中获得利益的政府行为设下了一定程度的限制。

政府的外部生存环境直接影响着它的内部功能。从经济全球化的角度来看,产品和服务的大批量流动引起的空前激烈的价格竞争直接威胁到国内的劳动力成本,"全球化提高了总体收入,但同时也增加了某些集团的经济不安全性"[③]。因此,政府一方面要保护市场竞争以适应全球化发展;一方面又要维持社会基本福利以保证社会稳定。从西方主要国家的当代发展历程来看,这无疑使其长期以来备受困扰的追求财富与平等之间的矛盾更加突出。然而,正如乔治·索罗斯指出的,"全球化要求国家提供更多的社会保障,一方面又减低了它这样做的能力"[④]。全球化进程不仅突出了资本主义社会的固有矛盾,而且进一步降低了解决这一矛盾的可能性。具体而言,在全球化系统中政府权力受到资本流动和国际经济秩序的限制。与前者相伴随的是国家赖以维持高福利政策的税收能力的降低,而后者意味着享受国际经济组织优惠政策常常以国内经济自由化为代价的,这即是说,当国内福利要求与国际经济体制发生冲突时,社会福利的要求往往就屈从于体现经济全

---

① David Held, Democracy, the Nation-State and the Global System, in Political Theory Today, Edited by David Held , Polity Press,1991,p.216.

② Ibid. p.218.

③ 克利夫·克鲁克:《全球化是否将使政府消失》,载《国外社会科学文摘》2002 年第 1 期。

④ 乔治·索罗斯:《走向全球的开放社会》,载王列等主编《全球化与世界》,中央编译出版社 1998 年版,第 261 页。

球化的自由主义秩序。

在全球化进程中,政府还必须对基于经济体系的社会权力结构的变动作出即时的反应。随着全球化的发展,市场的"软权力"正在不断扩展其空间,政府权力越来越由市场这只"看不见的手"所制约;政府干预长期侵蚀着市场领地的状态要求得到改变。企业、公司的行为方式不仅直接影响着国家政策的制定,而且变更着社会的消费心理。政府与市场之间的计划、管制等强制性关系已面临解体,市场再次要求获得独立性,政府被要求向市场放权。与此同时,全球化所彰显的自由与流动在增加经济和社会事务复杂性的同时也提高了公民的自主性与自治能力,这就促成了这样一种趋势:公民要求获得自主和自治的权利,他们借助于各种各样的社会团体和组织来实现这一愿望。介于政府和市场之间的非政府组织的兴起是全球化进程中的一个普遍现象。随着非政府组织作用的增强,它已不满足于在规制市场、沟通政府与社会、承担辅助性福利功能中的无实权地位,而日益要求以一种扁平的权力结构替代传统国家与社会中存在的垂直权力结构。

政府活动虽然在全球化进程中受到了一定程度的限制,正如苏珊·斯特兰奇所说,"政府很典型地认为自己上面受结构变化的驱使,力争世界市场份额;下面受仰仗外国投资者和本国政治支持求生者的挤压"[①],但是全球化并没有使政府丧失制定法律、制度、政策及依此进行治理的权力,伴随全球化进程的不是政府权力的弱化,而只是政府权力实施条件的改变。这种改变在使政府行为受限的同时也使政府权力在某些领域得到调整和加强,甚至为适应全球化的发展适时更新其管理职能。

从宏观上看,政府一方面要调整与社会和市场的关系,另一方

---

① 苏珊·斯特兰奇:《竞争:国家与公司的未来之路》,载《马克思主义与现实》2001年第6期。

面要加速治道变革。具体而言，首先，政府不仅是自由市场的建构者，同时也是它的守护人。因为，国家的发展必须以有生机的私人经济为基础。其次，政府仍要适度干预、利用和改善广泛的福利政策以实现“社会和平”，任何废除福利体制的主张都将行不通。再次，全球化的进一步发展必然要求政府适时更新其管理职能，在这一过程中，政府的对外职能将不断强化。最后，政府为扩大政治权威，必将全面提高自身管理能力，以此为目的的“重塑政府”运动将会持续扩展下去。总之，在未来的发展中，政府权力不会像新自由主义者所预见的那样走向衰落，相反，政府将在各个领域中加强控制力；在非“例外时期”，政府也不会越过资本主义制度的边界，重走国家主义的道路。

如前所述，在政府与市场的关系中长期存在着权力配置上的矛盾。随着新自由主义推动下的全球化进程的进一步深入，以及“在私营部门的经营能够更有效率、而且政府也足以保护消费者利益的情况下，把若干企业由国营转为私营自然是一种有吸引力的选择”①。这一选择意味着西方混合经济形态将进一步偏向私营经济。但国家对经济的控制力并不必然随之减弱，“国家对经济过程的影响并不总是与国家经济中的国有制规模或国家经营份额成正比例”②。作为一种公共权力，国家总是能在市场中体现其存在的必要性。根据新制度经济学所提出的国家模式，国家不但要为市场提供合理的产权制度，并为经济发展创造良好的内外环境，而且要基于市场不足的理由弥补市场缺陷，防止市场的不正当竞争和社会经济的畸形发展。

---

① 弗雷德里克·C·特纳、亚历杭德罗·L·科尔巴乔：《国家的新角色》，载《国际社会科学杂志》(中文版)2001年第1期。

② A·波罗霍夫斯基：《国有制在美国经济发展中的作用》，载《国外社会科学》2001年第4期。

必须指出的是，政府与市场的矛盾已不在于市场机制的作用，这不仅因为市场与效率之间的关联，更是因为市场机制的最优性已被大为拓宽，这对于发展中国家理解政府与市场的关系有着极大的帮助。现今，不广泛运用市场关系所提供的交易机会和专门化知识，已很难获得经济繁荣，而且在市场和效率之间有着基础性的关系，关于市场效率的阿罗—德布罗定理证明了这一点：完全竞争的市场机制在达到全面均衡时实现了“帕雷托最优”。阿马蒂亚·森对此结果进一步发问：“所追求的效率是否应该按个人自由而不是效用来衡量？”森的答案是：“按照对个人实质自由的某种合理的特征性概括，阿罗—德布罗的效率结果的重要部分可以很容易地从效用的‘空间’转换到个人自由的空间，这不仅就选择商品组合的自由而言是如此，就从事各种功能性活动的可行能力而言也是如此。”森采用与证明阿罗—德布罗结果所需要的相似假定证明了：“在竞争市场均衡可保证，在保持所有其他人的自由不变时，没有一个人的自由可以有任何增加。”①

这个结果大大拓宽了对市场机制的最优性的理解——市场机制的“帕雷托最优”可以用实质自由来衡量，森的理论纠正了“市场机制只追求效率”的片面认识。目前，在很多发展中国家，对市场机制的反对、批判和否定很多都是从发育不全的市场的运行结果发生的，森对此也加以了批判，在他看来，“存在于今天的发展中国家——或者甚至昨天的被称为是社会主义的国家——的严重损害经济运作的许多限制”②，包括对某些国内贸易或国际交易的禁令，或者由那些享受保护的阶级所拥有并经营的产业中对过时的技术和生产方法的保留，都会发现对于限制竞争的全盘拥护与“前资本主义”价值观有相似性。可以说，这些国家的实践中产生的问

---

① 阿马蒂亚·森：《以自由看待发展》，中国人民大学出版社 2002 版，第 116 页。

② 同上书，第 119 页。

题通常是由于其他原因——而并不是因为市场的存在本身——而导致，这些问题包括：对运用市场交易准备不足，毫无约束的信息匿藏和缺乏法规管制，使得强势者能够利用非对称的优势来牟利。因此，在这些国家的政府与市场的论辩中，肯定市场机制的作用，为市场的良好运作提供民主与法治的制度框架是重要的。

与政府与市场关系的转型同时进行的将是国家与社会关系的变革。在这种变革中，治理理论与实践值得各国政府借鉴。治理理论产生于新自由主义的政策私有化主张，经过社会民主主义者的改造后，它更多地关注如何实现政治功能向市民社会的转移。在治理模式下，“不再是中央集权，而是权力分散；不再是由国家进行再分配，而是根据市场原则的管理；不再是由国家‘指导’，而是由国家和私营部门合作”①。“治理”是一个由国家和社会构成的权力网络的复杂互动过程，与传统的国家统治行为相比较，它实质上是国家权力向社会的回归，是国家与市民社会之间的一种良好合作关系。此外，治理理论强调指出的是，国家与社会的这种合作是以一定的秩序为基础的，国家既赋予市民社会权力并与其分担部分职能，又对其进行规制。公共职能的转移不是在市民社会中实行“责任帝国主义”，不是要导致政治的废除。虽然任何力量强大的企业和非政府组织都无法替代国家主权的行使，无法掌握可与国家相抗衡的权力，② 但是“如果政治放弃自己的责任或者以存在强大的国际离心力为理由不再参与塑造社会，那么它就会使社会受到严峻的考验”③。在国家与社会的合作中，国家要发挥强

---

① 弗朗索瓦—格扎维尔·梅里安：《治理问题与现代福利国家》，载《国际社会科学杂志》（中文版）1999 年第 2 期。

② 参看克利夫·克鲁克：《全球化是否将使政府消失？》，载《国外社会科学文摘》2002 年第 1 期。

③ 殷叙彝：《施罗德、吉登斯谈公民社会与国家的互动关系》，载《国外理论动态》2000 年第 11 期。

大的规划和控制作用。这首先是一种为法律的强大力量和社会竞争规则的维持提供保证的作用。显然,治理理论不但揭示了公共管理主体的多元化趋势,还坚持了政治责任的优先性。

必须指出的是,治理理论所建构的"自主自治的"网络体系与以市场机制操纵社会截然不同,后者是责任的私有化,而前者是责任的共同分担,它表明那些在社会中通过自愿的角色未能完成的工作仍将是政府的责任。在此意义上,福利体制明显地为治理理论所包容。因此,无论从理论上还是从实践中看,在未来社会中,福利政策不会被削弱,而是以一种更有利于维护公民利益的形式来进行。这无疑是各国政府获取民众支持,稳固其统治的必然选择;也是西方福利主义共识达成后不可轻易放弃的社会政策。正如有些学者指出的,"要求拆毁福利国家的人们将不得不面对一大现实:西方民主国家各个选区的选民们要求把福利国家的种种社会福利计划延续下去"[①]。放弃福利制度意味着将激发比坚持它多得多的社会矛盾。各国政府将更多地根据各自认定的主要战略和主要社会风险,采取不同的社会政策组合;或者是以更为有效的方式方法履行福利职能。

经济秩序和市民社会规则有赖于国家来保证,但法律和制度却不是由国家的单方意志决定的。这已是西方民主的一个共识。因此,福利国家"在立法、行政及审判中,迅速地扩张使用无固定内容的标准和一般性的条款"[②],对公共性和实在性造成极大破坏的状态将被期望得到根本性的改变。在对这一问题的解决中,左翼思想家的公共领域理论虽然过于高远,不足以在实践中使公共理性成为国家决策的基础,但正如哈贝马斯自己表示的:"如果说我

① 弗雷德里克·C·特纳、亚历杭德罗·L·科尔巴乔:《国家的新角色》,载《国际社会科学杂志》(中文版)2001年第1期。

② 参看昂格尔:《现代社会中的法律》,译林出版社2001年版,第187~188页。

还保留了一点点乌托邦的话，那完全是因为我相信，民主、自由和公正——此外还有关于它们的最佳实现途径的公开辩论——能够解开当今世界似乎无法解决的问题的戈尔迪之结。我不敢肯定我们会成功，甚至不知道我们能否成功，但正因为我们不知道，我们才必须尝试一下。"[1] 形成一个公共领域是政府民主决策的充分和必要条件，在没有恰当替代的情况下，国家没有理由因为不能一蹴而就而放弃对它的追求。实际上，建立一个相对有效的公共领域在西方社会已是一个正在进行的过程。中左政治在实践中尤其强调政治的民主性和公开性；强调从心理上建立起个人权利与义务的一致性，建立起公民的政治责任感；强调社会成员自发合作感的形成。治理理论更试图在这一维度中推进一个构成民主决策基础的公共领域的形成。

当然，开放的民主并不意味着减少国家行为的强制性。民主与权威的发展是两个并行不悖的过程。将决策建立在更为广泛和真实的民主的基础上必定会使国家获得更为广泛的群众忠诚。这既增强了统治的合法性基础，又使国家的合理强制行为的发展成为可能。在新形势下，要求"非国家最终从国家获得解放"，创建一个"从对强制性暴力的需要获得解放"的社会，无疑仍旧是一个遥远的梦想。

在改善履行传统职能方式方法的同时，新的政府职能也不断涌现。这种新职能的产生与全球化进程紧密相关。经济全球化不仅直接影响国家对经济政策的选择，而且也对社会政策产生影响；更为重要的是，它降低了国家确定经济政策范围的可能性[2]，使政

---

① 转引自章国锋：《未来世界向何处去？——哈贝马斯论海湾战争对全球的影响》，《马克思主义与现实》2001年第6期。

② See David Held, Democracy, the Nation-State and the Global System, in Political Theory Today, Edited by David Held, p.215.

府的行为方式发生改变。但正是在这种变化中,国家活动的主动性在不断增加。正如赫尔德等人的研究表明的,在全球化过程中"许多国家,特别是发达资本主义国家在关键方面显然已经变得更加主动,尽管这种主动的形式和方式与以前有所不同"[①]。首先,面对激烈的国际经济竞争,政府必将在提高本国企业的竞争能力上有所作为。从积极意义上讲,政府要创造一个自由的竞争环境、鼓励创新、保证新技术和新企业的收益,甚至于鼓励某些产业优先发展;在消极的层面上说,政府要对资本、金融市场和跨国公司进行一定程度的政治管制,并且促使这种管制朝制度化方向发展。其次,只有国家政府才能解决全球化带来的一系列问题。最典型的如环境、单一国家税收、移民和公民身份等问题。任何其他的组织都无法跨越国家主权对类似的问题作出决定。

全球化增加了跨国界和跨边界的政治问题和困难。"国内事务与外交事务,国内政治问题与外部问题,民族国家的主权关注与国际考虑之间的界限被削弱了"[②]。在所有重要的政府政策领域,国家政治共同体卷入区域和全球进程都给它们带来大量跨边界的协调和控制问题。政治权力可以有效管理和负责的政治空间不再与明确的国家领土相符。这就产生了两方面的后果:一是在对环境、健康等共同问题的多边协商政治中,国家的单一决定丧失了意义,而被迫考虑多方意见。这意味着国家要放弃若干内部资源和它独有的权力,其活动的自主性受到一定程度的限制;另一方面,国际组织和跨国利益集团导致了世界政治决策结构的重要变化。政府间组织及多种多样的跨民族利益团体与国家一起组成了一种新的集体决策模式。因为管理、规则制定及资源分配是各种组织

---

① 戴维·赫尔德等著:《全球大变革》,社会科学文献出版社 2001 年版,第 602 页。

② 同上书,第 614 页。

共同关注的问题，所以这种结构又是充满矛盾并且是政治化的。[①]如何在一个多元权威并存的治理体系中保持国家主权的特性，是国家面临的巨大考验。平等的对话与协商机制仍是现存的最优选择。但是这种全球性的讨论所追求的不是自由主义者所谓的消除民族和国家的国际主义，在相当长的时期内，民族国家仍将是国际舞台上最重要的角色。

在合理的经济政策和社会政策之外，政府的行为能力必将是国家在未来发展中尤为关注的问题，因为它直接关系到国家自主权的发挥。这一认识已充分体现在西方国家的政府革新运动中。在福利国家体制中获得极大发展的官僚体制无法及时适应晚期资本主义社会发展的万端变化以及日益多元化的利益格局，因此，以“去官僚化”为核心的行政改革在西方广泛流行。这一运动的意义不在于取舍一个大政府或一个小政府，而在于建立一个高效运转的行政管理体系，使政府“工作得最好而花费得更少”。西方社会流行的新公共管理理论为这一革新工程提供了某些方面的指导。奥斯本和盖布勒在《改革政府》一书中描述了“企业化政府”的十大原则。比如，用市场的力量改造政府，提高政府的工作效率；增强公务员的管理和服务意识，重塑政府与社会的关系；借鉴私人部门的管理经验，建立现代化的政府管理模式等等。[②] 彼得斯则总结新公共管理的理论，提出了政府未来的四种治理模式：市场化政府、参与型政府、弹性政府和解制型政府。[③] 尽管这些理论目前尚不成熟且遭受来自各方面的批判，但它所倡导的一些基本原则却

---

① See David Held, Democracy, the Nation-State and the Global System, Political Theory Today, Edited by David Held, p.216.

② 参看戴维·奥斯本、特德·盖布勒：《改革政府：企业家精神如何改革着政府》，上海译文出版社 1996 年版，第 21 页。

③ 参看 B·盖伊·彼得斯：《政府未来的治理模式》，中国人民大学出版社 2001 年版。

有助于提高政府能力和权威。[1] 因而,在国家的未来发展中,新公共管理理论必将继续发挥指导政府革新运动的作用,而一个广泛参与的、高度回应性的、灵活高效的行政管理体制将逐步建立。

综上所述,全球化不是通过市场代替政府来进行的,而是在两者都扩展的情况下进行的,只有提高政府能力才能使国家在全球化过程中具有强大竞争力。而提高政府能力所涉及的议题与在政府和市场的运作之间保持平衡的需要紧密相关,与政府和社会机构、公民进行相互交流、协调合作的综合治理紧密相关。在这个过程中,政府不仅要调整传统社会经济职能的范围,适应新形势承担起新的社会经济职能,还要在行为过程中不断改进履行职能的方式和手段;政府活动的范围受到一定程度的限制,但政府的能力不应受到削弱,政府仍将发挥主导经济和社会的作用。

三、融入世界的中国政府

中国的入世,首先是政府的入世。这不仅要求政府的行为更加规范,更加符合市场经济的一般规则,同时也促使政府的职能发生转变。改革开放 20 多年来,中国进行了五次大规模政府机构改革,尽管每一次改革都以适应当前的经济发展为出发点,呈现出了过渡性的特征,但总体而言,这五次政府机构改革的关注点逐渐由机构设置向政府职能转变。可以说,五次政府机构改革的过程是中国政府逐步融入世界的过程。

1982 年的改革是针对当时臃肿的管理机构已不能适应改革开放和经济社会发展需要的现实情况而进行的。其改革方案明确规定各级各部的职数、年龄和文化结构,减少副职,提高素质;在精

① 参看毛寿龙等《西方政府的治道变革》第二章对西方政府革新运动的讨论。中国人民大学出版社 1998 年版。

简机构方面，国务院部委从 100 个减为 61 个，人员编制从原来的 5.1 万人减为 3 万人。1988 年的改革为了配合经济体制改革，将重点放在政府的经济管理部门上，改变政府对经济的干预方式，从直接管理为主转变为间接管理为主，强化宏观管理职能，淡化微观管理职能。同时，政府机构设置和人员编制也发生较大变动。1993 年政府机构改革的主题依旧是“精简机构、精简人员”。但由于改革还未涉及到更深层次的制度、体制方面，使精简下来的机构在缺乏制度保障的情况下，再次膨胀，导致五年后行政人员又增加了 100 多万。针对这样的情况，1998 年的政府机构改革仍然把精简机构作为改革的主要内容，并且精简幅度和力度都是历次改革中最大的。国务院组成部门由 40 个减至 29 个，人员从 3.2 万人减至 1.6 万人，减幅近 50%。但随着经济体制的进一步推进，政府日益认识到改革必须是对政府的权力、规模和职能的同时限制，国家开始有意识地对政府职能进行调整，以体现经济体制改革对政治体制改革的要求。例如，机构设置要与市场经济的需求一致，要把政府职能转变到宏观调控、社会管理和公共服务方面，把生产经营的权力交给企业；机构的设置建立在法制基础上，并在法制化的轨道上运作等等。2003 年的机构改革更是紧紧抓住政府职能转变的主题，撤销、裁并或增设什么机构都围绕着政府职能的转变进行，而且与中国加入世贸组织的时代背景和社会、经济不断发展的现实背景紧密结合起来。这次机构改革的重点有：深化国有资产管理体制改革，设立国务院国有资产监督管理委员会；完善宏观调控体系，将国家发展计划委员会改组为国家发展和改革委员会；健全金融监管体制，设立中国银行业监督管理委员会；继续推进流通管理体制改革，组建商务部；加强食品安全和安全生产监管体制建设，在国家药品监督管理局的基础上组建国家食品药品监督管理局。在入世的大背景下，政府作出多项承诺，保证承诺得以履行的责任使深化机构改革成为必要，也赋予这次改革不同以往的特征。

在这20多年中，中国政府的角色发生了很大变化，不仅减少了对经济的直接作用，也削减了对民众日常生活的干预，但这并不意味着政府的重要性下降，而是意味着政府工作进入了新的层面。在这个新层面中，政府仍然在经济、社会发展中起积极作用，但不再诉诸全面干预，而是积极转变职能，转变工作方式。而加入世界贸易组织则为政府职能转变、工作方式转变提供了一个新的坐标。入世后，我国将更全面地发展开放型经济，中国企业在深度和广度上将进一步融入全球市场，在与跨国公司同台竞争中优胜劣汰；政府对企业的直接保护体系将让位于与世贸组织规则符合的间接保护体系。这要求政府一方面增加公平制度的供给，维护自己内部市场公平有效的竞争环境；另一方面对经济干预必须适度，对市场经济行为的干预主要是放在市场失灵的矫正方面。具体而言，经济调节、市场监管、社会管理与公共服务等四个方面成为我国政府的基本职能。

首先，政府要履行经济调节的职能。政府对经济运行实施宏观调控，在现代市场经济中，既是重要职能，又是重要特征。尽管各派经济学家对国家是否介入经济活动存在种种争论，但对政府应该在经济运行中发挥作用这一点上有着基本的共识，即由于单纯依靠市场配置资源有种种局限性，政府应该制定对经济运行实施宏观调控的制度安排，但是政府调节的程度和范围应由市场失灵的程度和范围来决定。

随着市场制度的不断完善，其失灵的范围和程度在自身完善中有了显著的减少，并且随着人们对市场失灵根源认识的不断加深，对市场失灵的纠正方式也在不断改进，纠正能力在不断提高。“有些市场失灵（例如劳动市场和资本市场）根源于市场的不成熟，随着劳动市场、期货市场和期权市场等的发展，这类市场失灵减轻了。有些市场失灵（例如垄断和寡头）可以借助政府的介入而减轻。随着政府在制定规制方面越来越有经验，这类市场失灵也能得到克服或显著减轻"[1]。可以说,市场的进一步发展,政府规制能力的增强和科学技术的进步使得对市场失灵有了诸多的救治,失灵现象也大为减少。

中国政府在社会主义市场经济体制下的经济调节职能必须限于市场失灵的领域,主要进行宏观经济调控,保证宏观经济稳定,提高国家对财政赤字和经常账赤字的忍受能力,稳定物价,改革金融体制以避免金融危机,培育竞争环境以促进市场机制的成熟等等。与此同时,还要将可持续发展、人民生活水平提高等纳入到发展目标中去,将推动经济发展与实现社会目标结合起来。具体而言,政府经济调节职能主要表现在如下四个方面:第一,制定全国经济发展战略,就战略目标而言,主要包括经济增长目标、结构优化目标、人民生活水平提高目标等。为使经济发展战略有计划、有步骤地实施,政府要在经济发展战略确定的基础上,制订不同期限的经济和社会发展计划。这种计划应建立在对市场进行预测的基础上,通过分析经济态势,指明经济走势,为全社会提供经济信息。第二,为保证经济发展战略目标和计划目标的实现,政府还需利用必要手段对经济运行实施有效调节。国民经济的实际运行有时会偏离政府确定的目标,这就需要政府预见或及时发现偏离政府目标的现象,并及时利用一些手段加以有效的调节,以保证经济运行符合政府确定的目标。政府对经济运行调节的内容主要有经济增长率、物价上涨率、经济效益、经济结构优化等。第三,为保证经济系统正常、高效地运行,政府应对一切违反国家法律、法规、制度、政策和扰乱市场经济秩序以及损害人民利益的行为实行强有力的经济监督。第四,政府主要通过经济、法律和行政手段对经济进行调节,其中经济和法律的间接方式成为政府调节的重要手段。

---

① 文贯中:《市场机制、政府定位和法治——对市场失灵和政府失灵的匡正之法的回顾于展望》,载《经济社会体制比较》2002 年第 1 期。

其次，虽然政府已经加大力度整顿和规范市场经济秩序，并且市场秩序已经有所好转，但是在某些方法和领域依然存在着严重的问题。例如，偷税、骗税、商业欺诈、逃废债务、财务失真、违反财经纪律等行为时有发生，而假冒伪劣商品、文化市场混乱、工程质量低劣等问题也引起民众的强烈反应。这些都表明政府的市场监管力度不够，政府职能不到位。与此同时，中国加入世界贸易组织也使政府的市场监管任务更为迫切和艰巨。中国加入世界贸易组织带来的是全方位的市场开放，表现在：中国的市场主体更加多元化，随着大量混合所有制企业出现，外国大型跨国公司进入中国市场，私营经济和外资经济成分几乎涵盖或渗透到我国经济的所有行业；市场客体更加复杂化，来自各国的商品带着不同的商品质量标准和服务标准，涌入中国市场，给市场规范和立法执法部门带来了挑战；市场的竞争更加激烈，维护公平竞争从中国的经营者扩大至在中国的所有中外经营者，其中还有更复杂的国与国之间的利益关系和贸易对等问题；更重要的是，进入中国市场的外国投资者、外国商品与国内企业和商品展开了激烈的竞争。公平竞争、国民待遇、鼓励发展和取消贸易壁垒等体现世界贸易组织缔约国经济关系的主体精神，要求我们的市场经济秩序体现出法治、法制的精神，也要求我们建立与之相适应的市场运行机制和市场监管机制。

我国建立适应国际惯例的市场监管体制，也必须是适应我国市场运行机制的市场监管体制。政府在开展市场监管的实际活动中不仅要把重点放在严格市场准入监管、确保市场主体的合法性；维护公平竞争秩序、提高市场竞争效率；监督市场交易行为、保护市场主体权益这三个方面，还要根据世界贸易组织的要求，创新市场监管的内容和方式，即在内容上全面调整市场监管程序、重新配置市场监管资源，以形成规范有序、运转协调、管理高效的政府市场监管体系，在方式上运用信息技术，强化政府对市场信息进行收集、整理和加工的功能，提高市场预警的准确性和超前性，并且建立政府的快速反应机制，提高对市场秩序的整体把握和控制能力。

可见，加入世界贸易组织后，中国并不是要无选择地向国外开放，也不是要完全放弃对经济的控制，让经济受盲目的市场力量支配。这与中国处于经济转型阶段的现实状况是相适应的。比如，新成立的商务部就是为了适应这样的经济发展要求。成立商务部旨在扫除商品流通的壁垒，解决内外两个市场分割的矛盾，既加强国内市场秩序的监管，又为企业走向世界、参与国际竞争创造良好外部环境。而成立银监会和国家食品药品监督管理局，则显示国家对关系国计民生的重要领域的市场秩序的真正关切。

第三，社会管理是我国维护政治统治、促进经济增长、推动社会发展的重要手段。在现代社会中，政府的社会管理职能必须得到加强，当然这并不意味着要加强政府对社会的管制。在传统的社会管理模式下，政府更多地扮演了监督者、控制者的角色，而忽视了为社会和民众的服务功能。但是，随着社会的进步、民主政治的发展、公民素质的提高以及国际竞争的加剧，政府社会管理职能的履行更需要依靠良好的政府服务来实现。因此，定位于社会服务者的角色，塑造一个具有公共服务精神的政府，使政府由控制者变为服务者，便成为政府强化社会管理职能的重要取向。

政府的社会管理有广义和狭义之分，广义的社会管理指政府对一切社会活动领域的管理，包括政治管理、经济管理、社会文化生活管理等。狭义的社会管理主要指对社会治安、人口、环境、社会保险、福利以及社会服务等方面的管理。政府社会管理的内容在不同国家和不同社会发展阶段是不同的。对于我国来说，随着社会主义市场经济体制的建立，经济的持续快速增长，一些社会发展问题将会日益突出，诸如人口增长快，就业压力大，经济发展与人口、资源、环境之间的矛盾趋于紧张，资源浪费、环境污染、生态失衡以及城市病的产生等等。因此，加强宏观调控，协调经济发展和社会发展的关系,就成为市场经济条件下社会管理中重大而迫切的问题。相应地,我国的社会管理职能主要集中在以下几个方面:实行计划生育,控制人口数量,大力发展教育事业,全面提高人口素质,这是促进我国经济发展和社会进步,实现现代化战略目标的关键;加强环境保护,使资源、环境与经济社会发展相协调,体现人与自然的和谐关系;建立和完善社会保障体系,扩大就业,促进改革、发展和社会稳定;消除贫困,促进区域之间、城乡之间和各民族之间的经济社会协调发展。

最后,提供公共服务越来越成为政府的重要职能。它具体包括,提供公共产品,如交通、商业服务、基础教育、环境保护等,为企业在市场竞争中创造一个良好的外部环境;及时地收集、分析、整理、传递各方面的信息,以提高全社会的信息分享程度,降低因信息不完全造成的无效率。建立公共服务型政府管理体制是政府职能转变的方向。所谓公共服务型政府,主要有四种含义:其一,政府是为全社会服务的政府,它不是对某一类人或某一类地区服务;其二,政府公平地对待企业和公民;其三,政府要以尽量公开的方式运作,接受公众监督;其四,权力不能进入市场,政府要让利于民,不能以追求利益最大化为目标。

政府重视提供公共服务的职能,体现了政府职能在实际运作过程中强烈的融合化趋势和服务化趋势,即政府内部机构之间、工作人员之间通过正式或非正式渠道建立起来的相互协同、相互配合等良好关系的职能运作形式,其目的在于使政府上层与下层、内部与外部之间通过协调实现信息的整合,从而使政府的决策能反映下层执行机关和人民群众的要求,又能得到执行机关和人民群众的理性支持。这种政府内部以及政府与群众之间的沟通和协调,使体制外的公民和体制内的基层机关在日常政府职能运行中能够表达自己的意见和要求,体现了政府在日常事务中接受民众建议和服务于民众的职能本质。

可见，在政府履行公共服务职能的过程中，不仅要使政府信息在政府机构内部公开，更重要的是向公众公开，提高政府工作透明度，提高公众对政府行为的可预期性，从而有效地实行舆论监督和社会监督。2003年春天在我国发生的SARS危机向政府的信息制度提出了挑战，也为建立一个诚实、负责、高效的政府体制提供了契机。在SARS危机中，关于“透明度”和“知情权”的讨论成为公众热门话题。所谓公民知情权，是指公民对于国家重要决策、政府重要事务以及与公民权利和利益密切相关的重大事件有了解和知悉的自由和权利。知情权是个人生存权与发展权的一部分，它不仅是公民的一项基本权利，而且是民主政治制度的基石，是公民参与国家管理、保护自身利益的前提。透明度原则也是世界贸易组织的三个主要目标——贸易自由化，透明度和稳定性之一，它是公正、公开、公平、自由价值观念的重要体现。

如何有效地实现以上四项政府基本职能？在当前，我们一方面必须努力完成政府职能的结构性调整，另一方面必须积极进行政府职能的创新。

政府职能的结构性调整意味着政府职能要从传统、单一的政府职能向分散、多元的政府职能转变，限制政府职能的运行范围，理顺政府与社会、政府与企业的关系，同时要转变政府职能的实现方式，即由权力运作转向法律和规则运作。

首先，在政府与社会的关系上，政府要实现社会管理职能的转变。

经济的全球化和加入世界贸易组织要求中国政府要尽量少地介入社会管理活动，一方面，社会民主化进一步增强，公民社会得到不断发展，必然要求改变政府包办一切社会事务的局面，另一方面，经济的发展使得新的社会事务不断出现，社会组织结构发生了变化，社会中介组织不断壮大和成熟。中国不仅处于经济全球化之中，还置身于一场全球性的“社团革命”中。但是，在中国，与市场经济发展相伴生的、相对于国家而日益自主的社会自组织发育尚不成熟。“中国市民社会乃是指社会成员按照契约性规则，以自愿前提和以自治为基础进行经济活动、社会活动的私域以及进行议政参政活动的非官方公域”①。相对于西方社会自下而上的市民社会的发展，中国的市民社会是在政府、政党坚定不移地推动以经济建设为中心的现代化进程中启动、生成并发展的。特别是在20世纪的最后10年，中国由计划经济向市场经济转轨进程中，由于商品经济体系尚未建立，国家与社会、政府与公民的关系只能依靠国家与政府本身在理性指导下逐步调整。因此在中国城市基层社会中，国家与社会的疆界是难以区分的，甚至是不存在的，即使是社会团体独立于政府的直接领导，它也通过党的关系服从于整个国家的权威。中国市民社会首先遇到的是能否取得国家政权承认的合法性问题，这与西方市民社会的“非国家主义”和“非个人主义”是不同的。

因此，政府在转变社会管理职能时既要培育中介组织，与其分担职能，又要对其进行规制。政府应该充分调动和发挥中介组织的作用，把一些行政管理权力让渡给社会组织，比如，大力培育消费者协会，大力发展社会仲裁机构、资产评估机构、资信评级组织以及会计师事务所、律师事务所等，充分发挥社会性公共组织的服务、沟通、协调、监督的作用，以达到促成企业之间的投资合作的形成，有效提供公共物品的目的。但同时也要加强对社会中介机构的管理和约束，政府不能无限度地让渡职能，这不仅是因为这些机构本身存在缺点，还因为目前我国政府的程序化运作能力有限，政府职能的控制范围、控制能力有限，过快、过大地扩大社会管理职能，不但会使社会管理失败，还会动摇政府自身的权威和政府的控

① 邓正来、景跃进：《建构中国市民社会》，载《中国社会科学季刊》(香港)1992年11月第1期。

制能力。因此,政府社会管理职能的强化是指政府将部分职能让位于社会组织后,还要强化政府对社会进行宏观调控的职能。①

其次,在政府与企业的关系上,要进一步实现政企分开。

当前,在政企关系上还存在着政府职能不到位、越位和政企职能错位等问题,造成这些问题的原因是对在社会主义市场经济体制下,政府在经济管理方面究竟应当行使哪些职能还缺乏比较准确的界定,特别是在很多问题上政府与企业之间还存在各种不同的认识。事实上,在社会主义市场经济体制下,政府的经济管理职能主要是进行经济调节,加强市场监管,为企业创造良好的经营环境并搞好服务等,而不是直接管理企业。

政府要把企业的自主经营权真正还给企业,使企业成为市场经济的主体,做到这一点的关键是实现企业产权的清晰化。正如樊纲所指出,“作为公共机构的政府,……首要职能是保护产权,产权是无形的公共物品”,而“产权越是清晰和有效,市场上每一个主体的权、责、利越明确,越能在制度框架内得到法律的保护,人们对经济中各种行为主体的行为方式预期越稳定,市场运行越有秩序,欺骗和不负责任的事情越少,交易成本越低,经济效率越高”②。钱颖一也认为,“在转轨经济中,产权的不安全往往比资本市场的缺陷对企业发展的阻碍更大”。因此要使政府真正从微观经济中抽出身来,就必须建立产权清晰、权责明确的现代企业制度。但与此同时,政府也要加强企业外部监管,要对重点国有企业以及一批国有金融机构派出监事会,对国有企业和金融机构领导人实行经济责任审计。这些将对促进企业改善经营管理、防止国有资产流失发挥重要作用。

---

① 何颖:《加入 WTO 与我国政府职能的重构》,载《政治学研究》,2002 年第 2 期。

② 樊纲:《作为公共机构的政府职能》,载《市场逻辑与国家观念》,三联书店 1995 年版,第 17 页。

再次，转变政府职能的实现方式，由主要依靠权力运作转变为主要依靠法律和规则运作。

有秩序的市场交易有赖于法律、规则。钱颖一在《市场与法治》一文中将法治与现代经济的发展密切联系在一起，为转轨国家的政府在特定经济领域扮演角色的范围和制约寻找制度依据。他首先指出，“现代市场经济作为一种体制的根本游戏规则就是基于法治的规则”，“法治则是通过其两个经济作用来为市场经济提供制度保障的。法治的第一个作用是约束政府，约束的是政府对经济活动的任意干预。法治的第二个作用是约束经济人行为，其中包括产权界定和保护，合同和法律的执行，公平裁判，维护市场竞争。这通常要靠政府在不直接干预经济的前提下以经济交易中第三方的角色来操作，起到其支持和增进市场的作用”。[①] 可见，要形成公平贸易和公平竞争的市场环境，必须改变原有的权力运作方式，取消仍然存在于某些经济领域的政府行政垄断，避免政府对企业的不正当干预，而且要使政府的行政和权力运作受到法律的约束和控制，受到社会和公众的监督，提高政府决策的科学性、民主性和公开性。总之，政府在管理社会、经济事务时，其行为必须受到法律的规范，减少政府在政策执行中的主观性和随意性。

转变政府职能实现方式是加入世界贸易组织后的必然选择。世界贸易组织要求其成员方必须在其法律和规则的框架下运作。政府的行为必须符合世界贸易组织规则的要求，政府的法规必须与世界贸易组织规则接轨，特别是世界贸易组织的透明度原则、平等贸易原则、统一性原则不仅要求政府的政策、法规、措施及其行政程序都必须透明、公开、平等、统一，而且要使政府从原来的通过行政权力的运作来管理社会公共事务转向依靠法律和规则的运作来管理社会公共事务。可见，加入世界贸易组织对中国政府职能

① 钱颖一：《市场与法治》，载《经济社会体制比较》2000 年第 3 期。

实现方式的转变提出了更高要求，一方面政府要制定和出台与世界贸易组织规则相统一的、完备的法律体系，清理、修改或重新制定与世界贸易组织规则不符的法规和政策，另一方面政府要加强对执法活动的监督，推进依法行政，维护司法公正，提高执法水平，确保法律的严格实施。

最后，我们还要在经济全球化的背景下积极建构政府的制度创新职能。要使市场经济良好运行，政府必须确立和实施精炼、明确的“游戏规则”，建立良好运行的财政机构和制度，使政府行政部门和立法部门的立场保持一致，形成由称职的个人管理并有适当的激励机制引导的政府机构。这意味着我们不能停留于从价格自由化、宏观稳定化、企业私有化等具有转轨之初色彩的经济角度来考虑政府的最优角色，还要在破除旧有体制的同时，尽快培育出市场经济的要素和适应市场运行的政府机构，以避免制度真空。[①]中国加入世界贸易组织后，也迫切需要制度创新，建构与世界贸易组织接轨的各项制度体系，尤其是根据国际规则创新市场经济法律制度，填补我国在加入世界贸易组织之后出现的法律空白。经济全球化和加入世界贸易组织为我国制度创新提供了一个难得的机遇，我国不仅能够健全和完善与经济和社会发展相适应的各项制度安排，还能够建立与国际经济发展相适应的制度体系。

此外，在经济全球化的背景中，人们对政府的经济安全职能有了新的理解和认识。中国加入世界贸易组织之后，利益与风险并存，投资和金融的自由化使得大量资本的流动具有不确定性，很容易对金融市场形成巨大的冲击。世界市场中贸易逆差的巨大积累，巨额债务支付困难，直接投资大量撤资、资本大量外流等都会

① 参看维托·坦茨：《体制转轨和政府角色的改变》，载《经济社会体制比较》1999年第4期。

给一国造成经济危机。[①] 因此,政府要减轻外部冲击对国内收入分配体系的影响,在资本大规模流出、流入时维持宏观经济稳定所必须的国内金融体系,还要尽可能对资本跨国项目交易进行监管,保持汇率政策的灵活性等等。可见,要回应经济全球化对中国政府促进经济良性循环和维持经济稳步增长提出的更高要求,必须加强我国政府的经济安全职能。

综上所述,改革开放以来,中国政府进行的每一次改革都是融入世界的一个步骤,随着经济社会的进一步发展,全球化进程的加快以及我国加入世界贸易组织,政府职能转变的问题更加突出。为实现经济调节、市场监管、社会管理与公共服务的政府职能,必须进行政府职能的结构性调整,转变政府职能的实现方式,并在经济全球化背景下积极进行政府职能创新。政府职能如何转变已经成为我国政府改革急需解决的问题,下面我们通过对政府招商引资活动的讨论来探索政府实现职能转变的途径。

招商引资:政府应该做什么与不该做什么

改革开放以来,我国经济持续、快速发展,市场规模不断扩大,对资金的需求量也不断增多,全国各级政府都纷纷采取措施吸引外资,狠抓资金到位率,近几年来更是掀起了一股招商引资热。据统计,2002 年前 11 个月,全国新设立外商投资企业 30728 家,同比增长 34.1%,合同外资金额 769.47 亿美元,同比增长 27.38%,实际使用外资 480.11 亿美元,同比增长 14.59%。[②] 外资规模的扩大为中国经济增长和经济发展作出了重要贡献,弥补了国内储蓄的不足,克服了国内资金短缺为经济发展带来的约束;引进了先进的

---

① 王朝才:《世界经济全球化与中国经济安全》,载《全球化与中国》,中央编译出版社 1998 年版。

② 胡景岩:《中国吸引外资的新趋势》,载《中国外资》2003 年第 1 期。

技术设备和管理方法；带动了外向型经济的发展，扩大出口，增加国家财政；扩大了就业，培养了一批具有现代企业家精神的复合型人才。但同时我们也看到，有些地方政府将招商引资的成绩作为政府官员和公务人员的政绩考核指标，招商引资活动开展得过多过滥，并且不讲经济效益，使地方政府陷入了恶性竞争中。例如在南方某省，招商引资已成为市、县和乡镇政府最重要甚至惟一重要的工作。该省某县级市每月在报纸上公布各个乡镇招商引资的"实绩"，对于招商引资最差的乡镇负责人实行"末位淘汰制"。该省某县不仅要求乡镇负责人负责招商引资，而且要求将招商引资任务分解到每一个拿财政工资的公务员和教师，分解到每一个设在镇上的站所，分解到每一个村，甚至在每年初就要求每个拿财政工资的公务员和教师每人交出数千元的保证金，不能完成招商引资任务的就被扣下。[①] 招商引资活动被扭曲至此，引起了诸多的批评。许多学者和官员指出，一味依靠优惠政策，恶性压低土地价格，无视乱占耕地、污染环境的后果，不顾条件地对项目保投资回报率，将大大降低招商引资对经济的推动力，这样的招商引资活动应该马上制止。

对招商引资的或褒或贬，究其原因在于这个"商"到底由谁来招，这个"资"到底由谁来引，于是对现象的评价归结到了招商引资是否是政府职能的探讨上，政府在招商引资工作中扮演的角色是什么，工作的重点是什么，成为人们继而思考的问题。

可供进一步讨论的线索：

招商引资本质上是一种市场活动，其主体应该是市场与社会。从这个意义上说，政府不应介入招商引资活动。但是招商引资要取得成绩并不只依赖于土地价格、税收以及审批等优惠政策，依赖

---

① 贺雪峰：《招商引资》，中国农村研究网 http://www.ccrs.org.cn/，2002 年 12 月 23 日下载。

于政府的直接参与谈判，要想留住外资并有更好的发展，根本上还是要改善投资环境，对外商投资实行国民待遇，提高法规和政策的透明度。而且中国还处于传统计划经济向现代市场经济转轨过程中，市场发育不成熟、法治不健全以及制约国家的社会力量不够壮大等等的现实性，使得政府在转变职能的同时依旧要发挥比较积极的作用。特别是当企业对信息反应缺乏应有的敏感，国内企业在国际性资本流动竞争中主观上内源性活力不足，客观上制度性保障缺位，长时期的封闭又导致对国际社会实行歧视性待遇，与世界贸易组织接轨的法律法规还很缺乏，社会中介组织还未真正承担起信息提供的功能时，招商引资活动中政府的指导作用是不可或缺的。在这个扩大的意义上，招商引资活动离不开政府。

那么政府如何有效地在招商引资活动中发挥作用？这就把我们的讨论从政府“应该做什么”推向了“怎样做”的层面。

由于我国东西部经济水平、市场成熟、司法执法等方面存在着巨大的反差，各地政府在招商引资活动中发挥的作用有着一定的差异。在西部欠发达地区，由于观念的落后，政策的保守，法治意识淡薄，招商引资活动对政府过于依赖，因此要将政府工作的重点放在建立有效产权，切实保护产权，明确每个市场主体的权、责、利上面。而相对来说，东部沿海发达地区市场已基本成熟，市民社会日趋发展，法治意识逐渐深入人心，政府的招商引资基本上可由中介性组织与市场自主展开，政府工作重点在于创新招商体系，对投资项目进行政策上的引导，以形成上规模的以新兴产业为主的产业群。但无论是中西部地区还是沿海发达地区，都必须将外商投资始终与发育成熟的市场经济、现代化的企业制度、完善的法律体系以及开放的公共领域结合起来，减少政府干预，提高市场化程度。只有这样，政府才会是兼有有限性与有效性的政府，政府的招商引资活动才会是兼有合法性与合理性的活动。

第四章　政治制度

政府必须在政治制度的框架内对社会进行统治，有效的政治制度是一个稳定政治体系的关键。

关于政治制度的研究主要经历了三个阶段：老制度政治学、行为主义政治学和新制度主义政治学。

在西方的政治研究中，宪政学说总是与创立良好政治制度联系在一起。历史上的宪政研究围绕着以下两个方面展开：作为制度安排之限制权力的宪政和作为具体价值内涵之基本权利保障的宪政。

任何宪政政体都需要一个有效率且有助于民主价值实现的官僚制机构，以及一套能够维持宪政秩序的司法制度。

西方国家的政治制度建设已基本完成，其关注的中心转向公共政策。但对于我国来说，政治制度建设仍然是政治生活中的主要问题，它对市场经济和民主政治的发展都具有十分重要的意义。

政府就其作为秩序化统治的一种条件而言，它是国家的权威性表现形式。在上一章中，我们通过考察政治与经济的关系，对政府的功能、作用范围进行了探讨。政府功能按照怎样的规则行使？政治行为怎样规范？这就涉及到政府的另一层涵义，即对社会进行统治的方法。在这样的广泛意义上，政府构成了政治制度。这些制度帮助确定统治者彼此之间以及统治者与政治反对派之间、与政府最重要的运行部门——行政机构中的职业官员之间相互关系的方式。它们也帮助确定统治者与被统治者之间相互关系的方式。统治制度对理解这些关系的构成是至关重要的，但是政府及统治的实际运行也受正式制度以外的社会因素的深刻影响。[①] 本章以正式政治制度为考察对象，对于非正式制度的社会因素，诸如政治文化、意识形态等，我们在下一章中讨论。

创立良好的政治制度必然要涉及宪政学说，而任何一种宪政政体要成为可能，都需要一个有效率且具民主价值的官僚制机构，以及一套维持宪政秩序的司法制度。本章从对政治制度研究历史的考察开始，进而对宪政制度和宪政框架中的官僚制和司法制度进行讨论。

一、政治制度的研究历史

尽管“制度”这个概念从来没有从政治理论中消失过，但是它在政治生活中的地位，以及对它的理解并非是一成不变的。从老制度政治学、行为主义政治学到新制度主义政治学，对“制度”的研究不论从内容上还是方法论上都发生了很大的变化。

政治学长期以来被认为是一门研究国家和政治制度的学问。亚里士多德的《政治学》就对当时希腊城邦国家的各种政治制度进行比较研究，试图发现最理想的国家制度。近代政治理论家，从洛克到孟德斯鸠再到托克维尔，都将制度研究作为政治学的主要内容，从政治制度入手研究政治现象。美国政治学家迦纳（I. W. Gar-

① 戴维·米勒、韦农·波格丹诺编：《布莱克维尔政治学百科全书》，中国政法大学出版社 1992 年版，第 295、296 页。

ner)在他那部上个世纪三四十年代曾风靡世界的《政治学大全》中表达了当时绝大多数政治学家的共同思想:政治学就是关于国家政治制度的学问,它始于国家,终于国家。[①] 亚里士多德等早期西方政治理论家的政治学研究,目的就在于回答什么是最好的国家政治制度,虽然他们的制度设计和建议几乎完全以道德说教的方式表达,但这种研究方法对政治研究传统产生了重要影响。在16世纪国家概念出现后,制度理论也多指国家的结构设计,例如阿尔色修斯(Althusius)提出联邦主义理论,霍布斯主张以强制制度来约束性恶的人性,洛克阐发了政治制度中的契约理论,并以天赋人权的路径来研究政府,孟德斯鸠将国家权力分为行政、立法和司法权,主张建立一种相互制衡的制度框架。直到19世纪末期,政治学不只是历史学和哲学、伦理学的一个部分而开始作为一门独立的学科出现,其基本问题还是制度和规范(法律与道德)。政治学家将制度、结构和法律看作政治领域中最重要的独立变量,而将人性视为常量,认为政治制度是支配和影响人类行为的因素,而非人类行为影响政治制度。这一时期也因此被人们称为现代西方政治学发展的形式主义、制度或法理研究阶段。

在行为主义革命发生前的政治制度研究,人们称之为老制度政治学。盖伊·彼得斯把它的基本特征归结为以下五个方面:第一,注重法律,把法律作为主要的研究对象;第二,注重正式的政治结构,认为是这些正式的政治结构决定着人们的政治行为;第三,其研究具有整体性的特征,无论是对本国政治和法律制度进行分析还是进行政治制度的比较分析,都是力求对政治制度进行完整和全面的把握;第四,其研究具有历史性的特点,总是把历史作为分析问题的基础;第五,其研究明显表现出伦理道德倾向,往往对

---

① 转引自俞可平:《浅论政治学和政治制度》,载《学术界》2000年第3期。

现行的政治制度作出价值评判。①

随着资产阶级政治革命的完成,资本主义国家的政治制度框架逐步建立,政治学关注的中心开始从制度转移到公共政策上来,政治制度研究在政治学中的中心地位在20世纪50、60年代受到了来自行为主义的冲击,对政治行为和政治现实的关注替代了对国家和政治制度的研究,政治分析的规范性也被个人主义以及理性选择假设所取代。对制度的研究从老制度政治学阶段转向了行为主义政治学阶段。

转变后的政治研究范式的特点是:关注理论和方法论;反对政治学研究中的道德伦理倾向;以个体决定论为基本假定;强调政治输入。②

首先,行为主义政治学的旨趣在于:政治学必须发展和构建"一般理论",这些一般理论应该可以用来解释和说明不同社会环境和背景中的政治现象;仅仅对一些国家的政治现象进行描述并作出有意义的解释是不够的,对政治现象的描述、解释和说明必须符合一般理论。比如,在比较政治学领域,结构功能主义就是一种"一般理论"。这一理论的倡导者将政治制度与政治过程等同起来,把政治中的输入、输出、信息流通等的总和视作政治制度,反对赋予政治制度以社会形态的特征。在行为主义政治学所要构建的"一般理论"中,政治生活被认为主要是个人的现象,政治行为也是追求经济利益最大化的产物。

其次,消除政治学研究中的价值或道德因素也是行为主义政治学的一个特征。它们批评老制度政治学"对政治制度的描述既不清晰也不明确,而且带有太多的价值倾向和暗示。这些暗示对

---

① B. Guy Peters, Institutional Theories of Political Science, London: New Pinter, 1999, pp.3-11.

② Ibid. p.11.

于建立一个好政府并没有太多的积极作用”[1]。特别是，它们批评老制度政治学往往带有对工业化国家和民主政治的偏好，主观上把工业化和民主当成“好”政治制度的模式。而且，在某种程度上，对正式法律制度的强调还会把那些虽然非正式但对政治活动产生重大影响的政治安排排除在政治研究之外。

第三，行为主义政治学的又一个特征是坚持方法论上的个人决定论。它认为个人或政治个体是社会和政治分析的适当对象，社会集体，如政党、利益集团、议会等等不会作决定，真正作决定的是集体中的个人。当然，集体中的个人也不能任意作决定，他们必须遵守规则。

最后，与老制度政治学不同，行为主义政治学反对把注意力放在正式的政府制度和宪法上，而是主张关注社会对政治系统的“输入”。他们认为对政治生活真正起作用的是投票行为、利益集团活动，而不是人为设计的法律形式；公共政策则是这些输入的“输出”。这个时期政治科学中的口号是“政治不起作用”。至于理性选择理论，对老制度政治学似乎更有某种敌意。理性选择理论声称它的研究范式和模型不仅是对个体行为的分析，也是对集体决策的分析，它认定制度只不过是一种把愿意妥协的个体的偏好聚合在一起的机制或手段。在这里，理性选择理论否认制度具有决定政治参与者偏好的关键作用。[2]

但是，这种对政治现象的定量化、祛除价值的经验性研究在试图使政治学科学化的同时，也使政治学变得毫无意义。因为这种研究降低了政治现象的意义，而过分强调了经济增长、社会结构等社会因素；强调个人行为却忽略了集体政治行为，甚至认为制度价

---

① B. Guy Peters, Institutional Theories of Political Science, London: New Pinter, 1999, p.13.

② Ibid. pp.14-15.

值、规范和法律约束在个人选择面前起不到主要作用;把政治行为看作是个人利益算计的结果,而没有看到人们投身于政治活动并不一定完全为了实现自我利益;过于关注政治输入和输出,而忽略了政治过程、政治特征和社会政治价值的作用,把这一切仅仅看成获得有利于自己的政治输出的工具;忽略了历史发展的无效性和多可能性。这些缺点使得行为主义和理性选择理论在一些政治问题上丧失了解释力,也无法实现政治学的学术抱负。

在行为主义政治学已呈颓势的70年代,制度开始成为经济学、社会学乃至整个社会科学的研究对象,其中经济学中的制度研究更是取得了突出成就,不仅制度经济学家获得诺贝尔奖,制度经济学也发展成为主流经济学理论之一。这些成果极大地鼓舞了政治学家,使制度再次被纳入到主流政治学研究的视野中,政治学家也意识到,"现代经济和政治系统中的主要行为者还是正式组织,法律和官僚等制度在当代生活中占据着支配性角色"①。这样,始于亚里士多德的从制度入手研究政治现象的传统,终于上升到理论高度,形成了一个理论流派:新制度主义政治学。但新制度主义政治学并不是对传统政治理论的简单复归,而是力图把对制度的关注与当代政治学的要素结合起来,"'新制度主义'反映了老制度主义对政治理解的许多特征,但也在大量新的理论和经验层面上推进了对政治学的研究。它沿用了老制度主义中的许多假说,但也通过新的研究工具和借鉴行为主义与理性选择分析丰富了这一思想"②。可见,在政治科学中,一种"中庸"方式正在取代单一方式,这种方式将集体行动置于政治学研究的中心并重新考察政治集体行为与政治环境的关系,即重新认识以组织为基础的制度规

① B.Guy Peters, Institutional Theories of Political Science, London: New Pinter, 1999, pp.1-2.

② Ibid. p.1.

则对个体的整合与行为规范的作用。

新制度主义区别于行为主义和理性选择理论的地方首先在于,它使用了贯穿其理论始终的概念——制度。它对“制度”的定义吸纳了制度经济学的理论,例如休·E·S·克劳福德(Sue E.S. Crawford)和埃利诺·奥斯特罗姆(Elior Ostrom)在《制度的语法》一文中把对制度的看法归纳为三种:(1)制度是一种均衡。制度是理性个人相互理解偏好和选择行为基础上的一种处于稳定状态的结果;稳定的行为方式就是制度。(2)制度是一种规范。许多互动方式是建立在一组个体对“合适”与“不合适”的共同认识的基础之上的,这种共识在很大程度上来自一种规范性的义务。(3)制度是一种规则。这种观点是指如果互动行为不遵守制度将受到惩罚或带来低效率。[①] 这些定义与新制度经济学从博弈均衡、约束个人行为以实现利益最大化、降低不确定性、节约交易成本等角度理解制度有着相似性。

但新制度主义政治学对“制度”的理解又不同于制度经济学。新制度主义政治学要把制度“是以理性选择为导向的规则”的狭义解释与“社会学研究方法上的实践”的广义解释结合起来[②],这在社会学制度主义中表现得更为明显;而新制度经济学则将制度主要理解为规则,并有着把组织和制度分离开来的倾向[③],这一点差异与新制度政治学继承了某些传统政治学的假设互为呼应。

新制度主义政治学对制度研究的特点——吸纳了但又区别于

---

① See E.S. Crawford & Elior Ostrom, A Grammar of Institution, American Political Science Review. Vol.89(3), September 1995, pp.582-599

② Jan-Erik Lane & Svante Ersson, The New Institutional Politics: Performance and Outcomes, London and New York: Taylor & Francis Group, 2000, p.4.

③ 诺斯在其1992年发表于《美国经济学家》的“Institutions and Economic Theroy”论文中就指出必须将制度与组织分离,同时经济学的制度主义要实现综合也需要将组织与制度分离,只有在这两者之间产生互动才会构成制度的扩展。

制度经济学中的制度理论——在其主要倡导者马奇(James G. March)和奥尔森(Johan P. Olsen)那里得到了充分体现。马奇和奥尔森将制度的两层含义——规则和组织——结合起来,他们认为对个体有整合与行为规范作用的制度规则是以组织为基础的,制度是"根植于规则、准则、期望和传统等制度结构中的政治行为的方式"[①],他们进一步将制度扩大解释为"规则,过程,习俗,角色,策略,组织规范,技术,信仰,范式,符号,文化和知识等"[②]。可见,马奇和奥尔森的制度概念有三方面的基本意义:其一,制度是影响和约束个体或群体政治行为的规范和准则;其二,组织就是一种基本的制度体系构成;其三,制度又体现为在一定组织基础上的公共的价值观或符号、文化的象征意义。总之,制度是指以某种组织为基础的一系列社会规范、规则、价值的集合体,它不仅包括老制度主义所研究的某种正式结构,而且也包括非正式的惯例。这种重视政治的社会背景和个人行为者动机的方法,使制度成为政治分析中的独立变量。制度被认为是具有自主性的,有自我支持和扩张的能力,它可以构建权威,强化权力。

这种对制度具有自主性的理解在制度经济学中已有显现,例如弗利格斯坦(Neil Fligstein)认为制度是人们行为的规范与人们共享的意义,这些规范和共享意义是主体间客观存在的,是认知并在一定程度上是反思的,制度可以在个人没有理解或没有认同时就影响他们的生存处境。[③]但在新制度主义政治学中,制度具有自主性的特点与制度即组织的含义结合起来,并得到具体体现。例如,迪马乔和鲍威尔对制度的定义是:制度是规则,道德准则,符

---

① James G. March& Johan P. Olsen. Rediscovering Institutions: The Organizational Basis of Politics, p.5.

② Ibid: p.22.

③ Neil Fligstein, Fields, Power, and Social Skill: A Critical Analysis of The New Institutional Economics, Working Paper, University of Chicago Berkeleye, dept. of Sociology, 1997.

号,行为规制,组织——这是制度文献中最根本的理论内核。[①]在马奇和奥尔森的著作中我们则可以读到这样的文字:"政治民主不仅依赖于经济社会条件,也是政治制度设计的结果。官僚机构,立法委员会和起诉法庭都是社会强制力的来源,但是它们也是集体行动过程和结构的标准,它们界定并体现了社会价值,准则,利益和信仰。"[②]在他们看来,制度先于利益,制度塑造了个人的期望和偏好,即制度不仅等同于规则,还决定了个人的偏好或利益,制度一旦被构建起来,就将对个人的行为加以约束,并且其作用也将通过机构或组织的运行得以体现。可以说,制度作为规则的意义是在其载体——机构的活动中实现的,这样它就既没有放弃政治学传统中有关政治机构的思想,也没有忽视微观的政治行为。

新制度主义政治学的研究不仅从内容上通过对"制度"概念的引入和再诠释,弥补了老制度政治学和行为主义政治学的不足,而且在方法论上也进行了创新,它采用了一种"中庸之道",将个人主义和整体主义的方法结合起来,既承认社会整体大于个人的简单加总,承认社会环境和制约个人的行为,同时又坚持社会科学中的"充分"解释应该详细说明个人行为产生该社会现象的机制。这种既关注价值和制度的规范作用,又采用经验的、个案的分析方法,是对传统政治学和行为主义政治学方法论的综合。

马奇和奥尔森的理论揭开了新制度主义政治学研究的序幕,但因新制度主义并不拒斥行为主义以及在此影响下形成的多元主义、功能主义和结构主义,还吸收了20世纪70年代以后发展起来的政治和社会理论、组织理论、学习理论、政治发展理论等,使得其

---

① P. DiMaggio & W. W. Powell, The New Institutionalism in Organizational Analysis, Chicago BL: University of Chicago Press, 1991.

② James G. March & Johan P. Olsen, Rediscovering Institutions: The Organizational Basis of Politics, p.17.

理论来源非常丰富，但也使其内部发生了分化。彼得·霍尔(Peter A. Hall)和罗斯玛丽·C·R·泰勒(Rosemary C. R. Taylor)1996年在英国《政治研究》上发表《政治科学和三个制度主义》一文，提出把“新制度主义”分为“历史制度主义”、“理性选择制度主义”、“社会学制度主义”。[①]盖伊·彼得斯在《政治科学的制度理论》一书中又将新制度主义细分为七类：规范制度主义，理性选择制度主义，历史制度主义，经验制度主义，社会学制度主义，利益代表制度主义和国际制度主义[②]。新制度主义内部的分化不仅体现了制度研究的多种视角，也反映了制度概念的复杂性。

用新制度主义的范式研究政治也遇到了问题。首先，如何界定“政治制度”？在新制度主义政治学的倡导者们看来，任何社会都有某种结构特征，这种结构可能是正式的，也可能是非正式的，但只有这种结构在一定时期内稳定存在才成为制度，并且只有这种社会结构影响到人们的政治活动时，它才成为政治制度。他们还补充说道，政治制度还必须具有比较的意义，它既要体现这个制度中的成员所共有的观念或价值，又要可以和其他的社会结构相对照。[③]但是在多大程度上形成一种“制度”，它是什么类型的制度，以及在构成制度的机构之间可能存在什么样的关系等问题，却没有得到新制度主义政治学家很好的回答。

其次，如何将单个制度融入一个制度体系中，并将微观层次的制度和宏观层次的制度结合起来？游离于制度体系之外的或者是宏观制度环境之外的单个制度和微观层次的制度都是无意义的。为解决这一问题，文森特·奥斯特罗姆、埃莉诺·奥斯特罗姆、戴维·

---

① Peter A. Hall & Rosemary C. R. Taylor, Political Science and the Three New Institutionalism, Political Studies, 1996, XLIV, pp.936-957.

② B. Guy Peters, Institutional Theories of Political Science, pp.19-20.

③ Ibid. pp.18-19.

菲尼、迈克尔·麦金尼斯等以制度分析和公共政策而知名的学者构建了包括操作、集体选择与立宪选择三个相互作用层次和领域的制度分析和发展框架，力求将宏观和微观层次的分析结合起来。在这一多层次性的思路中宪法规范与制度规则相互作用，制度规则又与个人选择相互作用，不仅使个人和集体行动的任务得到界定，也将制度分析与公共政策联系起来。但是，这种制度分析和发展框架并不能完全解决现实世界所面临的问题，因为作为一种试图将理论模型和经验研究结合起来的分析框架，在进行实证案例分析的同时无法涉及所有复杂情形。

从上可见，关于政治制度的研究主要经历了三个阶段：老制度政治学，行为主义政治学和新制度主义政治学。对制度的再次关注不仅将政治学和经济学重新结合起来，还将传统的政治制度研究与行为主义的方法论结合起来。但这种学科与方法论上的综合，也造成了一定的危险，不同的理论假设和分析逻辑使制度研究的内部出现分化，而政治制度与经济制度、社会制度之间界限的日渐模糊，也为制度绩效和公共政策研究增添了复杂性。但无论是学科间的融合还是方法上的贯通，都没有改变基本政治制度在政治学研究中的地位，相反地却为这些制度的研究提供了更为丰富的内容。下面我们就来探讨一些最为基本的政治制度，并在探讨中注意突出中西方在制度建设上的时空差异。

二、宪政制度：限制权力与保障权利

政治制度是政治生活中的人类政治行为的基本规则，它“构建了个人与公共部门之间的互动结构”[①]。从这个意义上说，政治制

① Jan-Erik Lane &Svante Ersson, The New Institutional Politics: Performance and Outcomes, London and New York: Taylor & Francis Group, 2000, p.8.

度是公民社会与政治国家之间的契约,而国家的宪法就是最具权威性的契约,是一份公民和政府都必须遵守的政治契约。宪法不仅展示了现代政治发展的价值追求,而且架设了现代政治发展的体制框架。有学者指出,政治制度的设计本质上就是一种立宪的选择,宪政理论的重点也是"设计政治制度和把它们结合成可行的整体的适当方式"[①],因此在西方的政治研究中,宪政学说总是与创立良好政治制度联系在一起。

《布莱克维尔政治学百科全书》中对立宪主义的解说是,立宪主义至少有注重形式和注重实质的两种含义:一种只是指制定宪法的实践,是指一些精选的纯粹法律规范;另一种视宪政主义为建立和推动某类政治制度的实践,这类制度含有体现有限政府原理的规则。它们通常含有保障政治、经济权利和自由的法案或宪章,以及旨在保护个人不受国家侵犯的其他结构特征[②]。而宪政的根本性质是:"宪政乃是对政府施加的一种法律限制;宪政乃是专横统治的反命题;宪政的对立面是专制政府,即恣意妄为的政府。"[③]可见并不是每一部宪法都能带来宪政,宪政的精髓在于宪法是政治权力的惟一来源。历史上对宪政的研究围绕着以下两个方面展开:作为制度安排之限制权力的宪政和作为具体价值内涵之基本权利保障的宪政。

在西方历史上,宪政思想的主题就是要设计一些政治制度来限制政治权力的行使,这在古代、近代和现代的宪政学说中都有体现。古典的宪政思想所关注的是最大限度地保护社会成员彼此不受侵害,同时将政府侵害其公民的机会降至最小程度,宪政的目标

---

① 斯蒂芬·L·埃尔金、卡罗尔·爱德华·索乌坦编:《新宪政论——为美好的社会设计政治制度》,三联书店 1997 年版,第 155 页。

② 戴维·米勒、韦农·波格丹诺编:《布莱克维尔政治学百科全书》,第 172 页。

③ 哈耶克:《法律、立法与自由》第 1 卷,中国大百科全书出版社 2000 年版,第 11 页。

就是“避免暴政”，它意味着“对政府施加合法的制约……（它的）反面是专制统治”[①]。近代政治理论家则在自然法传统的基础上把道德对权力的制约，政府对法律的服从当成不证自明的公理，并设计了立法、行政、司法三权分立制衡的制度安排。到了18世纪，人们认识到要实现“有限政府”，不仅要分权，还需要一套辅助性的预防措施，此时具有现代涵义的“宪法”便产生了，它成为控制政府的一种有效手段。宪政理论发展到现代，对宪法的定义日益形式化、中性化[②]，其基本问题也日益集中在通过立宪进行“限制”的问题上，这意味着政府不仅仅只凭那些行使权力的人的愿望和能力来限制，而是要由宪法来限制，政府必须“依照与专横的政府相反的规则来统治”[③]。

限制权力的涵义，从古典宪政思想到现代意义的宪政是一脉相承的，但是保障权利的涵义却在现代意义的宪政中日益突出。政府权威和权力与公民权利和自由之间的紧张关系，宪政对民主价值和共和精神的涵括，赋予宪政以保障公民权利的价值内涵，这一层涵义反过来又与宪政是限制权力的制度安排这一涵义联系起来，构成了现代宪政思想的大部分要素。

政府权威和权力与公民权利和自由之间的紧张关系，奠定了宪法和宪政的道德根基。民族国家的成立为现代立宪政治提供了主权观念，但它无法平衡主权与公民权利之间的张力，这使试图在主权与公民权之间建立一种平衡机制的现代立宪政治成为必然。它要求政府为了国家安全与存续所采取的一系列行为，如对外战争、社会动员等都是有条件进行的，它必须保护个人自由与权利不

① 斯蒂芬·L·埃尔金、卡罗尔·爱德华·索乌坦编：《新宪政论——为美好的社会设计政治制度》，第27页。

② 例如惠尔曾定义指导不列颠政府的英国宪法是诸法律规则和非法律规则的集合，詹宁斯也认为宪法是陈述政府主要机构构成、权限和运作方式的规则的文献。

③ K·C·惠尔：《现代宪法》，宁夏人民出版社1989年版，第152页。

受侵犯，这构成了近代国家权力的正当性基础。也就是说，国家理性必须建立在保障公民权利的宪政基础之上的，“对于任何建立在人权信念基础上的社会来说，生存和安全的任务成了保护最深处的自我这样一种与最外层的边界同等重要的事情”[①]。任何形式的绝对主义都要遭到宪政的拒斥，任何侵犯公民基本权利和人权的法律也都是违宪的、无效的。可见，在政府权威和权力与公民权利和自由之间的紧张关系中呈现出的自我优先观念强化了自然权利观念，这也促使人们重新思考宪政主义与民主、共和的关系。

关于“共和”的定义，孟德斯鸠说：“共和政体是全体人民或仅仅一部分人民握有最高权力的政体”[②]。从词源学上讲，“‘共和’的意思基本上相当于公共财富或公共利益”。从政治权力之渊源或政府特征的角度看，“共和意味着最高权力掌握在人民手中、权力的渊源是人民，以及政府是由人民建立的并且是向人民负责的”[③]。概而言之，共和的基本原则是天下为公，国家权力和财富共有，人民以和平的方式参与和处理政治事务。

共和思想的发展主要经历了两个阶段：古典共和主义和自由共和主义。古典共和主义认为只有在小国寡民的条件下才能实现共和，因为只有这样才具有种族和文化的同质性，才能维持公民美德和对共和国的忠诚。共和的一个突出特点是注重“公民美德”和“公共利益”，对于一个古典的共和主义者来说，政治的首要任务就是要使公民避开私利而谋求公益。持这种观点的理论家主要有柏拉图、亚里士多德、西塞罗、马基雅维利，以及后来的哈灵顿、卢梭等。17、18世纪的英美思想家对这一思想传统进行了彻底改造，实现了古典共和主义向自由共和主义的转变。自由共和主义强调

---

① 弗里德里克：《超验正义》，三联书店1997年版，第110页。

② 孟德斯鸠：《论法的精神》上册，商务印书馆1961年版，第8页。

③ 路易斯·亨金：《宪政·民主·对外事务》，三联书店1996年版，第12页。

公民的权利与自由，强调公共权力的制约与平衡，将自由主义、基本人权作为政制的最高原则和根本目标，这与古典共和主义强调公共利益至上、公民义务、公民美德完全不同，这种强调公共权力制约与制衡作用的共和主义已经融入了宪政和民主的思想，把人民直接而强大的权力通过代议制转变成其代表的权力。“古代共和是基于道德力量的政体，现代自由共和是基于法律和制度力量的政体”①。如果说古典共和作为一种政体，是作为君主政体的对立物而产生的，那么近代、当代共和作为一种政体则是所有专制政体的对立物。

对于共和主义来说，首先考虑的问题是培育美德以使私利服从于公益，但是对于宪政主义来说，首先考虑的问题却是通过法治来使私利服从于公益，来解决政体运作发生的问题。因为当范围扩大时，对公益的辨识以及在全国范围内实现公益都将很难做到，共同体之间的力量对比差异也使得公民广泛参与统治不足以实现平衡，这时宪政的出现就为社会各方提供了就基本规则达成共识，并旨在建立一种较以往公民直接参与公共事务更为抽象的治理方式，使一个国家能够以合理、制度化的自愿同意为基础进行分权。宪法成为实践自由共和主义的工具，并将共和政府与法治结合起来。

对于民主与宪政的关系则有着更多的争论，表现为两种截然不同的观点：一种观点声称民主与宪政互相依赖、密不可分。著名宪法学家伊利(Ely)和霍姆斯(Holmes)是这种观点的主张者。他们认为，宪政约束并不是旨在反对民主，相反，它能巩固和加强民主体制。但是，包括卢梭、潘恩、杰弗逊等在内的经典作家深信民主与宪政互不相容，宪政是非民主的。事实上，这两种观点源自于不同的历史情形。在专制制度背景下，民主不仅要求国家权力合法

---

① 刘军宁：《共和·民主·宪政》，三联书店 1998 年版，第 111 页。

化，还要求对国家权力进行制约，这恰好成为获得和保护个人自由和权利的重要手段之一，在这个意义上宪政与民主是相互支持的；但是在民主已经确立的制度背景下，个人自由和权利受到多数暴政的威胁，宪政便把矛头指向了多数决定规则，出现了基于民主制度批判的立宪改革。因此可以说，如果民主主义是指政治事务中的基本权力在于人民，并且法律的力量在于它承认和保护个人的尊严和权利，那么宪政政体和民主政体在价值论的含义上是一致的。但是纯粹的民主主义者将合法性惟一地归属于某个范围的多数人，这与宪政主义是对立的。

但是，宪政主义对民主的批评并不是拒绝民主，而是拯救民主，这体现在许多理论家的政治主张中。公共选择理论的代表人物布坎南认为，美国等西方发达国家现行的民主政治不能有效地遏制政治家和官员扩张政府行为的范围和规模的自然倾向，要通过改革宪法制度来有效约束政府的权力和政府活动的无效率扩张。他主张一种宪法民主，即“只有在个人自由本身具有价值，同时在有效的政治平等(这是民主发挥作用的原则)得到保证的前提下，‘民主’才能具有评价的重大意义，而只有宪法的条文规定能约束或限制集体政治行动的规模和程度，政治平等才能得到保证”①。哈耶克则认为知识是由分散的个人掌握的，只有市场系统能够很好地利用分散的知识，任何规模集中知识的企图必然失败。纯粹的民主政府也不例外。他从这种解释中提出了立宪的制度改革。而罗尔斯从他的正义原则出发，认为即使是由选举产生的政权也很容易成为非正义的。普选制并不是一个有效的对策，因为当党派和选举的财政并不是来自于公共基金而是来自于私人捐赠时，政治讲坛便受到了利益集团意志的限制，对于建立公正的宪法规则所必要的基本措施就很少被认真提出了。因此，为实现真正

① 布坎南：《自由、市场和国家》，北京经济学院出版社 1989 年版，第 252～253 页。

的社会公平，宪法必须确保一种使得公民平等参与和影响政治过程的机会，显然这不是光靠民主就能实现的。

概而言之，宪政试图通过限制政治权力来减少和防范其侵犯个人尊严与自由权利的风险，民主则试图通过直接或者间接地促进政治程序中的公众参与来限制这种风险。两者的区别不在于对人类的尊严、价值和自治的重要性的看法，而在于如何最好地表达和保护这些基本价值。宪政对多数决定规则（民主）进行的限制，也是为了防止民主侵害个人自由，这并不是反对民主，而是在强化民主、保护民主，为了不使民主政体在追求更大的平等这一目标时损害平等的手段（自由），民主的运行必须以个人自由得到基本保障为前提条件。因此，要使宪政与民主共存，关键的问题是要在宪政与民主之间保持一定的张力和不断的平衡。

宪政与民主、共和的结合弥补了民主与共和的根本缺陷，为民主与共和提供了法律上和制度上的实现手段。相应地，不涵括民主价值和共和精神的宪政也称不上现代意义上的宪政。共和、民主、宪政三位一体的混合政体才是适应现代市场秩序的政治架构，三者在现代政体中是同等重要的。[①]

从政府权威和权力与公民权利和自由之间的紧张关系，以及宪政、民主、共和三者关系的讨论中，人们对宪政的理解已经从限制权力的涵义转向了通过限制权力来谋求社会福利，实现个人权利和自由的涵义，“当下，宪政事实上已成为保护个人权利的同义语”[②]，而“个人权利从任何宪法价值的角度上看都是特别重要的”[③]。这种道德观点和价值要素构成了宪政的重要部分，使其蕴

---

① 参看刘军宁：《共和·民主·宪政》，三联书店 1998 年版；郭道晖：《民主的限度及其与共和、宪政的矛盾统一》，载《法学》2002 年第 2 期。

② 路易斯·亨金：《宪政·民主·对外事务》，第 136 页。

③ 路易斯·亨金、阿尔伯特·J·罗森塔尔编：《宪政与权利》，三联书店 1996 年版，第 528 页。

涵了政治秩序合法性的来源,当然这一层涵义也是基于宪法是限定政治权力的公共规则的理解之上的。因此对宪政可以理解为:以实现一系列民主原则与民主制度为主要内容,以共和精神贯彻始终的,以厉行法治为基本特征,以实现人权为目的的一种政治制度。

正是因为宪政必须具备道德哲学和政治科学的双重精神,所以仅有一部宪法并不意味着宪政制度的确立。这在中国历史上有过诸多的经验教训。自晚清至今,中国已有多部宪法,但始终没有使中国真正走上宪政之路。1898 年康梁变法之后,清政府被迫实施西方现代政治制度,于 1908 年颁布了《钦定宪法大纲》。辛亥志士吸取维新六君子之教训,决心推翻帝制,孙中山创立三民主义五权宪法,并以辛亥革命南北议和所产生的《临时约法》重建政局。但帝制虽废,皇权与臣民心理未去,袁世凯称帝,张勋复辟,曹锟贿选,宪政陷入困境。1936 年,中国再次立宪,但又遇日本入侵的外患,宪政被中断。八年抗战之后,仍内忧频频,1946 年《中华民国宪法》并不具全民共识之基础。新中国成立以来,为适应局势之变,30 多年间四易宪法,自 1982 年以来也已三次修宪,中国宪法始终处于变动之中。

为何历史上几次行宪都未能达到理想的胜境?可能的原因涉及到宪政建设的文化条件、政治与宗教的关系、公民社会的建构、文化、政治、经济三层结构的整合、革命与改良的关系等问题。错综复杂的原因导致中国的宪政往往是自上而下进行,政治家也总是以工具主义的态度看待宪政,将其视为改变落后的工具,而不是实现政治正义、保障公民个人权利和自由的途径。

随着社会经济的进一步发展,市场经济对国家权力提出新的变革要求,公民的权利和自由需要进一步保护,多元化利益格局的形成需要一套能协调不同利益群体的政治机制,如何构建宪政政体成为中国转型期必须解决的问题。党的十六大以来,与宪法和宪政相关的举动开始频频进入人们的视野。特别是 2002 年 12 月底，新任中共中央总书记胡锦涛发表关于宪法的重要讲话，认为宪法“具有最大的权威性和最高的法律效力。全国各族人民、一切国家机关和武装力量、各政党和各社会团体、各企业事业组织，都必须以宪法为根本的活动准则，并负有维护宪法尊严、保证宪法实施的职责”。胡锦涛总书记还率全体政治局成员集体学习宪法。宪政建设遂成为人们关注的焦点。

实际上，1982 年中华人民共和国宪法已经确立了中国宪政制度的框架。宪法规定，中华人民共和国是工人阶级领导的、以工农联盟为基础的人民民主专政的社会主义国家。人民代表大会是我国的根本政治制度。全国人民代表大会是中国最高国家权力机关，国务院即中央人民政府是最高国家权力机关的执行机关，是最高国家行政机关。地方各级人民代表大会是地方国家权力机关，地方各级人民代表大会常委会是其常设机关，地方各级人民政府则是地方国家权力机关的执行机关，是地方各级国家行政机关。宪法还规定，中华人民共和国的国家机构实行民主集中制的原则。全国人民代表大会和地方各级人民代表大会都由民主选举产生，对人民负责，受人民监督。国家行政机关、审判机关、检察机关都由人民代表大会产生，对它负责，受它监督。中央和地方的国家机构职权的划分，遵循在中央的统一领导下，充分发挥地方的主动性、积极性的原则。宪法中也规定了公民的基本权利和义务。

20 多年来，上述宪政制度在制度化水平上有了很大提高。例如，逐步建立并完善基层直接选举制度和县级以上间接选举制度；人民代表大会制度在政治生活中的地位得到进一步确立和加强，各级人民代表大会及其常委会在政治生活中发挥着越来越重要的作用；完善了中国共产党领导的多党合作制度和政治协商制度。但是毋庸讳言，在这样的政治体制设计中，仍然存在着权力的软约束、体制性腐败、权大于法、缺乏公民权利的保障体制、民主化程度低等弊病。而市场经济的进一步发展,加入世界贸易组织,公民权利意识的觉醒以及这次高层领导人带头学习宪法,了解宪法精神,则为中国克服这些弊病,进行宪政建设提供了很好的机会。那么,宪政政体在中国如何可能?

萨托利在《"宪政"疏议》中指出,真正的宪法必须包含保障性条件,而宪政的可能性取决于宪法在政治体制中的实际角色[①]。联系到中国实际,宪政的实行必然受到宪政传统缺乏、当前的国家权力仍然过于强大、市民社会相对弱小、党政关系边界仍然不够清晰等外部条件的影响。但是从发展趋势来看,执政党的活动逐渐被限制在宪法和法律的范围之中,国家与社会之间的关系也在不断地得到规范,宪法在政治生活中的地位和作用越来越重要,这都为宪政的实行提供着越来越充分的可能性。而要实现党政关系、国家与社会关系的进一步分离,使宪政制度得到进一步确立,创设宪政的具体制度是当务之急:宪政的关键是要限制政府权力,这就必须为公共权力的设立、获取、行使和接受监督制定一整套规范,把国家治理纳入制度框架;公民权利不仅要在宪法条文上体现,而且更要通过规则的实施来落实、保障。之所以必须重视宪政体制的制度设计,是因为宪政的实质在于通过规则的严格实施来实现权利、自由、平等、正义的价值,而不是将这些价值观念直接运用到政治生活中。这一点对于当代中国来说尤为重要,因为人们若是热衷于从权利的角度谈论宪政改革,将制度的设计首先看作是公民的政治权利的抽象,而不是实现民主价值的合理形式,导致的最直接后果很可能是过度立法,进而是制度缺乏可实施性和低效率。因此,宪政政体的建立"一方面要充分认识到规则功利主义在解决政治和社会问题广泛的应用潜力,并尽可能地加以利用。另一方

① 萨托利:《"宪政"疏议》,载刘军宁等编《市场逻辑与国家观念》(公共论丛),三联书店 1995 年版,第 100~120 页。

面，正义的概念并不消失于规则功利主义的‘长远利益’当中”[①]。总的来说，宪政体制的构建应更倾向于设计或建立合理的政治体制运行的规则，道德观念和正义原则仍然需要，但并不能构成宪政的全部。

总之，中国要走向宪政之路，当前最重要的是进行制度建设，以限制政府行为。而政府通过改革自身组织体制来实现政治正义以及旨在对宪法实施和政府机构进监督的司法制度改革将是两个突破口，也是为现行体制所能容纳的制度改革。

三、宪政框架中的官僚制

宪政政体要成为可能，需要在最初步的道德共识的基础上通过权力安排最大限度地化解利益冲突，但无论是哪一种权力分割，总统制或议会制，都需要一个执行公共政策的理性体系或组织结构，来使政府能够按照某种一致性和理性原则运作，使宪法精神得以体现。这种理性体系和组织结构被人们称作为“官僚制”或“科层制”(bureaucracy)。

在现代政治学家看来，官僚制包括国家的行政机构以及其中的非民选官员或者文官，主要有三种理论模型：韦伯式的官僚制是一个理性的行政机构模型，这也是现代社会组织的特征；保守的权力集合体模型(conservative power-bloc model)，强调官僚制体现的是多数阶级的利益；负担过重的官僚制模型(bureaucratic oversupply model)，认为官员的自利行为总会导致政府扩大的趋势。其中影响最为深远的是韦伯的官僚制模型。

马克斯·韦伯根据理性/法律权威的思想，确定了现代官僚制

---

① 刘海波：《政治科学与宪政政体》，载《宪政主义与现代国家》，三联书店 2003 年版，第 141 页。

的六项原则:(1)固定和法定的管辖范围的原则;(2)公职等级制和权力等级化的原则;(3)现代公职管理建立在保存书面文件的基础上。(4)公职管理,至少是所有专门的公职管理,通常以全面而专门的训练为先决条件;(5)当公职发展到完善程度时,官方活动要求官员完全发挥工作能力;(6)公职管理遵循一般性的规定,它们或多或少是稳定的、全面的,而且是可以学习的。韦伯认为以官僚制组织模型建构的政府就像一台高速、精确运行的机器。因而,相对于传统的行政方式,它体现着技术上的优势。对此,马克斯·韦伯这样描述道:"在精确性、速度、明确性、文件记录的知识、慎重性、运作一致性、从属体系以及减少摩擦等方面,官僚制都胜过荣誉性和非专业化的行政制度。"①

威尔逊在韦伯所描述的政府组织体制之上,提出了政府的运行方式问题,他认为首先要了解政府能够适当地和成功地进行什么工作,其次是解决政府怎样才能尽可能以高效率和低成本来完成这些工作。对这个问题的回答是由古德诺作出的,他对政治和行政作了区分,认为政治是国家意志的表现,行政是国家意志的执行。② 为了保证民主体制能在民选官员的管理下运行,必须要使行政官员在民选官员的控制之下,行政官员不能创制政策,只能遵循由民选官员所制定的政策指导。

韦伯—威尔逊的官僚制政府是以政治—行政二分为理论基础的,它要求各个部门保持政治中立,这就有效地防止了"政党分肥制"等弊端,同时保证了政治清明和行政效率。这种官僚制还被认为是一个有效的技术工具,因为在官僚制政府中层次结构分明、规章制度严格、职权职责明确、各级官员称职,而且只考虑政府活动

① H.H. Gerth & C. Wright Mills, From Max Weber: Essays in Sociology, London: Routledge and Kegan Paul, 1970, p.214.

② F·J·古德诺:《政治与行政》,华夏出版社 1987 年版,第 5~12 页。

的效率和技术可能性。这种具有准确性、稳定性、纪律性和可靠性的官僚制体制完全可以正式地应用于各种行政管理任务。在韦伯看来，这种官僚制体制正是资本主义理性化精神特征在政治生活中的表现。

但是，进入20世纪80年代以来，随着信息技术和知识的迅速发展，经济全球化的不断深入，社会生活需求的日益多样化，传统的与工业社会相匹配的官僚制组织显现出迟缓、僵化、腐败的弊端，它既缺少决策的时宜性，无法对社会的动态化作出灵活的快速反应，也不能在提供社会服务方面实现资源的优化配置。

针对这些问题，欧文·休斯提出了变革意见，主张以富有弹性的、以市场为基础的公共管理范式来替代僵死的、等级制的传统官僚制组织形式。而布劳和梅耶认为这些变革意见修正了韦伯提出的官僚制模式，但韦伯的官僚制模式并未被人们所抛弃，"在许多组织中，韦伯的科层模型还会发挥作用，特别是当组织追寻复杂目标并需要行为紧密协调时"①。与新的组织原则相比，官僚制也许有一些劣势，但这些新组织原则的运用仍然仅限于商业机构，而且即使在商业机构中，这些原则的优越性也没有被充分地证实；官僚制原则不能提高效率的地方，其替代的管理原则也未必就能证明是有效率的；官僚制的组织原则能有效地服务于多种有时甚至是相互冲突的目标。② 韦伯模式中的非人格化、一致性等重要特点将继续存在下去。

事实上，讨论官僚制时应该区分其政治、理念层面和技术层面，前者是外向的，是由官僚制与外界环境的关系确定的，涉及到公共管理体系的定位，而后者是内向的，很大程度上受前者的影

---

① 彼得·布劳、马歇尔·梅耶：《现代社会中的科层制》，学林出版社2001年版，第181页。

② 参看同上书，第185~186页。

响。对官僚制的批判也主要从这两个层面展开。

首先,官僚制遭到了来自政治、理念层面的批判。实际上,韦伯在论述了官僚制的优势之后,也意识到了其对民主可能存在的威胁。韦伯指出:“正常情况下,在一个充分发展的科层制度中,掌权的职位总是处在权力金字塔的顶点。面对那些受过专门训练并从事经营和管理的官员们,‘政治领袖’发现自己处于一个‘外行’的地位而与‘内行’相对立。”[①]正是由于这种原因,使得议会和政治家失去对官僚制政府及公职人员的控制,官僚制政府逐渐成为一支独立的力量而对社会利益的实现施加影响,而官僚制政府的行政却又往往会偏离议会政策的目标,从而损害了民主体制及其价值。

针对这一缺陷,有的论者提出改革官僚制的途径。奥斯本和盖布勒曾提出改革官僚制的“企业型政府”的十条原则:鼓励提供服务者之间的竞争;授权给公民,将控制权从官僚制组织转移到社区;重视结果而不是途径;它们以目标而不是以规则为导向;把服务对象界定为顾客;预防问题而不仅仅是事后补救;致力于赚钱而不仅仅是花钱;引入参与管理,宁可采取市场机制而不是官僚制;不仅重视提供公共服务而且激励所有的部门——公共的、私人的、志愿的——为解决其社区问题付诸行动等。[②] 在奥斯本与另一位合作者的进一步研究成果中,他们提出政府再造的五项战略:(1)核心战略——目标、方向、角色明确;(2)后果战略——有序竞争,企业化管理,绩效管理;(3)顾客选择,竞争性选择,顾客质量保证;(4)控制战略——组织控权,雇员授权,社区授权;(5)文化战略:破

① H.H. Gerth & C. Wright Mills, From Max Weber: Essays in Sociology, p.232.

② 戴维·奥斯本、特德·盖布勒:《改革政府:企业精神如何改革着公营部门》,上海译文出版社1996年版。

除习惯,撼动心灵,赢得心智。[①] 从以上这些原则和战略中可以看出,改革官僚制主要是指对官僚制的外在政治和理念层面的变革。它们主要涉及政府与市场、企业、社会的关系(政府的角色定位)问题;行政方式与市场方式、商谈方式的运用问题;行政责任(公民与公共管理者之间的关系)问题等等。其中像"文化战略"是以前面几项战略为基础的,很难单独起作用。有论者认为,官僚制在纯粹功能主义和技术主义的工具理性追求中,忽视了价值意义,因而必须实行"对官僚制缺陷的人文救治"[②]。事实上,这最终也要通过政治层面问题的解决才能实现。如果这种改革是可行的话,那么对官僚制的超越也主要是政治层面上的;它并没有完全否定官僚制本身。

但是这种以市场化原则和私营企业管理方法与理念为指导的改革能否在政治层面上弥补官僚制的缺陷仍然是值得怀疑的。例如,将政府视为公共部门之内的一家公司,鼓励它对待公民就像对待消费者一样,把公务员与政策制定相分离,这些做法就可能对民主治理构成威胁。因为这种引入市场模式的管理简化了社会和经济事务,使政府只关注于效率,而忽略了社会正义和社会公平等深层次问题,并导致以效率的名义所产生的表面收益将实质性问题掩盖起来。由此可见,针对官僚制政治、理念层面进行改造的新公共管理运动在为公共管理体系进行重新定位的同时,也遇到了困难。这种困难通过"在国家和市场的关系的背景下将人民视为顾客,和在国家和社会的关系的背景下将人民视为公民"这两种概念之间的冲突表现出来。[③]

---

① 戴维·奥斯本、彼得·普拉斯特里:《摒弃官僚制:政府再造的五项战略》,中国人民大学出版社 2002 年版,第 24 ~ 50 页。

② 张康之:《"官僚制"的文化省察》,载《东疆学刊》2002 年第 3 期。

③ Martin Minogue. Changing the state: concepts and practice in the reform of the public sector. Beyond The New Public Management, Edward Elgar Publishing Limited, 2000, p.17.

造成官僚制政治理念缺失的原因一部分来自内部结构设置和制度设计等技术问题,因此也有论者在内向的技术层面对官僚制加以批判,这主要表现在官僚与政治家的关系上。韦伯提出官僚制模式是基于政治与行政的二分基础上的,理论上讲,这种“二分”在技术层面上是必需的,也将是高效的。但实际上,背离二分原则的官僚自主性现象伴随着官僚制政府的产生而产生。通过考察西方国家正式建立文官制度的一百多年历史[①],可以发现,政府运转的中心并没有如想象中的那样偏向于民选政治家那边,而是在相当程度上旁落在官僚机构这一侧,“官僚国家”的名称正反映了这种情况。

公共选择学派的官员理论就是站在这一角度对官僚制内部制度设计进行批判的。其代表人物尼斯卡宁(William. A. Niskanen)在《官员与代议制政府》一书中对官僚自主性的成因及其影响进行了全面论述。尼斯卡宁把官员定义为“官员机构”而不是单个的政府官员,其特征是:非营利性,资金主要来自一次性拨款,而不是来自提供的服务;官员机构中的主管和雇员不会将预算剩余私分。[②]尼斯卡宁认为官员追求的目标是在任期内获得最大化预算,他的效用函数包括薪金、职务津贴、公共声誉、权力等等。[③]这是导致官僚自主性的主观原因。在尼斯卡宁模型中,官员和政府之间的双边垄断关系是导致官僚自主性的客观原因。如果将官僚机构的产出视为政府提供的公共物品,它是公共物品的惟一提供者,政治家代表了公民对公共物品的需求,是公共物品的惟一购买者,官僚机构和政治家各自垄断了公共物品的生产和消费,形成双边垄断结

① 英国1854年颁布《关于建立英国常任文官制度的报告》,美国1884年通过公务员法。

② See William. A. Niskanen, Jr., Bureaucracy and Representative Government, Chicago: Aldine-Atherton, Inc., 1971, p.15.

③ Ibid. p.38.

构，但由于两者所掌握的有关公共物品生产的信息是不对称的，造成官僚机构在这种结构中占决策优势。

公共选择学派又用国会控制理论来分析政治家和官僚之间的关系。这种理论把国会看作委托人，官僚机构是国会的代理人，在国会与官僚机构之间的委托—代理关系中存在大量的逆向选择和道德冒险的问题。与尼斯卡宁的结论不同的是，他们认为这些问题可以通过适当措施来解决。谢斯尔（Kenneth A. Shepsle）和温加斯特（Barry R. Weingast）等人在结构诱致均衡理论中指出，国会委员会通过议程控制可以减少不稳定性，获得可预见的、稳定的结果，因为国会委员会制度是一种议程控制形式。柯卫特（D. Roderick Kiewiet）和麦库宾斯（Mathew D. McCubbins）也提出了克服代理问题的四种措施：甄别和遴选代理人；契约设计；监管和告发；制度制约。[①]

存在于官僚制内部的双边垄断和代理松弛等问题是造成政治失控、政府效率低下的根本原因，要解决这些问题也要从内部的制度设计着手。例如，打破政治家和官僚机构之间的双边垄断结构，可以设立相同的机构提供同种公共物品；强化对官僚机构的监督机制，包括立法机构的直接监督，从不同的渠道购买和获取信息，以减少官僚机构供给的配置不当和无效率；因为监督和控制是需要成本的，因此可以引入一套评议程序，对官僚机构工作的成本—收益进行分析，使其边际价值等于其边际成本等。

从对官僚制政治、理念层面和技术层面的批判中可以得出这样的结论：这两个层面上的批判都是建立在承认官僚制的历史合理性以及官僚制所内涵的理性限度的基础上的，而且都没有诉诸于道德上的规范来改革官僚制，它们试图通过制度优化，如激励方

---

① 参看方福前：《公共选择理论——政治的经济学》，中国人民大学出版社 2000 年版，第 162～167 页。

式、责任机制、权力结构、控制手段等的优化来提高组织效率，创新能力，进而实现民主价值。如果这种对官僚制的改革成为可能，其结果仍然是官僚制。不管是引入私营部门的管理方式，还是在官僚制内部加强控制，都未能取代官僚制作为现代行政管理基本组织形态的地位。

官僚制在中国的境遇是双重的。一种观点认为我国尚处于工业化阶段，还没有建立起完善的官僚制行政模式，因此首先应当依据韦伯一威尔逊范式建立与社会化发展相适应的官僚制；另一种观点则侧重于借鉴发达市场经济国家在公共管理和政府改革方面取得的成功经验，以新公共管理运动理论为指导，推动我国政府体制创新，重塑政府与市场、政府与社会的关系。这两种看似相对的观点其实有着内在的统一性，即无论是发展官僚制行政，还是再造公共组织，都是以官僚制组织形态为根本的一种改进，所不同的是改进的路径：一是构建官僚制的工具理性，一是保全为这种工具理性所排斥的价值多元性，这两种路径是相互依赖的。

中国是一个还未建立起完善市场经济体制的国家，官僚体制的构建亦未完成。中国社会中的组织形式和组织文化还表现出诸多“非官僚制”特征：“家长制”的影响；组织活动中的人格化倾向；组织活动的非理性和缺乏效率；对组织与领导行为缺乏有效的监督；公私不分明，公共职位的占有和依此实施的行政权威成为某些腐败分子谋取个人或团体利益的工具等。① 而对“非官僚制”的批判往往被人们误认为是对官僚制的批判，进而反对确立理性的官僚体制。但这恰恰证明了依据官僚制基本原则对我国的政府机构进行再造的必要性。从组织功能上来说，我们要明确机构的职能和权限，确定各个职位的权利与义务，使之成为一个功能明确、结

① 魏娜：《官僚制的精神与转型时期我国组织模式的塑造》，载《中国人民大学学报》2002 年第 1 期。

构合理的有效机构。从组织运行方式上来看,我们要明确组织的各项规章制度,并使公职人员按照规章制度运作,克服传统行政过程中的随意性。从组织人员的配备上来看,我们要使公职人员职业化,并对他们进行与其岗位对应的技术培训,从而发挥他们的技术优势,以提供公共服务质量。在组织内部的激励制度上,我们要确立规范化的奖惩制度,从而最大限度地调动公职人员的工作热情。可以说,建立起符合市场经济体制要求的政府体制,确实需要一个以韦伯—威尔逊范式为指导的"立官僚制"过程。

另一方面,我们的行政体制改革在解决我国传统行政体制弊端,适应社会主义市场经济发展要求的同时,必须回应全球化的挑战。在以韦伯—威尔逊范式为指导发展官僚制的过程中,我们必须借鉴西方新公共管理运动的理论和实践成果,建立符合当今时代特点的政府模式。例如,可以引入竞争机制,用市场力量改造政府,提高政府工作效率;增强政府公务员的"管理"和"服务"意识,重塑政府与市场关系;打破政企不分、权力过分集中的传统政府管理体制;转变政府是公共产品惟一提供者的角色,让其他公共机构、中介组织、社会社团和企业参与提供公共产品,处理好政府与社会的关系。虽然在公共部门中引入管理主义方式的合理性和有效性还有待于进一步论证,但这种市场化导向的改革从形式上说已构成了一个"去官僚制"的过程。

"立官僚制"与"去官僚制"的双向变革为我国的行政体制改革提供了一个有益的思路。就这一改革思路的实施而言,所谓"立官僚制"是指依据韦伯—威尔逊范式对我国的政府组织机构进行再造。因而"立官僚制"是一个以政府组织结构为变革对象的、比较技术化的问题。这一改革的实施主要依靠政府自身。所谓"去官僚制"是指通过引入市场机制、转移政府权力、转变政府职能,来改变传统官僚制政府的行政方式。较之于"立官僚制"的范围,"去官僚制"改革将从政府的组织结构层面拓展到行政方式层面。这种转变意味着“去官僚制”改革将不单单涉及到政府一方，而是包括政府、市场、社会等诸多方面，完善的市场经济与发达的公民社会将是政府“去官僚制”改革成功的基础。因此，我国的行政体制改革不能将目光仅仅停留于组织结构或行政层面，而应扩展到政治、社会、经济领域，并且改革本身也应被置于宪政框架中加以考虑。只有政府、市场、社会三者的协调配合，才能成功地实现我国行政体制改革的目标。

四、宪政框架中的司法制度

宪政政体要成为可能，不仅需要有效率且有助于民主价值实现的官僚制机构，还需要维持宪政秩序的保障机制和监督机制，需要一种拥有解决法律冲突权力的政府机构，从而使社会正义以及基本人权的理念能在现实的制度安排中得以落实。因此，健全的司法制度必须被纳入到宪政框架中。作为一种基本制度，它的目的在于以秩序、公正、人权为价值尺度，为安排和限定政治—行政的运作提供规范性框架。

无论东方还是西方，在奴隶制社会中，司法权和行政权是不分的，它们都集中于最高统治者手中。随着社会的发展，国家机器变得越来越专业化，彼此间的差异也越来越大，司法权和行政权逐渐分离。在公元前三世纪后，雅典和古罗马共和国产生了具有独立管辖审判的法庭，但那时的司法制度仅限于审判制度。随着18世纪启蒙思想家们“三权分立”学说的提出和资产阶级国家的诞生，现代意义上的司法概念得以产生，与立法、行政相分离的独立的司法制度也逐步建立和完善起来。

由于受到所属法系的历史影响，以及国家政治制度的限制，各国司法制度的内容、司法机构以及司法程序存在着很大差异。比如，大陆法系强调法律的逻辑性、合理性和成文法的地位和作用，因此大陆法系国家的法律结构一般比较单一，法律都是立法机关通过的制订法，没有判例法（法国行政法院除外），而且民法、商法、刑法都以系统的法典形式出现。法官在审理案件过程中只能依据和服从法律，不得依据判例，而且法官只能司法，不能充当立法者，不能任意解释法律、创造法律。英美法系的法律结构就比较杂乱，没有一套规范性法典，主要由判例法和制订法组成。法官的判决不仅解决具体诉讼，而且还起着宣示法律原则、解释制定法律的作用，也就是说，法官不仅司法，而且立法。在实施判例法时，依照“遵循先例”原则。

尽管如此，不同法系之间仍然存在着基本观念上的共同之处。所有法系都形成了将专职司法人员和法官的角色、其他私人及公共角色区分开来的体制，司法独立原则被各国的宪法普遍确认。人们普遍认为，司法权的运用是通过审理和裁决来进行的，只有司法独立，才能确保法院的公正，才能保障公民的权利和自由。

司法独立，是指司法机关独立行使司法权，只服从宪法和法律，并能够排除在适用法律过程中所受到的一切外来干预，其主要目的在于限制行政权的干预。从司法制度演变历史看，司法独立最初只是一项政治思想原则，源于孟德斯鸠的三权分立说。孟德斯鸠在《论法的精神》中提出：“如果司法权不同立法权和行政权分立，自由也就不存在了。如果司法权和立法权合而为一，则将对公民的生命和自由施行专断的权力，因为法官就是立法者。如果司法权同行政权合而为一，法官便将握有压迫者的力量。如果同一个人或是由重要人物、贵族或平民组成的同一个机关行使这三种权力，即制定法律权、执行公共决议权和裁判私人犯罪或争讼权，则一切便都完了。”[①] 美国宪法之父汉密尔顿认为，在立法、行政、司法三权分立制约而达成的权力平衡中，司法权至关重要。在他

① 孟德斯鸠：《论法的精神》上册，第156页。

看来，与立法权、行政权相比，司法权对社会危害性最小，可以有力地制约行政权和立法权，但是“司法部门既无君权，又无财权”，“既无意志，又无强制”，是三权中最弱的一个，因此要实现权力制衡，必须要让司法权独立。[①] 由此可见，司法独立最初主要是指司法权的独立。

随着资产阶级革命的胜利，资本主义制度在西方国家确立，司法独立的原则被许多国家的宪法确认为一项重要原则。英国在1688年“光荣革命”后通过的《权利法案》中规定行政权不得干预司法权。美国宪法规定，司法权属于最高法院及国会规定和设立的下级法院。日本宪法也规定，所有法官独立行使职权，只受宪法及法律的约束。此后，司法独立又被发展成为司法审判活动的准则，其中心内容是保证法院和法官依法独立审判。

因此，在今天，司法独立原则主要包括以下三项内容：一是司法权独立，即司法权由法院独立行使，不受立法机关、行政机关及个人的干涉，司法机关有其独立的组织系统，与其他组织系统相分离。这里的司法权主要指司法审判权，不包括司法行政权。司法权与立法权、行政权在相抗衡的同时又相互制约。二是审判独立，即法官独立审判案件，不受任何干涉。一个法院的审判活动，不受另外法院的干涉，上级法院不得干预下级法院的具体审判活动，对下级法院的判决，上级法院只能依据上诉程序进行变更。三是法官独立，即法律对法官的地位特设保障条款，这是西方司法独立的核心。在西方国家，法官一经法定程序任命，在任期届满前，不得被免职、撤职或令其提前退休，而且法官在审判活动中的言行不受法律追究。这基本上保证了法官在审理案件时能够公正地进行审判活动。

司法独立虽然要求司法机关独立于立法机关和行政机关，但

① 汉密尔顿等：《联邦党人文集》，商务印书馆1980年版，第391页。

是这种独立也不是绝对的。实际上，法院不仅在很大程度上必须依靠行政机关来实现法官的意愿，而且很多方面也受到立法机关的限制。例如，在美国，国会可以在某些限制下规定法官的人数，确定他们的薪俸，并设置低级法院。[①] 此外，司法独立也并不意味着司法机关不受任何约束，相反，司法机关仍然需要在宪法和法律的范围内行使权力，在遵守国际法、国际条约的前提下进行活动，以防止司法专断。著名法理学家波斯纳在谈到司法独立时指出，如果独立性仅仅意味着法官按照他们的意愿来决定案件而不受其他官员的压力，这样一个独立的司法机构显然不会以公众利益为重，人民也许仅仅换了一套暴政而已。德国纳粹政权以“法律的形式”破坏了“法治实质”的历史事实便是一个例证。因此，在追求司法独立的同时，还需强化对司法的必要监督。

司法监督，可分为系统内部监督和系统外部监督。系统内部监督是指司法系统内部法律关系主体之间的相互监督，系统外部监督是指来自司法系统之外对司法的监督，又称为社会监督。无论是来自司法系统内部还是系统外部的监督，其目的都是为了依法约束司法权，防止司法的懈怠和滥用，但它与司法独立有着共同的价值，即实现司法正义，并且监督只是意味着司法责任的存在，监督行为也要符合合法性原则，所以司法独立是一种受到监督的相对独立，而对司法的监督也不能破坏司法独立，两者之间应该建立起一种平衡机制。

上述对司法独立原则和司法监督原则的分析都已不局限于司法的法学属性，而是旨在通过法律推理，以及对权力的制约来实现社会正义，这体现了司法的政治学属性。司法理性和司法公正构成了西方国家的司法理念，司法不仅仅是旨在形成与立法、行政相制衡的制度安排，更重要的是通过这种制度安排来实现公正、法治

① 查尔斯·比尔德：《美国政府与政治》上册，商务印书馆1987年版，第16页。

的最终目标。

这种主要源于西方法律传统的司法制度对于中国司法理论与实践具有怎样的启示意义，是我们接下来要讨论的问题。如果说在西方自由民主国家中，最高法院所遭到的最大不满在于它看起来并不听从于公众的看法，而过多地强调了司法过程中的技术推理，那么在我国，司法实践所遇到的最大问题在于法律推理的太过薄弱以及司法权威缺乏。

造成这一差异的原因可能首先来自法律传统的不同。在西方，从12世纪罗马法复兴到18世纪资产阶级法治的建立，法律在西方主要是作为一个独立的制度，以其独特的法律思维、法律知识、法律技术、法律共同体、法律机构等法治要素，对政治权力形成某种制约。从19世纪开始，法律才成为解决各种社会问题的治理工具，比如人口问题、犯罪问题、贫困问题等。可以说，西方法律的发展是从对法律控制和权利的关注转向功能和效率的，这也导致西方法律传统的危机在于社会、经济和政治的重大转变对法律制度、理论施加的压力。

对照西方的法律传统，中国的法律发展可以说是一个"逆向"的过程。中国在向现代国家转型中面临的迫切问题首先是现代化推动的社会治理问题，比如国家政权建设、农村的土地改革、婚姻家庭问题等等。法律由于缺乏强大的传统，也没有成熟的法治构成要素，就简单地变成了社会治理的工具，成为把社会和经济利益转化为决策和行动的机械传送带。这种实用主义法律观念在新世纪必然无法建设性地回应来自民主化浪潮和政府职能膨胀的挑战。因此，建设中国司法制度，关键是树立起一种法律的"信念"，将法律思想视为自成一体。因为良好的法治不可能仅依靠政治变革或者意识形态建立起来，而是需要专业化的法律、法律共同体和良好的职业群体，并且需要将司法机构的权威建立在一种理性的司法独立原则和司法监督原则的基础之上。

当前推动中国司法改革的动力,其一,来自社会转型期人们对司法权威的需求。由于人们总是习惯于将司法视为救治社会冲突的最终、最彻底的方式,因此对因法官权力的滥用造成审判结果不公的现象表示极大不满,人们也更多地希望通过监督来实现司法公正。其二,法律界内部多从法律职业化和司法独立的角度考虑,希望通过司法独立,塑造法律自治精神来达到社会公正。以上两类改革动力之间存在着一种对立与紧张关系,它使我国的司法改革面临重重困难,即社会对司法的不满以及司法监督的强化可能对司法独立的形成造成威胁。

要克服这样的困难,不仅涉及法院或司法机构的改革、司法阶层的培养,还涉及到国家治理模式的调整,因此司法改革必须在宪政框架中进行。这包括落实司法机关的宪政地位,建立司法独立的配套制度以及在国情和实践需要的基础上推行合宪性审查等。

首先,司法改革要落实司法机关的宪法地位。这涉及到司法机关与权力机关、执政党、行政机关的关系和权力配置。虽然我国宪法明确规定了法院的独立性,然而,百年来中国所面临的国际环境与所追求的内政目标难以使包容司法独立的宪政制度付诸实施,这是造成司法功能不到位的主要原因之一。正如福柯在评论法国司法现状时曾指出:“司法的瘫痪状态与其说是司法被削弱的结果,不如说是由于权力分布杂乱无章,权力集中于若干点上,造成了冲突和断裂。”[①] 因此要树立司法权威就要对行政和司法之间的关系进行调整,要将政治问题转化为法律问题。在理论上,我国现行的宪政体制中,司法与行政的地位是平等的,“一府两院”只是职能的不同。按照现代法治国家政治体制设计的原理,司法机关(指法院)是以国家的名义,依据法律进行居中裁判活动的机关,它是有权对行政机关是否依法行政、公民和法人是否违反法律的

① 米歇尔·福柯:《规训与惩罚》,三联书店 1999 年版,第 88~99 页。

个案作出最高的、最后裁判的机关，其作用是向全社会宣示公平和正义。因此，司法机关应该独立于行政机关，在当事人双方或控辩双方之间保持中立。但实际上却并非如此，司法机关在很大程度上存在对行政机关的种种现实依附关系。司法行政化的现状，实际上是把司法与行政执法类同看待，司法机关中的“官本位”行政取向和资源供给依赖于行政机关，造成了司法区和行政区重叠。要改变这种宪法的书面规定与制度的实际运作之间的反差，必须强化两条原则：使法院有权通过司法程序审查行政行为的合法性；使司法独立，不依赖于法律以外的权威。

其次，建立司法独立的配套制度，即确定司法能力形成的相关条件以及社会对司法的支持和限度。这种相关的配套制度设计，归纳起来主要有两类：一是改变现行司法区与行政区重叠的制度，重新设置法院体系和安排司法区；二是改变司法机关人事和财政由同级政府支配和管理的体制，变横向的资源供给关系为纵向的供给关系。[①] 目前，这两类制度建设已经取得很大进步，但仍然需要加以强调。相比较而言，第二类制度更为根本，因为如果财政与法官选任方面法院不能独立，法院就不能在司法决策上拥有独立的意志。而如果司法受地方控制，当案件涉及不同地方的当事人时，一般情况下只能由其中一方当事人住所地的法院受理，从而使得该地方法院极可能作出偏向本地当事人的判决，这不能不加剧民众对司法制度的不满。所以司法独立不仅是审判独立，还包含一系列关于法官任命方法、任期、薪金表征等规则的独立。而要解决这个问题必然牵涉到第一类制度设计，即要设置不同于行政区划的司法区划，将司法权与行政权以及同级立法权完全分割开来。这两类制度在逻辑上和实际操作上都是相连的，也成为司法独立

---

① 参看王利明：《司法改革研究》，法律出版社 1999 年版，第 163 ~ 177 页；张德淼等：《论当前我国实现司法正义的条件和途径》，载《法学评论》1999 年第 1 期。

的最基本保障。除此之外,在司法、立法和执法三者之间建立起一种能够确保司法独立性和可靠执法的关系是必要的,但这是一个渐进的过程。执法机制的成功与否在很大程度上取决于民众是否将这些机制视为合法。在司法机构软弱无力的国家,对司法制度实施全方位的技术官员型改革固然重要,但是,为了使公众支持好的法律和公正的执法,向公众和企业表明运转正常的司法制度所具有的潜在好处,至少是同样重要的。[①] 可见,支撑司法改革的社会意识以及具体知识能否在更广泛的层面得以确立,是司法独立能否名副其实的重要条件。

第三,遵循全球化时代的要求,建立符合我国国情和司法实践需要的司法审查制度。2003 年 3 月 17 日,一位名叫孙志刚的普通外来工,因为没有带暂住证,在广州被收容,60 多个小时后非正常死亡。这起发生在普通人身上的案件,引起社会广泛关注。5 月 16 日,许志永、俞江、滕彪等 3 位青年法学博士就孙志刚案向全国人大常委会提交了建议书,要求对 1982 年出台的《城市流浪乞讨人员收容遣送办法》有关条款进行审查。5 月 23 日,北京大学法学院教授贺卫方、沈岿等 5 位法律学者,以中国公民的名义,联名致信全国人大常委会,建议就孙志刚案成立特别调查组,同时对收容遣送制度提请启动特别调查程序。6 月 5 日,这一案件在广州市中级人民法院和广州市白云区法院、天河区法院三个法院同时开庭审理。由此,"孙志刚事件"引发了一场关于全国人大应当尽快启动违宪审查制度的讨论。但是对最终能否真正启动违宪审查机制,如何借鉴外国司法制度来建立我国的司法审查模式,目前学术界有着不同意见,对这些问题我们希望通过对"宪法司法化"实践的讨论来得出可行方案的思路。

---

① 世界银行编写组:《1997 年世界银行发展报告:变革世界中的政府》,中国财政经济出版社 1997 年版,第 100 页。

"宪法司法化"引出的司法审查思考

2001年,山东省高级人民法院在"齐玉苓诉陈晓琪等侵犯姓名权受教育权"案中根据最高人民法院的"批复",直接援引《中华人民共和国宪法》(1982年)中公民享有受教育的基本权利,判决原告胜诉,由此引发一场"宪法司法化"的讨论。尽管该案本身可能不是一个真正的宪法诉讼案件,更不是一个违宪审查案件,但是作为一种符号象征意义,它促使人们关注中国的宪法问题。

对"宪法司法化"的解释一般是从司法判断的角度进行的,即认为宪法可以在法院适用,宪法可以像其他法律法规一样进入司法程序,直接作为裁判案件的法律依据。宪法司法化就是指法院可以运用宪法来解决法律上的纠纷。但宪法司法化表面上的一套关于司法判断的法理学说实际上涉及到国家权力结构的政治学说,因为,宪法进入了司法判断领域,意味着法官可以根据宪法来否定其他法律在司法判决中的效力,也就是说法官可以对法律、法规进行违宪审查。在这个意义上,齐玉苓案可以称为中国的"马伯里诉麦迪逊"案,后者确立了最高法院依据宪法来宣布立法机构或行政机构制订的法律或法规因为与宪法相抵触而无效的原则。由此,"宪法司法化"在司法判断上的意义引出了司法审查上的意义,但是司法审查作为一个综合性的概念,它必然意味着司法的权限要超出分析的范围,涉及行政、立法和司法权力的相互作用。

可供进一步讨论的问题:

1. 中国是否已经具备了导入司法审查制度的必要条件?中国修改宪法虽然需要经过特殊手续,但由于缺乏利益集团主义政治机制,几乎所有法律和决议都以80%以上多数通过,这减少了宪法修改的难度,也导致宪法变更频繁,这是不利于合宪性审查的。由于法官等相关法律人士的素质不高,司法腐败现象严重,社会上并没有形成"法官信赖"的基础,也将降低司法审查的质量。

但是,目前我国的司法改革中已开始致力于提高法官的学识和伦理水平。有些法律规定也为司法审查制度的建立提供了支持,例如2000年公布施行的《立法法》第七十八至八十二条规定了关于法律规范效力等级关系的优先顺序,即宪法、法律、行政法规、地方性法规以及规章(包括部门规章和地方政府规章)。另外,加入世界贸易组织后,伴随着人权诉讼和涉外诉讼的大幅度增加和国际标准化,司法机关对条约和法律进行审查也势在必行。

2. 中国该选择何种司法审查模式?学界一般认为美国式的由普通法院进行违宪审查的模式在中国是行不通的,因为一方面它与我国人民代表大会制度的权力运行机制不相符合,另一方面它与我国的法律传统也不相符,例如我国一般性司法解释的权力都集中在最高法院,宪法解释的权力就更不可能下放到普通法院。因此有学者提出不改变现行的违宪审查模式,而在全国人民代表大会体制内设立专门委员会性质的"宪法监督委员会"或"宪法和法律委员会"。这一方案符合我国人民代表大会制度的现行体制,也不涉及宪法的修改,在操作上比较简便,但由于未涉及现行宪法监督在体制上的改革,不能从根本上克服我国违宪审查软弱无力的状况。

可见,如何在建立具有实践价值的司法审查制度与保证政治稳定,减少改革代价之间保持一种平衡,成为一个难点。中国要建立司法审查制度,可能要跳出类似"宪法委员会"的思路,而要以"宪法司法化"和加入世界贸易组织后对人权保障要求的提高为契机,先建立可行的合宪性审查制度,再以设置独立的宪法法院为下一步目标,采取渐进式的改革路径。但最终将如何构建中国的司法审查制度仍然是一个讨论中的问题。

第五章　政治态度

政治态度被认为是“活的制度”，与政府、法律、规则等“形式的政治制度”相对应。

对政治态度的研究主要有两条路径：一是以政治态度和民主之间关系为主要背景的政治文化研究；一是围绕政治态度与社会存在之间关系而展开的政治意识研究。

以阿尔蒙德和维巴为代表的政治文化理论试图将政治文化和政治系统联系起来，这种联系开创了通过政治文化来分析和解释政治现象的研究途径。

马克思关于社会存在与社会意识关系的经典论述，揭示了意识的社会存在性质。这种观点为新马克思主义者所继承和发展，形成了一种研究政治态度的本质和作用的独特视角。

政治态度是一种习得的观念，政治社会化是一个习得的过程。政治社会化对政治态度的形成和政治稳定是至关重要的。

政治态度作为一种内心构造，由社会政治环境与个人政治社会化过程交织作用而成，它体现了人们看待和反应政治现象的方式。在政治学理论中，政治态度被认为是“活的制度”，与政府、法律、规则等“形式的政治制度”相对应。

这种“对应”使得政治态度的重要性必然在一种“相互关系”中得以体现。从研究路向上看，它主要有以下两种：一是以政治态度和民主之间关系为主要背景的政治文化研究，在这一领域，阿尔蒙德和维巴的公民文化理论产生了深远的影响；二是围绕政治态度与社会存在之间关系而展开的政治意识研究，这一领域中的代表性成就主要是由马克思及新马克思主义者作出的。同时，作为一种非正式制度，政治态度与正式制度之间具有重要的互补性。政治态度形成的相对滞后对民主制度的形成和巩固产生重要的负面影响。因此，对从权威主义向民主社会过渡的非西方国家来说，政治态度的研究具有十分重要意义。

一、政治文化

通过分析文化因素来解释政治现象的方法在政治研究中一直受到重视。在历史上，我们可以追溯到柏拉图和亚里士多德。近代政治理论家孟德斯鸠、托克维尔和白哲特(Bagehot)等也对与政治文化有关的问题感兴趣。在他们的研究中，都非常重视民族国家的政治习惯、风俗、传统和规范在政治体系中的作用，但他们都没有明确提出政治文化概念。20世纪初，当韦伯等社会学家从文化角度解释政治、社会和经济发展时，政治学界依然没有引起相应的反应。直到第二次世界大战以后，随着行为主义的兴起，政治文化概念才被正式引入到政治研究中。1956年，美国政治学家加布里埃尔·阿尔蒙德(Gabviet A. Almond)在《政治杂志》上发表《比较政治系统》一文，首次使用了“政治文化”这一概念。随后政治文化理论逐渐在政治学界兴起，并日益从社会文化系统中分化出来，形成一个独立领域。

政治文化理论的兴起与当时的政治社会背景和政治学的学科

发展有着紧密的关联。

政治文化理论作为解释政治稳定的传统的一部分，是与民主政体的政治现实密切相关的。这一传统上溯到亚里士多德，包括了波利比乌斯、西塞罗、托克维尔、白哲特等，他们“依据各自的历史经验都承认民主政体的内在困境”[①]，并在阐述如何稳定民主政体时，揭示出政治态度与稳定民主制的历史经验联系。政治文化研究继承了这一传统，以魏玛共和国民主制的崩溃和纳粹上台的政治现实为研究背景。德意法西斯政权的上台构成了对启蒙时代自由民主观念的强烈冲击，美国的政治学者在德国社会科学家的影响下研究德国制度失败的原因，创立了“政治文化”这一新兴学科，开始了对德国的心理—文化分析。第二次世界大战后，政治学家在描述民主制度时表现出极大的信心，丹尼尔·贝尔 1960 年发表的《意识形态的终结》一书就集中表达了这样的乐观情绪。虽然西方式的民主制度再次被认定为是人类发展的方向，但这仍然与当时国际社会的政治现实不相吻合。战后并非所有的国家都走上了西方式的民主道路，东欧、中国等一些国家走上了社会主义道路，亚非拉的许多国家走上了民族主义道路。而随后许多新独立的第三世界国家宪政的垮台，再次强烈提醒人们注意政治制度、政治行为与政治文化之间的复杂关系。政治文化研究应运而生。

对民主制度内在困境的研究并不是促成政治文化研究的惟一原因。二战以后行为主义革命和比较政治学的发展成为政治文化研究兴起的学科背景。行为主义主张把政治学的研究从外在的制度、法律、机构、意识形态等静态研究转向人的行为的动态研究，并结合统计学、社会学、人类学、文化学、心理学等学科知识来研究人的政治行为，使政治学的研究内容深化、研究方法科学化。在行为

① 戴维·米勒、韦农·波格丹诺编：《布莱克维尔政治学百科全书》，中国政法大学出版社 1992 年版，第 119 页。

主义者看来，人的政治行为是在一定的主观动机、倾向和意志的支配下做出的，而每个政治系统也都会建立起特定的政治行为取向的格局。不了解这个隐藏在行为背后的主观意识原因，就不可能深入理解人的政治行为，也不能了解政治系统的运作，因此对行为的研究必然涉及心理层面的研究。正如杰克·普拉诺等人所认为的，政治文化的"研究体现了在对个人和团体的政治行为进行研究的过程中将行为主义的方法和观点运用于整个社会的一种尝试"[①]。政治文化概念的形成代表着行为主义的一个重大胜利。

20世纪50年代以后，大量非西方政治资料的问世不仅扩展了比较政治学的研究范围，也为政治文化的研究奠定了坚实的资料基础，使其研究对象涉及到了更多的发展中国家，而不仅仅局限于欧洲几个主要国家。

在这样的历史背景和学科背景下，20世纪60年代以后西方出现大量关于政治文化的研究著作，较有代表性的有：1963年出版的阿尔蒙德和维巴（S. Verba）合著的《公民文化——五国的政治态度和民主制》，1966年出版的路辛·派伊（Lucian W. Pye）和维巴合著的《政治文化与政治发展》，沃特·罗森堡姆（Walter A. Rosenbaum）在1976年完成的《政治文化》等。这些政治文化研究著作吸取了韦伯、帕森斯的社会学理论、文化人类学以及心理分析理论，采取了政治主观取向的研究路径。在政治文化的定义上我们可以看到这种研究的旨趣。例如，在阿尔蒙德看来，政治文化是指一个民族在特定时期流行的一套政治态度、信仰和感情，由本民族的历史和当代政治、经济和社会等因素形成的，因此"政治文化一词代表着特定的政治取向——对于政治制度及其各个部分的态度，对

① 杰克·普拉诺等：《政治学分析辞典》，中国社会科学出版社1986年版，第111页。

于自己在这种政治制度中的作用的态度"[1]。派伊对政治文化作了这样的描述:"政治文化是这样的一套态度、信念和情感,它赋予政治过程以意义和秩序,它给出制约政治系统行为的基本前提和规则,它包括政治理想和一个政体的运行规范。因此,政治文化就是政治的心理与主观维度集合形式的展示。"[2]维巴认为,政治文化实际上就是一个社会的政治系统的主要方面,与政治制度、政党、政府、压力集团等客观因素相对,不包括政治行为者相互之间的政治关系模式,而只涉及与政治活动和政治系统有关的个人的认知等因素。罗森堡姆认为政治文化包括个人主观上对政治系统基本要素的态度取向和人民对政治系统要素的集体态度取向。

在政治文化的研究著作中,阿尔蒙德和维巴合著的《公民文化》是最经典、影响最为深远的一部。该书比较了美国、英国、德国、意大利和墨西哥等五个国家的政治文化,并在"经验—比较"的基础上为政治文化的研究提供了基本概念和理论的分析框架,为政治文化研究奠定了理论和方法基础。

阿尔蒙德和维巴指出,政治文化表示的是特殊的"政治取向",即对政治系统和系统各个部分的态度,以及对系统中自我的态度。这种对"政治取向"的定义和分类受到了帕森斯和希尔斯的影响。帕森斯的"取向"研究涉及到目标和关系的内在化的诸方面,包括:认知的取向,关于政治系统、它的角色和角色的承担者、它的输入和输出的知识以及信仰;情感的取向,关于政治系统、它的角色、人员和行为的情感;评价的取向,关于政治对象的判断和见解,特别是那些涉及价值的标准和准则,可以和信息与感情相结合的政治对象。

---

① 阿尔蒙德、维巴:《公民文化》,华夏出版社 1989 年版,第 15 页。

② International Encyclopedia of Science, vol12, New York, MaCmillan Co. and the Free Press,1961, p.218.

根据国民在政治制度的认知取向、情感取向和评价取向的不同类型，政治制度的输入和输出方面以及作为政治行为者的自我出现的频率，阿尔蒙德和维巴将政治文化分为地区（村民）政治文化、臣属（臣民）政治文化和参与者（公民）政治文化。其中地区（村民）政治文化意味着个人对政府期望和意识较低，一般也不参与管理；在臣属（臣民）政治文化中，个人了解管理的结果，但不积极参与形成决策的过程；参与者（公民）政治文化中的个人公开地取向于作为一个整体的系统以及政治的和行政的结构与过程。

阿尔蒙德和维巴进而指出，这三种分类只是政治文化的一种分类法的开端，现实中的政治文化往往是三种类型的混合。他们进一步区分了三种混合形态：地区—臣属政治文化，臣属—参与者政治文化，地区—参与者政治文化或公民文化，从中他们得出现代民主社会都是不同方式的混合型文化的结论。美国是公民参与型文化占主导，缺少臣属政治文化；英国的臣属政治文化与参与型公民文化比较平衡；德国的臣属政治文化占统治地位；而意大利的臣属政治文化更甚。阿尔蒙德和维巴认为，在政治现代化进程中，传统文化和习俗仍会持久地存在并发生作用，如村民政治文化使人们与家庭、教会紧密联系，臣属政治文化使人们对政体更加服从和支持，参与者政治文化则让人们保持对领导人的注意和观察，促使领导层对人民的态度作出积极的反应，所以只有将三种政治文化结合起来才能保证政治的平衡。

阿尔蒙德和维巴的政治文化理论不仅将政治取向与其他类型的心理取向区分开来，还突破了以往文化研究中的文化同质假定。对此，他们提出了政治亚文化和角色文化的概念，使得我们能够认识到在作为一个整体的政治系统中，其各部分和特殊的取向群体存在怎样的政治行为倾向。他们区分了两种亚文化，一是政策性亚文化，即大多数人对于基本的政治制度都持赞同意见，但是因为阶级或政治见解等的差异，对具体的政策存在重大分歧；二是结构性亚文化，即多数人就具体的政治制度都未达成共识，从而造成政治不稳定。在这两种亚文化之间可以相互转化。角色文化是由于复杂政治系统的“角色的专业化结构”造成的异质文化因素，一种角色的产生和社会化过程，会导致不同的价值观念、认知、技能和忠诚程度，角色文化的发展倾向，也会由于政治体系的稳定性不同而表现出极大的差异。

阿尔蒙德和维巴的政治文化理论旨在把政治心理学和政治系统运行联系起来。任何政体都可以根据其结构—功能特征和它的文化、亚文化及角色文化三方面的特征加以说明并与其他政体相比较。他们也试图通过对政治文化和政治结构之间关系的分析，得出两者的协调能够保证政治结构稳定的结论。

但是，阿尔蒙德和维巴的政治文化理论也存在着不足和缺陷，由此招致了诸多的质疑和批评。一个显见的缺点是，在求得政治一致性的问题上，阿尔蒙德和维巴过分强调了文化的作用。在《公民文化》中他们写道，稳定和有效的民主政府的发展更多地依赖于人民对政治过程的取向，即政治文化，而不是政府和政治的结构。同时，他们将政治文化模式以英美模式为衡量标准的做法也是片面的。他们认为德国、意大利和墨西哥缺少民主体制所需要的政治文化，因此它们的制度是不稳定的，而美国和英国的民主体制因有着相适应的公民文化，所以将在更长的时间里稳定存在。

事实上，并不是所有稳定的政治系统都有这样的公民文化品质。利普哈特(Arend Lijphart)认为某些有着明显的非同意型(non-consensual)政治文化的社会仍然可以有稳定的民主制度。这表明政治制度的结构可以帮助克服政治文化中的分裂和敌对。利普哈特认为在政治精英间达成同意的行为，依旧能够维持对社会的有效控制，即便这个社会有着宗教的、意识形态的、语言的、地域性的、文化的、种族的和民族的分化。这种民主的形态被称为合作的民主(consociational democracy)。合作民主的成功运作有两条标准，一是存在着被分割成各个部分的社会,这些社会的每个部分都是高度自治的,二是存在着政治精英间的行政权力的分享。[①]利普哈特指出了制度对政治稳定的作用,并认为制度可以改善政治文化对政治系统的影响,这与阿尔蒙德和维巴只从文化角度理解政治冲突的观点是相对的。在利普哈特看来,政治文化的类型和统治的稳定之间并没有直接的联系,但他并没有完全抛弃文化的因素,合作民主中的权力分享就是依赖于共生的精英政治文化。

对政治文化研究的第二个批评来自于政治制度和政治文化之间因果关系的讨论。阿尔蒙德和维巴假定政治结构可以由政治文化来解释,换句话说,民主制度的稳定程度是由政治文化决定或引致的。与此相对,有的论者主张把这种因果关系颠倒过来,即用民主制度的稳定水平来解释政治文化的发展水平。而帕特曼(C. Pateman)则提出,政治文化和政治结构是相互依赖相互加强的,但是对民主制度稳定性水平的测量显然比对政治文化发展水平的测量更加困难。[②]

对政治文化研究的第三个批评针对其获取政治文化资料的调查方法。首先是对访谈样本的规模的质疑。卡瓦纳(Dennis Kavanagh)认为,虽然在每个国家选取1000个人来进行调查已是一个很大的样本规模,但还不足以得出关于政治文化的一般理论。他声称这种样本忽略了一个国家包含着各种亚群体的事实,因此从对这一样本的调查中得出的结论并不适用于整个国家,而或许只是对某个亚群体来说是正确的。他以英国的样本规模为例来证明这一点。在英国的样本中,包括上过大学的24人,工党成员58

① See Arend Lijphart, Democracy in Plural Societies: A Comparative Exploration, New Haven, CT: Yale University Press, 1977.

② C. Pateman, Political Culture, Political Structure and Political Change, British Journal of Political Science, 1971, 1(3).

人,来自威尔士的58人,来自苏格兰的94人。这就存在一个样本的代表性问题,超过80%的被采访者住在英格兰,有3/4的人有着英国人、白人新教徒和城市长期居住者的特征。[①]这些样本只能说明一个国家中存在着政治亚文化和身份的多元性,而不能科学地测量出全国性的政治文化。因此有学者对他们的全国性政治文化概念本身提出质疑,认为他们的研究忽略了各社会阶级的差别,将各阶级的亚文化和全国文化等同起来。而"如果认为肯定存在着适应各个阶级的亚文化群,认为统治阶级企图把本阶级的文化同整体文化融为一体和把这种文化强加于人或认为阿尔蒙德和维巴的调查浮于表面,因为他们不懂得阶级及其亚文化群,那么就可以说,这个批评是站得住脚的"[②]。

得到与调查目的相一致的回应是困难的,这是调查工作中经常遇到的问题,同样也存在于阿尔蒙德和维巴的调查之中。进行调查研究的目的是为了检验假设,因此问题都是为了从被采访者那里提炼出信息以用来证明或推翻事前的假设。这就存在着三种危险:被采访者对问题有着异于问卷目的的解释;从问卷中得出的个人政治取向的构成可能会与调查之前的设定不同;对同一问题的同样回答在不同的国家中意义不同。这些危险有些来自比较、调查的方法中固有的缺陷,也有些来自阿尔蒙德和维巴在考察内容上的疏忽,例如对跨文化背景下的相同态度和取向的考察,对历史的比较等等。

对政治文化研究造成更大冲击的,来自政治研究中引入经济学模式。经济学新潮流的兴起,"理性选择"、"公共选择"与"实证

① Dennis Kavanagh, Political Culture in Great Britain: The Decline of the Civic Culture, In G. A. Almond and S. Verba (eds) The Civic Culture Revisited, Boston: Little, Brown & Co., 1980.

② 莫里斯·迪韦尔热:《政治社会学》,华夏出版社1987年版,第81页。

政治理论”的蓬勃发展，使得对政治现象的研究都基于一个简单假设，即选民、政治家、政府官员都是理性化的、短期利益的最大化者。这种自称能够最准确预言政治行为的分析模式，在很大程度上排斥了政治文化研究。不仅如此，它还指责政治文化研究是一种保守、僵化的研究模式，低估了社会结构和权力结构的作用，缺乏解释力和预见性。

进入70年代以后，这种主观取向的政治文化理论，由于遭到来自不同方向的批判，而退回到政治科学的边缘地带。但正如K·冯·柏伊姆认为，所有这些指责都将导致政治文化研究的进一步发展。进入80年代，政治文化研究出现新的转机。80年代中期，政治文化研究初显复兴态势。80年代末，这场复兴全面展开。进入90年代后，政治文化研究获得了进一步繁荣。

1988年，英格尔哈特(Ronald Inglehart)以《政治文化的复兴》为题发表文章，提出“现在是矫正社会分析中的偏向的时候了”[①]。嗣后，亨廷顿、威尔达夫斯基、艾克斯坦和派伊等著名政治学家所做的研究都聚焦于民族文化因素，政治文化研究在他们的著作中得到体现。由此，瓦尔达(Howard J. Wiarda)在1989年宣称：“政治文化眼下正在复兴。”[②]1993年，政治文化研究的奠基者阿尔蒙德进一步肯定政治文化研究已经复兴。他为达尔蒙德主编的《发展中国家的政治文化与民主》一书所写的序言的标题便是“政治文化的回归”[③]。但是，这种复兴已经不能被简单理解为回到经典的政治文化研究，它是对政治文化的涵义与分析模式的重释和再创造。

---

① Ronald Inglehart, The Renaissance of Political Culture, American Political Science Review, Vol.82, No.4, December 1988, p.1203。

② Howard J. Wiarda, Political Culture and National Development, Fletcher Forum of World Affairs, 13, No.2, Summer 1989, p.199.

③ G.A.Almond, Foreword, The Return to Political Culture, in Larry Diamond (ed.), Political Culture and Democracy in Developing Countries, Lynne Rienner Publisher, 1993, p.9.

复兴的政治文化研究表现出四个特点：首先，经典的政治文化研究都集中在主观意识范畴，政治文化的定义也侧重于政治系统的心理方面，而80年代复兴的政治文化概念在内涵上得到了扩展，政治行为也被吸纳进来，成为政治文化的一个组成部分。将心理层面和行为结合起来解释政治现象，克服了政治分析过于主观化的倾向。其次，在复兴的政治文化研究中，学者们既指出政治文化的稳定性，又揭示它的可变性及不同的变化形式，从而将政治文化的稳定性与政治变革结合起来，使政治文化理论在政治变革中更具解释力。再次，结合理性选择学派对经典政治文化研究的批判，复兴的政治文化研究将"偏好"的形成作为分析的起点。但与理性选择学派不同的是，它认为偏好不是外生的，而是源自使社会关系合法化的共享价值，即文化，而文化对偏好的作用结果即为制度。这种文化、偏好和制度互动的新的文化解释模式，对经典的政治文化分析模式进行了再创造，即在通过政治文化解释政治结构的同时，强调了人们所选择的生活方式对现存的政治制度的影响。最后，与经典的政治文化研究相比较，复兴的政治文化研究表现出更大程度的非西方化趋势，政治文化开始作为解释各国政治经济发展模式差异的一个独立变量。①

不论是经典的政治文化理论还是复兴的政治文化理论，都试图将政治文化和政治系统联系起来，并将对政治系统各方面的信仰、认知、情感和评价等的研究视为连接公民与国家政权关系的纽带。这种联系也体现了政治文化研究的重要之处：不仅提出了政治文化的概念，而且说明了政治文化如何成为影响政治现象的一个重要因素，以及它们怎样和政治的其他方面发生联系，即建立了一种通过政治文化来分析和解释政治现象的研究途径。

---

① 丛日云、王辉：《西方政治文化理论的复兴及其新趋向》，载《政治学研究》2000年第1期。

这种以政治态度和民主之间关系为主要背景的政治文化研究，对处于政治民主化进程中的中国来说有着重要启示意义，即要建立一套切实可行的民主机制，需要培育该机制运作所必须的政治态度。李普赛特说过，政治结构并不能对民主制度起决定作用，一个国家内在的社会条件是否有利于民主也是很重要的因素。[①]如此而观，中国传统政治文化中的许多方面不利于建立稳定的民主制度，并阻碍了政治发展。亨廷顿和多明格斯曾经指出："中国基本上是完全文化。它把政治、经济、社会、意识形态和神秘诸因素联系在一起。它的基本反应是抵制改革的影响。它谋图重申或恢复旧的儒家体系，而不是使之现代化。"[②] 虽然自鸦片战争以来，从林则徐、魏源提出"师夷之长技以制夷"，洋务运动提出"中体西用"，康有为、梁启超、谭嗣同实行维新变法，到1912年辛亥革命推翻帝制、建立民国，再到五四运动高举民主和科学的大旗，新中国成立后马克思主义被确立为指导思想，都极大地冲击了传统政治文化，但是忠君思想、集权思想、家长作风、人治观念、权大于法、依附观念等典型的传统政治文化观念并没有完全消失。改革开放以后，随着市场经济的发展，传统政治文化进一步瓦解，政治文化呈现出对社会变革和发展的适应性和容纳吸收不同性质文化的开放性。首先体现为政治价值观的深刻转变，邓小平理论和"三个代表"重要思想成为主流政治文化；随着市场经济和民主政治的发展，普通公民政治上的民主、平等和自觉意识逐渐增加，社会主人意识和政治参与意识不断扩大；随着社会利益格局发生深刻变化，社会分层趋势凸现，人们的政治倾向如政治态度、情感和政策倾向等方面也相应出现了分化，呈现阶层性特征；不同性质的政治文化

---

① 西摩·马丁·利普赛特：《政治人》，商务印书馆1993年版，第65页。

② 塞缪尔·P·亨廷顿，乔治·I·多明格斯：《政治发展》，载格林斯坦、载波尔斯比编《政治学手册精选》下卷，商务印书馆1996年版，第172页。

在并存中冲突加剧，不仅自然经济为基础的政治文化、以计划经济为基础的政治文化和以现代市场经济为基础的政治文化之间发生冲撞，而且民族文化在吸收外来文化过程中也与之发生冲突。这种政治文化的转型、融合和冲突对政治稳定的作用是两面的。以邓小平理论、"三个代表"重要思想为基础和核心的主流政治文化对全民族起着强大的凝聚作用，使政治认同有着共同理想的支持，增强了政治的权威性与合法性，而落后文化和外来文化的负面冲击则又阻碍着人们对有中国特色社会主义道路的认同和归属，制约着政治权威的合法性。社会民主参与意识和法制观念的增强促进着政治行为的规范和有序，而文化冲突和集权观念又制约着政治行为的规范化。因此辩证看待政治文化的发展，实现政治文化的现代化，建立促进政治民主化的政治态度，成为中国制度建构和政治发展过程中必须解决的问题。对此，我们试图提出几点初步的认识。

第一，通过发展市场经济来摒弃传统政治文化的消极因素。传统政治文化中的权力至上心理、圣人掌权心理、清官依附心理以及被动参与等消极因素，都是与当时的小农经济和宗族社会结构相适应的。建构民主的政治文化，也就不能只停留在文化层面上的扬弃，必须通过发展与之相适应的市场经济来推动人们思维方式、价值观念和政治取向的深刻变化，脱离社会经济基础谈政治文化建构是肤浅的。

第二，在政治文化现代化的过程中，吸纳传统文化中对稳定民主制度有益的成分，例如修身齐家治国平天下的抱负、人文传统等等，同时推进中国政治文化的世俗化和理性化进程。在我国政治文化的现代化过程中，要制约极端主义和激进主义，强化人们对宽容、秩序、稳定、渐进等观念的认同，提高个人选择影响环境的行动方案的自主性和能力。尤其重要的是，政治文化的发展必须立足于我国改革开放和现代化建设的实践，这是政治文化世俗化和理性化的前提。在政治文化世俗化的同时还要切实加强思想道德建设，党的十六大报告为我们提出了要求，要建立与社会主义市场经济相适应、与社会主义法律规范相协调、与中华民族传统美德相承接的社会主义思想道德体系，重点是要弘扬爱国主义和为人民服务的精神，坚持集体主义和诚实守信的原则。由此，我国在建构新型政治文化的过程中，一方面要自觉地扩大现代化的目标视野，立足于本国实践积极借鉴西方政治文化中的合理因素和有利成分，另一方面要从本国本民族的文化传统中汲取独特的有益资源，实现传统文化的创造性转换。也就是说，新型政治文化不仅应当是现代的，它也应当是中国的。

第三，在全球化背景下致力于政治文化自身的创新，使其具有更大的兼容性和开放性。全球化的科学技术为多元政治文化的传播和相互交流提供了快捷的条件。全球通讯和信息网络的建立，使世界联为一体。人类不仅在频繁的相互交往中了解了彼此的政治文化，而且遍布全球的信息网络使各种政治文化在瞬间传递成为易事。我们要运用这种网络技术，为提升公民的主体地位和更高层次地实现自由和民主的价值，提高人民群众政治参与的程度和大众传媒政治监督的力度，奠定现代科学技术基础。全球化并没有消解不同价值之间的冲突，我们既要承认全球政治文化的多元性，尊重各国经济制度、政治制度、历史传统、民族文化、发展模式、价值观念、生活方式等方面的差异，又要冲破狭隘的阶级、国家和民族的界限，通过相互了解和沟通，努力形成人类共同的认识、共同的价值和共同的实践。

总的来说，随着改革开放的深化，市场经济的发展，人们的思维方式、价值观念和政治取向发生了深刻变化，公平、民主、法制、竞争、参与、开放的观念深入人心，主体意识不断得到确立。人们不再盲目崇拜、畏惧权威，而是能从自身利益的角度进行理性思考，并较为积极地关注国家政治生活和参与政治活动。世俗化和理性化成为现阶段中国政治文化的基本特征。而变动的政治环境,必然使新旧思想体系之间的冲突和碰撞在政治文化主体那里得到更为深刻的反映。综合旧的政治文化体系中的合理成分和新的政治思想体系中的积极因素,以及适应社会变革和发展,吸纳不同性质的文化,也为中国政治文化的发展提出了新的更高要求,而这种逐步形成的新型政治文化对当代中国民主制度的建立和完善将产生重要的积极意义。

二、政治意识形态

二战以后,大量关于政治态度的研究都是在行为主义的假设之上进行的,它不仅勾勒出一国的政治文化,还分析这种政治文化如何促进或阻碍民主理想的发展,但这种以与民主关系为主要背景的政治文化研究只是政治态度研究的一种途径。这种途径指出了存在着包含阶级亚文化的全国性文化的事实,但遗憾的是全国性文化是由统治阶级强加的事实却不是他们分析的重点。以阿尔蒙德为代表的政治文化研究脱离了充满异化、消费崇拜与合理性危机的资本主义社会现状,因而在很多问题上丧失解释力。通过揭示政治文化与统治阶级的关系及其对维护统治的影响,就为分析政治态度开辟出新的途径。这一贡献主要是马克思主义者和新马克思主义者作出的,他们开创了一条通过"意识形态"概念进行政治分析的途径。

意识形态在一般意义上被认为是具有符号意义的信仰和观点的表达形式,它以表现、解释和评价现实世界的方法来形成、动员、指导、组织和证明一定的行为模式或方式,并否定其他一些行为模式或方式。而在马克思那里,意识形态有着更丰富的涵义,它具有强烈的政治倾向性,它是特定阶级、社会集团对现存和构想中的社会制度进行解释、辩护或对某种社会制度进行批判、改造的理论体系。在社会中占统治地位或主流地位的意识形态总是统治阶级的意识形态。而且，马克思对政治态度研究的批判解释向度并没有局限于精神领域，他关于社会存在与社会意识关系的经典论述，对于理解政治制度与政治意识的相互影响的方式来说，具有方法论上的重大意义，即不再只是把意识理解为一种心理现象，而是努力揭示出意识的社会存在性质。这种观点为新马克思主义者所继承和发展，形成了一种研究政治态度的本质和作用的独特视角。

在考察这种对政治态度研究的新贡献之前，有必要对马克思主义者话语中的"意识形态"概念作一个辨析。当前，学术界对马克思的意识形态概念大致有这样几种看法：把"意识形态"当作"虚假的"、非科学的阶级观念；把"意识形态"当作一个中性的、描述性概念；在不同的语境中分别使用以上两种含义。[1]

但是，无论认为意识形态是贬义词还是中性词，都只停留在论争真与假、科学与非科学关系的知识论框架中，两者的对立是有限的，并且各自都遇到了难以解决的理论困难，马克思的意识形态概念也就得不到应有的解读。因此，我们主张把马克思意识形态概念当作存在论概念而不是知识论概念来理解。从存在论角度看来，人是意识形态的存在物，因此意识形态不是认识的结果（比如真假），而是认识的前提。马克思的意识形态论不是为了颠倒虚假意识来获致真理性认识，更不是为了建构一个一般社会认识理论，而在于通过意识形态批判来揭示人类生存的状况，并谋求这种生存状况的改变。

值得指出的是，马克思的意识形态概念并不是现成的。在《德意志意识形态》之前，马克思没有使用"意识形态"一词，但在批判黑格尔哲学和费尔巴哈哲学的过程中，已经发展出了意识形态的

---

① See C.W.Mills, 'Ideology' in Marx and Engels, in Karl Marx's Social and Political Thought: Critical Assessments, Vol.Ⅳ. Routledge, 1990, p.227.

理论；在《资本论》这部详细考察资本主义生产方式，特别是详细考察对于理解资本主义意识形态具有至关重要意义的"商品拜物教"的著作中，"意识形态"一词却几乎消失了[①]；在晚年的著作中，马克思不再使用"意识形态"一词。如果我们不拘泥于术语的使用和在不同时期使用中的细微差别，我们可以看到，意识形态理论是马克思学说中最重要的内容之一，是马克思对哲学和社会政治理论最重要的贡献之一，在他的著作中，关于意识形态的思想是连续的。[②]

在《德意志意识形态》中，马克思把以费尔巴哈、布·鲍威尔和施蒂纳为代表的现代德国哲学作为批判对象，并称之为"德意志意识形态"，实际上指出了这种停留于黑格尔哲学基础、局限于宗教批判的意识形态，它与现实之间建立的是一种虚假的批判关系。在这种批判中，马克思提出了关于德国哲学与德国现实的关系问题，关于青年黑格尔派所作的批判与他们自身的物质环境之间的联系问题。[③] 马克思说，必须始终站在现实历史的基础上，从物质实践出发来解释观念的形成，而不是从观念出发来解释实践。马克思还说，新历史观必须"从市民社会出发阐明意识的所有各种不同理论的产物和形式，如宗教、哲学、道德等等，而且追溯它们产生的过程"[④]。正是这种探求，推动马克思创立完整的意识形态学说。

那么，意识形态是如何起源的呢？马克思说："思想、观念、意

---

① See Jorge Larrain, Marxism and Ideology, The Macmillan Press, 1983, p.8.

② 当然，这样说不等于否认马克思的意识形态概念是一个动态概念。俞吾金教授在他的著作《意识形态论》第3章中对马克思意识形态概念的历史发展作出了很好的考察，他把1845—1856年看作是马克思意识形态学说的创立阶段，把1857—1870年看作是它的深化阶段，把1871—1895年看作是它得到完整论述阶段。

③ 马克思、恩格斯：《德意志意识形态》，《马克思恩格斯选集》第1卷，第66页。

④ 同上书，第92页。

识的生产最初是直接与人们的物质活动，与人们的物质交往，与现实生活的语言交织在一起的。”[①] 最初的意识“只是对直接的可感知的环境的一种意识，是对处于开始意识到自身的个人之外的其他人和其他物的狭隘联系的一种意识”，同时也是“对自然界的一种纯粹动物式的意识（自然宗教）”。随着分工的发展，特别是物质劳动与精神劳动这种真正的分工出现以后，“意识才能摆脱世界而去构造‘纯粹的’理论、神学、哲学、道德等等”，即产生意识形态。[②]

在这里，马克思一方面表明了他的意识概念的存在论意义：人们的意识不管是真还是假、科学还是非科学，它们都反映现实的内容；另一方面，“全部意识形态”是对现实关系的虚幻反映，是对现实的颠倒反映，但即使这样，它们也是“从人们生活的历史过程中产生的”，是“狭隘的物质活动方式以及由此而来的他们狭隘的社会关系造成的”[③]。这就是说，狭隘的物质活动方式以及由此而来的他们狭隘的社会关系，正是产生意识形态的存在论基础。毫无疑问，马克思的意识形态概念不是建立在真与假、科学与非科学的关系架构中的。对马克思来说，重要的不是错误的观念，而是现实的社会矛盾，因为前者正是后者的产物。换言之，现实的社会矛盾才导致了意识形态的出现。

正是由于看到了意识形态的存在论意义，马克思在批判意识形态时就没有过多地停留于意识形态的真假问题上，而是突出地关注了意识形态在社会现实中的作用。

在马克思看来，意识形态扭曲或掩蔽现实关系，这在社会关系的再生产过程中发挥了极其重要的作用。“矛盾的否认或掩蔽在那些矛盾的再生产过程中起到了主要的作用”，而“只有通过矛盾

① 马克思、恩格斯：《德意志意识形态》，《马克思恩格斯选集》第1卷，第72页。

② 同上书，第81～82页。

③ 同上书，第72页注①。

的再生产，统治阶级才能把自己作为统治阶级再生产出来”。[①]

马克思对意识形态的这种批判集中在对资产阶级意识形态的批判上。在资本主义时代，商品成了整个社会存在的普遍范畴。在这样的社会基础上，产生了以“商品拜物教”为核心的资本主义社会的意识形态。这种“商品拜物教”的意识形态，一方面作为再生产的重要因素，不断地加强商品的商品性质，以使这种物化的社会关系永久化；另一方面，再生产也越来越深入地加固“商品拜物教”的意识形态，并使之发展到“货币拜物教”、“资本拜物教”的形式。通过对商品、货币和资本拜物教意识形态的现实基础所作的考察，马克思指出，由于资本的神秘化形式，“利润的源泉再也看不出来了，资本主义生产过程的结果也离开过程本身而取得了独立的存在”[②]。这就是说，这种意识形态掩蔽了资本主义生产的本质，成为资产阶级用以实现社会关系的再生产、维护其统治方面作用的工具。

要克服这样的意识形态，“跳出意识形态”，马克思认为，不能仅仅停留于精神层面的批判，而是要改变产生这种意识形态的社会基础，“只有通过实际地推翻这一切唯心主义谬论所由产生的现实的社会关系，才能把它们消灭；历史的动力以及宗教、哲学和任何其他理论的动力是革命，而不是批判”[③]。

由此，我们可以给马克思的意识形态概念下一个定义：

所谓意识形态，是指这样一些社会意识的理论形式，它们在社会中占统治地位的经济关系即经济基础之上产生出来，并为统治阶级的根本利益服务，它们通过否定或掩蔽现实的社会矛盾，来实

---

① Jorge Larrain, Marxism and Ideology, pp.28-29.

② 马克思：《资本论》第3卷，《马克思恩格斯全集》第25卷，人民出版社1974年版，第442页。

③ 马克思、恩格斯：《德意志意识形态》，《马克思恩格斯选集》第1卷，第92页。

现和维护社会关系的再生产。资产阶级意识形态是意识形态的集中体现。①

可以看出，马克思对意识的起源和作用的分析与在行为主义革命影响下的政治文化研究有着显著的不同。如果说以阿尔蒙德为代表的政治态度研究的贡献在于通过公民心理主观取向的分析将微观政治学与宏观政治学联系起来，将政治文化限定在一种政治系统下国民的政治取向模式的特殊影响方式，那么，马克思的意识形态概念则对这种主观取向的来源和作用作了独到的分析，并且它主要是通过对资本主义生产关系的批判而实现的。

但是，马克思的意识形态理论是未完成的。一个重要的方面就表现在，他较多地强调了意识形态的存在特性，而较少地展开它自身的独特性质和作用。在《德意志意识形态》中，他甚至说意识形态“没有历史，没有发展”②，这作为意识形态批判是正确的，但不能因此得出片面的结论。在经济因素之外，国家政权有其独特性质和作用，意识形态也有其独特性质和作用。如此而观，马克思意识形态概念中已经论及但未有充分展开的内容，对这一概念在实际应用中存在的问题的解决，新历史实践向这一概念提出的新挑战等等，都为后人发展马克思的意识形态理论留下了广阔的余地。

建构和重建马克思主义意识形态理论，是以完成对第二国际

---

① 俞吾金为马克思的意识形态概念下的定义是：“在阶级社会中，适合一定的经济基础以及竖立在这一基础之上的法律的和政治的上层建筑而形成起来的，代表统治阶级根本利益的情感、表象和观念的总和，其根本的特征是自觉地或不自觉地用幻想的联系来取代并掩蔽现实的联系。”见其《意识形态论》，上海人民出版社 1993 年版，第 129 页。我们受到了上述定义的启发，但是更加强调了这样三点：意识形态是理论化、系统化的社会意识，不包括情感、表象等等；意识形态在社会关系的再生产中的作用；意识形态概念主要适用于资本主义批判。

② 马克思、恩格斯：《德意志意识形态》，《马克思恩格斯选集》第 1 卷，第 73 页。

时期形成的关于马克思主义的经济决定论解释传统的“去蔽”为前提的。这一“去蔽”工作，是与列宁和西方马克思主义者的名字联系在一起的。

列宁在批判第二国际的经济主义及其俄国变种的过程中，突出强调了社会主义意识形态、理论与实践相统一的重要性。列宁尽管在有生之年没有能够看到马克思主义创始人论述意识形态问题的最重要著作《德意志意识形态》，这一手稿到 1932 年才出版。但是列宁继承了马克思关于意识、意识形态学说的基本精神，特别是根据时代的发展变化，对意识形态的含义作出了新的阐述。最为重要的是，列宁把马克思作为否定性概念的“意识形态”改铸成为一个描述性概念。列宁认为，在马克思主义已经成为社会主义运动中的领导力量时，不宜再以抽象方式谈论意识形态的虚假性，而应该以社会主义意识形态与资本主义意识形态相对立。列宁对意识形态概念含义的这一转换，“并不是出于对马克思学说的误解，而是出于他所生活的那个时代的实际斗争的需要，因而是对马克思意识形态学说的重要推进和发展”①。

在列宁看来，社会主义运动中十分重要的“社会主义意识形态”并不能从工人运动中自发产生出来，它是从有产阶级的有教养的人，即知识分子创造的哲学、历史和经济理论中成长起来的；不仅如此，流行的资产阶级意识形态无时无刻不在影响着无产阶级。因此，必须把社会主义意识形态从外部灌输到工人阶级队伍中去。任何崇拜工人运动的自发性、轻视和脱离社会主义意识形态的做法，都意味着资产阶级意识形态的加强。“只有以先进理论为指南的党，才能实现先进战士的作用。”②

对于社会主义意识形态的建设，列宁强调既要与资产阶级和

① 俞吾金：《意识形态论》，第 206 页。

② 列宁：《怎么办？》，《列宁选集》第 1 卷，人民出版社 1995 年版，第 312 页。

其他一切剥削阶级的意识形态划清界限，又要继承人类历史上一切优秀的文化遗产。列宁曾经提出："只有了解人类创造的一切财富以丰富自己的头脑，才能成为共产主义者。"① 他还严厉批判了那种企图斩断与过去文化的一切联系，建立所谓"无产阶级的新文化"的观点，认为只有在马克思主义意识形态指导下，认真吸取以往一切文化成果中有价值的东西，才能发展真正的无产阶级文化。在晚年，列宁更是提出了在一个文化落后的国家里不可能建立社会主义的著名命题，强调文化建设(和政权建设)是苏维埃政权划时代的任务。列宁的这些重要思想对马克思主义文化理论的发展产生了深远的影响。

必须指出，列宁主义尽管在批判第二国际的意识形态中产生，但是它同样把马克思主义看成一种类似自然科学的社会"科学"，当然两者的政治纲领不同。列宁在《唯物主义和经验批判主义》中把马克思主义称之为"科学的意识形态"。这种深刻影响了第三国际的马克思主义之科学解释模式，在列宁那里并不是保守的。但是这种以把握社会运动的"必然性"的反映论为基础的科学主义解释模式，事实上并未真正克服关于马克思主义的经济决定论解释传统，因为思想、意识、意识形态的地位和作用仍然主要在认识论框架中得到阐述。嗣后在斯大林那里，马克思主义变成了一种其政治实践的辩护性意识形态，只有少数先进分子才能掌握的"规律"、"必然性"等等成为向广大群众论证政治实践合法性的理论基础。

作为对第二国际主流意识形态的反叛，西方马克思主义受到了列宁主义的影响。总起来说，卢卡奇在《历史与阶级意识》中开创的重视思想、意识、意识形态、文化、心理的作用的传统，是西方马克思主义的一个主要传统。尽管在西方马克思主义阵营中，不

① 列宁：《青年团的任务》，《列宁选集》第4卷，人民出版社1995年版，第285页。

同思潮、学派对于文化、意识、意识形态的研究有着较大的差别，如其创始人卢卡奇、葛兰西和科尔施，由于受到列宁的较大影响，比较强调无产阶级阶级意识、社会主义意识形态的地位和作用，法兰克福学派则更多地把意识形态作为一个批判性、否定性概念，从而展开资本主义的文化批判，而以阿尔都塞为代表的结构主义马克思主义者更强调意识形态是一种国家机器，国家的再生产最终依靠意识形态机器的功能；也尽管西方马克思主义的诸思想家在强调意识、意识形态的作用时，常常忽视了这种作用的范围和界限，从而带有某种片面性，甚至陷入唯心主义，但是把马克思主义理解为一个总体性的社会理论，反对把文化、意识形态与社会存在总体分离开来，是他们的共同特征，而正是这种对总体性的强调，才能真正超越经济决定论的视野。就此而言，西方马克思主义为马克思主义意识形态理论的发展作出了重要贡献。

这种贡献的表现是多方面的。在西方马克思主义的创始人那里，卢卡奇和科尔施以阶级意识理论狠狠打击了关于马克思主义的经济决定论解释传统，复活了马克思主义的辩证法。卢卡奇指出，在经济决定论的视野中，无产阶级无法冲破物化意识的束缚，达到自觉的阶级意识。卢卡奇把他所批判的“物化意识”的极端形式概括为“拙劣的经验主义”和“抽象的空想主义”。这两个极端看起来是完全对立的，但“它们常常一起表现出来，而且内在地是相辅相成的”。而要刺穿这种物化意识，需要辩证法。卢卡奇《历史和阶级意识》的副标题就是“关于马克思主义辩证法的研究”。卢卡奇还在晚年提出的社会存在本体论，以劳动为社会存在的最基本形式，强调意识或意识形态是社会存在的一个基本的、不可或缺的组成部分，是本体论意义上的存在物。他把存在和意识的对立置于社会存在这一总体的内部，从而既肯定了意识或意识形态并不是一种“副现象”，又看到了它们的作用的界限和范围，同时打击了庸俗唯物主义和唯心主义。

西方马克思主义的另一位创始人葛兰西被誉为“上层建筑理论家”，他对文化领导权和市民社会进行了别开生面的研究。在他看来，马克思主义的解释者们没有完成“对于理论和实践统一的概念的阐述和提炼”。“人们谈论起理论，仍然是把它当做实践的一个‘补充’、一个‘附加’，或当做实践的婢女，所以说，在这个问题上，仍然存在着机械论的残余。”[①] 葛兰西主张理论与实践必须辩证地统一起来，而“理论与实践的统一并不只是若干机械的事实，而是历史过程的一个组成部分。这个过程的最初的、原始的阶段表现为理论和实践是‘不同的’和‘分开的’，表现为对它们的独立的本能感觉中，直到达到真正持有一种单个的和融贯一致的世界观的阶段为止”[②]。就是因为如此，葛兰西强调无产阶级争取领导权的斗争，必须在政治经济领域和文化、意识形态领域同时进行，从中他提出了极富原创性的“文化领导权”概念。所谓“文化领导权”，就是指一个阶级的世界观和价值准则在意识形态领域居于支配地位，控制和掌握着大众的头脑，从领导方式上看，它是指统治阶级除了依靠强力来维持社会的政治经济秩序之外，还通过意识形态的领导，来争取被统治者的自发同意和拥护，从而使其统治合法化。同样，领导权的危机也表现在两个方面，一是统治阶级对市民社会的许多机构失去了控制权，知识分子对统治阶级也失去了向心力；二是传统意识形态对民众失去了吸引力，出现了所谓“信仰危机”。在这样的情况下，国家政权失去了市民社会的支持和舆论的拥护而陷于孤立无援的境地，只能实行赤裸裸的暴力统治，从而出现“没有领导权的专政”局面。在葛兰西看来，如果经济危机为政治变革提供了可能性的话，那么领导权危机则将政治变革提上了议事日程。不仅如此，即使领导权危机没有出现，先进的阶级

① 葛兰西：《狱中札记》，中国社会科学出版社 2000 年版，第 245 页。
② 同上书，第 244 页。

也不能坐等它的到来,而必须努力建立起自己在市民社会中的领导权,以建立和不断壮大自己的领导权结构(最重要的是政党)作为进行意识形态斗争的阵地,依靠本阶级的知识分子,大力批判统治阶级的思想体系和价值观念,创建和传播新思想、新文化,最终确立起无产阶级的文化领导权。

葛兰西的理论为阿尔都塞所继承发展。阿尔都塞认为意识形态是不同于镇压性国家机器的又一种国家机器,任何一个阶级若不同时重视意识形态国家机器并在其中行使领导权,就不能长时期掌握政权。他认为,意识形态国家机器可能不仅是阶级斗争的"赌注",而且是阶级斗争的场所,并且往往是剧烈的阶级斗争形式。他还认为意识形态是包括共产主义社会在内的任何社会都不可避免的特征,因为人类必然生活在与他们的生存环境的一种神秘化了的关系中,这种境况是社会内聚力的一个先决条件。

当然,讨论马克思主义意识形态理论的新发展,我们不能忽略法兰克福学派。与西方马克思主义的创始人卢卡奇和科尔施相比,法兰克福学派的理论家们扩大和改变了关于意识形态和阶级意识的分析。在霍克海默和阿多尔诺看来,他们时代得到发展了的垄断资本主义比卢卡奇时代的资本主义更坏,虚假意识比以往更普遍、更深入地植根于个人需要的结构之中,从而不仅阻止了阶级斗争,而且也阻止了所有自我解放的活动。与卢卡奇把意识形态看作一种神化阶级剥削现实的思想体系,认为它通过合理地解释无产阶级的历史使命就能得到消除不同,霍克海默、阿多尔诺和马尔库塞把意识形态看作人将虚假意识"自我施加"的现象,它不仅仅用以神化经济剥削;而且这种深深制度化了的虚假意识也不能仅仅通过理性的分析和批判就能消除。他们还把这种现象叫做"支配"(以代替卢卡奇的"物化"),它表示一种人不能据以察觉自己的异化,但是能据以欣赏资本主义的生产力及其物质丰裕的方式。由于支配的无所不在,本质与现象的界限模糊,意识形态与现实之间难以区分，虚假意识几乎成了普遍现象，无产阶级革命意识的激发遂变得不可能。

可以看出，如果说西方马克思主义的早期代表人物通过阐发马克思的阶级意识理论和意识形态理论，从保卫马克思的立场上批判经济决定论，那么法兰克福学派的理论家们则试图从根本上修正马克思的阶级意识理论和意识形态理论，来进行资本主义的文化批判。这种意识和意识形态理论的研究，越来越远离政治结构和经济结构的分析；这种文化批判，也越来越远离实际的阶级斗争。但即使这样，法兰克福学派的文化批判的地位和意义仍不应低估。他们对以虚假需求、工具理性和日益衰落的个体性等概念为基础的支配的批判，包括法西斯主义的文化心理基础批判，晚期资本主义的合法性批判，文化工业批判，单向度社会批判，特别是对长期以来被当作克服意识形态有效工具的科学所具有的意识形态性的批判等等，都为马克思主义文化和意识形态理论的发展提供了宝贵的思想资源。

中国共产党人结合本国历史文化特点，对马克思主义文化和意识形态理论也作出了重大的发展。毛泽东一直重视思想政治工作和文化工作，提出过许多具有长远意义的重要思想，但遗憾的是，在建国以后特别在社会主义改造完成以后，毛泽东的注意力越来越集中到意识形态领域里的阶级斗争上，犯了扩大化的错误，导致了严重的后果，最为严重的是导致了“文化大革命”的爆发。党的十一届三中全会果断地停止使用“以阶级斗争为纲”的口号，作出了把工作重心转移到社会主义现代化建设上来的战略决策。这一工作重心的转移也意味着意识形态的转型，邓小平理论的形成，标志着这种转型的完成。以经济建设为中心，坚持四项基本原则，坚持改革开放，作为新时期党的基本路线，规范了文化和意识形态的发展方向。在新时期我们以党的基本路线、基本理论、基本纲领为指导，取得了反对“左”的和右的错误倾向的一次次胜利，这表明我党已形成了科学的、成熟的意识形态理论。

同时,新时期也是一个交织着有时甚至是尖锐的思想和意识形态斗争的时期。“文化大革命”中的那种撇开经济建设的“意识形态中心论”是错误的,但是以经济建设为中心,并不意味着意识形态斗争已经终结,事实上,意识形态领域中问题正越来越成为全局性的问题。因此,如何以马克思主义为指导,借鉴、汲取历史实践中的经验教训,赢得意识形态领域工作的新的更大胜利,无疑是摆在我们面前的重要而急迫的问题。对此,我们也试着提出几点初步的认识。

第一,必须高度重视意识形态领域工作,巩固社会主义意识形态在我国思想文化领域的主导地位。

在现代社会,政治统治地位的维护,社会制度、政治权力结构、政治秩序的持续、稳定和发展,需要公民的心理认同和支持。为此就要从理论上、政治上、法律上论证和阐述政治统治的合法性,并使公民认同这种合法性,从而取得权威性。这种权威性的获得,主要是通过对与社会政治制度相应的即占主流地位的意识形态的灌输、宣传和社会化来实现的。这就是说,一定的意识形态具有使一定的社会政治制度、政权体系合法化,维护政治统治与政治秩序的特殊功能。尤其是,政治意识形态是政治集团成员所共有的认知体系,是“社会内聚力的一个先决条件”,它促进政治集团的团结和稳定,如葛兰西所指出,在保持整个社会集团的统一中,它可以起到“团结统一的水泥作用”。

在当今世界各种精神文化力量相互激荡的背景下,要巩固社会主义制度,发展社会主义事业,不仅要发展生产力,发展科学技术,增强综合国力,而且要发展社会主义文化,加强思想理论建设,旗帜鲜明地坚持社会主义意识形态的主导地位,既反对意识形态终结论,也反对意识形态多元化。

要巩固社会主义意识形态在我国思想文化领域的主导地位,

不仅要立场坚定，旗帜鲜明，充分肯定中国改革开放和社会主义现代化建设的伟大成就，还必须大力发展文化事业，做大做强文化产业，全力拓展文化市场，做实做精文化品牌，真正体现中国特色社会主义文化的先进性。同时，还要改进意识形态领域工作的方法、手段，通过增加理论的说服力、宣传的亲和力、教育的渗透力、思想的吸引力，来增进文化认同。

第二，必须既高度重视意识形态的地位和作用，又注意这些作用的范围和界限，善于在维护意识形态与批判意识形态之间保持必要的张力。

所谓意识形态作用的范围和界限，是指我们在与经济决定论、机械唯物主义划清界限的同时，又要避免陷入唯心主义。这就要求我们既要高度重视思想意识领域中的问题，在当前特别是要高度重视意识形态领域中的斗争，又要严格区分意识形态领域中不同性质的问题，始终坚持以经济建设为中心，避免重犯“意识形态中心论”的错误。俞吾金曾经提出过社会主义意识形态建设的“适度性”概念[①]，这是很有见地的。“意识形态中心论”的错误就在于，它把经济关系理解为了思想关系，把思想、意识的改变等同于社会存在的改变。而根据马克思主义，不但不能把思想、意识的改变等同于社会存在的改变，即使思想、意识的改变，也只有通过物质力量的改变才是可能的。

另一方面，意识形态在社会生活中是一把双刃剑。为此，我们既要高度重视意识形态领域的斗争，重视意识形态之于社会内聚力的意义，又要注意为意识形态除魅(disenchantment)[②]，对意识形态进行批判性反思。

---

① 俞吾金:《意识形态论》,第369页。

② “除魅”是社会学家马克斯·韦伯描述近代理性化消解神话过程的用语，此处借用来指对意识形态的批判。

意识形态作为社会存在合理性的辩护性思想体系，是任何社会都需要的。正因为如此，我们认为列宁把马克思否定性的意识形态概念改造为一个描述性概念，是发展了马克思主义。我们也认为在社会主义意识形态与资产阶级意识形态的对立、斗争成为不争事实的今天，任何取消、削弱社会主义意识形态的做法都是对资产阶级意识形态的加强。但是，如果意识形态的辩护性功能过于强大，就会遮蔽改革社会现实的需要，使人们与其生存环境之间陷入一种神秘化了的关系。而且，由于意识形态一经形成就具有相对稳定性，在一般情况下，它总是滞后于社会存在的变化发展过程，往往在社会存在发生根本性变化的时候，它才或快或慢地发生变革。因此它不但会遮蔽社会变革的需要，有时它还会阻碍社会变革。也因此，意识形态是必要的，为意识形态去蔽、除魅也是必要的。这种去蔽、除魅，就是认识到意识形态的限度，以马克思主义的唯物史观为指导，不是从意识，而是从人们的真实的生活过程出发，把握社会生活过程的本质。

第三，必须致力于意识形态自身的创新。

如何做到在维护意识形态与批判意识形态之间保持一种必要的张力？意识形态自身的创新是一条根本的途径。事实上，意识形态的去蔽、除魅与其自身的创新是一个问题的两个方面。去蔽、除魅要求理论创新，创新了的理论又是去蔽、除魅的强大武器。

最近一段时期以来，我们党高度重视意识形态领域的工作，特别是牢固地掌握意识形态的领导权，同时通过提出"三个代表"重要思想进行了意识形态的一系列创新，从而生动体现了意识形态问题上维护与创新的辩证法。

值得指出的是，我们的文化和意识形态创新的主要理论资源必须是马克思主义，主要实践动力也必然是建设有中国特色社会主义的伟大事业。但是，如同马克思主义不是离开人类文明发展道路之外的东西，建设有中国特色社会主义也不是外在于全球化进程的事业一样，资产阶级业已创造的文化对于我们也并非只具有否定的意义。毫无疑问，社会主义的文化和意识形态与资产阶级的文化和意识形态之间在根本上是对立的，但是社会主义的文化和意识形态建设并不可能在“空地”上进行。我们绝不能像列宁曾经批判过的“无产阶级文化派”那样妄想以所谓“实验室的道路”来创造“纯粹无产阶级的”文化。学习、借鉴资产阶级业已创造的、属于人类共同财富的那部分先进思想文化成果，是我们实现文化和意识形态创新的一个重要条件。就此而言，文化和意识形态的兼容能力与其创新能力之间存在着一种正相关。作为一个佐证，莱斯特·瑟罗指出，资本主义迄今取得的暂时优势，是与其强大的兼容能力分不开的。面对来自共产主义和福利国家两方面的意识形态和制度竞争，资产阶级积极吸收这两种制度中的可兼容部分。[①] 可以相信，兼容了世界先进思想文化成果的社会主义文化和意识形态，必将大大增强其创新力和解释力。

在改革开放的新时期，我国的经济与社会发展取得了重大成就，意识形态领域的工作在其中发挥了重要作用。在经济与社会发展提供的新基础上，只有适时地把意识形态推向前进，才能巩固已经取得的经济与社会发展成就，更加清醒地走在时代的前列，赢得更大的发展和进步。

三、政治社会化

人们对政治传统和在政治系统所扮演的政治角色以及与之相关的行为的知识，并不是与生俱来的，而是通过后天的学习以及对社会环境的了解而获得的。政治社会化就是获取这些知识、形成

---

① 参看莱斯特·瑟罗：《资本主义的未来》，中国社会科学出版社 1998 年版，第 17 页。

政治态度和相应政治行为的一种或多种过程。无论行为主义者还是马克思主义者都对这一过程予以了关注。行为主义者认为人们通过政治态度和社会习性的学习而融入的一种民族政治文化是决定政治稳定、民主制度的主要因素;马克思主义者注重政治社会化研究,则"间接导因于安东尼奥·葛兰西关于霸权(即前文中的"领导权",下同——引者注)的观念"[①]。虽然前者关注整个社会的价值观对社会结构的影响,而后者强调社会内部不同阶级、阶层的利益,以及利益的冲突会引起社会变革,但是两者对政治社会化在取得政治一致性的社会功能方面都给予了重视,其中前者认为"无秩序和冲突理所当然",因而将大部分精力放在如何通过自由、民主和参与价值的普及来解释一致和稳定,后者则"假设稳定是社会的正常情况"[②],强调社会化机制和意见的形成机制在功能上与统治阶级的霸权相联系。

无论行为主义者还是马克思主义者,他们都指出政治社会化对政治态度的形成和政治稳定是至关重要的。对个人而言,政治社会化过程决定了各种政治文化的继承和发展,决定了不同社会的人民特有的政治信念、政治准则和政治态度。对政治系统而言,"政治社会化有助于维持政治系统与政府的运作,并使其合法化"[③]。著名政治学家罗伯特·达尔也指出,任何政治体系的领袖都要维护和弘扬一种政治意识形态,以便说明和论证国家统治的合法性。这是因为,政治权力一旦披上了合法性的外衣,就会转化为一种特殊的影响力——政治权威。这种政治权威不仅比赤裸裸的强制可靠和持久,而且还能使统治者用最少的政治资源进行控制。政治社会化正执行着这样一种特殊的社会政治职能。

---

① 戴维·米勒、韦农·波格丹诺编:《布莱克维尔政治学百科全书》,第571页。

② 西摩·马丁·李普赛特:《一致与冲突》,上海人民出版社1995年版,第5页。

③ 迈克尔·罗斯金等:《政治科学》,华夏出版社2001年版,第142页。

现代意义上的政治社会化研究起源于20世纪20、30年代梅里亚姆等美国学者对政治教育的讨论。政治社会化研究成为一个专门领域，则开始于20世纪50、60年代西方学者对儿童和青少年政治行为发展进行的研究。1958年美国学者伊斯顿首次发表了有关政治社会化的文章，1959年赫伯特·海曼《政治社会化》一书出版，1960年格林斯坦和伊斯顿各自发表了他们关于学龄儿童政治发展的研究报告。在这之后的20年里，政治社会化的研究引起了学术界极大的关注，研究这一问题的著作层出不穷，逐步形成较为成熟的理论体系和研究框架，其中具有代表性的著作有：戴维·伊斯顿和杰克·丹尼斯的《政治系统中的儿童》、理查德·道森和肯尼思·普热维特的《政治社会化》、格林斯坦的《儿童与政治》、诺尔曼·艾德勒和查尔斯·哈林顿的《政治行为的习得》、爱德华·格林伯格主编的《政治社会化》、迈克尔·里卡兹的《美国公民精神的塑造：政治社会化导论》和伦肖恩主编的《政治社会化大全：理论与研究》等等。

这些著作对政治社会化作出了多种定义。阿尔蒙德和鲍威尔认为政治社会化是对政治文化的维持、改变和创造，他们强调政治文化是政治社会化的核心内容，政治文化的传承是政治社会化的目标之一。兰顿也说，政治社会化指的是社会把它的政治文化一代一代往下传的方式。道森和普热维特认为政治社会化是公民习得关于政治世界知识的历程。西格尔和格林斯坦似乎对正式教育机构情有独钟，他们把政治社会化界定为正式教育机构有意识地灌输政治和政治价值观的过程。伊斯顿和丹尼斯从个体学习角度指出，政治社会化是个人获得政治取向和行为模式的发展过程。

综合以上观点，我们可以看出，政治社会化就是人们在特定政治关系中，接受社会政治文化教化，通过社会政治生活和政治实践活动，逐步获得政治知识和政治行为方式，形成和改变自己的政治态度和政治思想的过程和方式。这可以从以下四个方面得到理解:第一,政治社会化是个人学习和建立政治取向和行为模式、形成政治人格和政治自我的过程和方式,个人在这一过程中发挥积极能动性。第二,政治社会化是一个政治教育和训练的过程,社会组织和群体把现存的政治系统中认可的政治价值、信仰、规范和行为灌输、传授给所有成员,把社会人转变成政治人。由于存在着群体的亚文化,可以通过特定机构的教育把多种亚文化融合到一国整体的文化中来,以维持政治秩序的稳定。第三,政治社会化是一个不断互动的过程,它是人们认识政治和政治文化内化相统一的过程。第四,政治社会化是政治文化永恒化的过程,它是持续的、贯穿一生的,早期的家庭影响、成人时的学习、工作、交友经历,还有一些重大社会事件等都会给社会成员留下影响痕迹。虽然在一开始,“研究者们把注意力集中于成熟的政治观念和行为的发生前时期”[①],例如,社会如何按某种先验的模型塑造儿童,儿童特有的个性发展是如何进行的。但在后来的研究中,个人的政治社会化不再被局限于青少年时期,研究者开始注意成年人和他们对不断变化的环境的反应方式。

政治社会化理论深受行为主义革命的影响。它以实现政治学研究的“科学化”为目标,试图将政治生活看成是一个有着输入、输出、反馈等功能并可加以控制的系统,认为一个政治体系中政治文化的性质和结构,与政治稳定的程度、政治发展的水平和政治一体化进程有非常密切的关联。一个政治共同体的政治社会化越是发达、开阔,政治文化就越能得到广泛的传播,而主导的政治文化传播得越广泛、深入,政治体系就越趋向于稳定、完善。这种相互关联,将政治社会化与政治体系的稳定间接地联系起来。政治社会化——在政治共同体内部传播政治文化,共同体成员获取政治知识、形成政治态度的互动过程——所要分析研究的就是这个过程

① 戴维·米勒、韦农·波格丹诺编:《布莱克维尔政治学百科全书》,第571页。

以及与其相关的各种机制和机构。而这项研究的推进无论在内容上还是在方法上都是微观化的，它深入人们的心理结构和精神结构之中，对个人“政治自我”的形成进行微观化考察；它运用社会学、心理学、人类学、行为科学的研究方法，通过社会调查和各种实验，对不同性别和等级地位不同的人进行描述和分析。

具体而言，政治社会化内容大致可分为三类：对政治体系的依附；党派性态度；政治参与。对政治体系的依附表示对政治体系和“政权”的组织机构、结构和规范的认同，党派性涉及到对日常政策的偏爱和对任职者或候选人的派性偏爱，政治参与是指公民个人旨在影响政府决策的活动。前两项主要涉及政治态度，而参与则较多地体现在公开行动上。[①] 对于政治家来说，研究这三个方面的最基本目的在于，寻找早期的政治态度和政治行为与最终在政治体系中产生的某种结果之间的联系。例如，儿童早期对政治体系的依附被认为在政治上具有决定意义，而且儿童对政治现象似乎能作出最早的情感反应。通常纳入依附这项内容的有：对政权象征（国旗、标志性建筑、民族英雄、历史事件等）的情感、广义的政治信任、对机构的支持、对公共政策的支持和在行为上对政策的依从以及政治规则的赞同等。而党派倾向则集中于对个别政治领导人，各种政治、社会、民族和宗教集团，各种问题立场以及历史事件的态度上。政治参与包括公民个人合法和非法地、使用暴力或采取和平手段、成功或不成功地影响政府决策的行为。

这三类研究内容分别在政治社会化的几个阶段被考察。一般来说，政治社会化可以分为三个阶段：一是政治文化的传授阶段，指个人在儿童和青少年时期所受的有关政治知识的教育和影响；二是个人能动的学习阶段，指个人自觉地了解和认识政治世界，开

① 参看戴维·O·希尔斯：《政治社会化》，载格林斯坦、波尔斯比编《政治学手册精选》下卷，第2～3页。

始形成自己的政治态度、政治人格和政治行为；三是进入政治系统的政治录用过程，个人开始从消极的旁观者变为积极的参与者。这三个阶段之间并没有明确的界限，甚至部分是重合的、相互加强的。但是对政治社会化的研究兴趣较多集中在对青春期前儿童的研究上，这基于这样的假设：政治文化的传递主要是通过儿童教育，而成年教育只具有一种维持、补充和纠正的作用。

政治社会化并不是自动进行的，而是通过各种组织、机构等传导机制实现的。常见的执行政治社会化功能的机构有家庭、学校、伙伴群体、大众传媒和政府等。

家庭是实施政治社会化的重要机构。政治态度的形成主要在3~13岁，在这段时间里，家庭对学龄前儿童有着绝对的影响，即便对学龄儿童后也有着重要影响。家长倾向于把自己从长辈那里学到的知识传给后代，这种影响虽然包含了大量无意识现象，但是父母的言行，例如对政治的基本观点，对政治事务与政治角色的态度，都有可能对子女的行为施加很强的影响力，即便是在其子女离开家庭很长时间之后。而且，家庭的生活方式、社会交往都会使儿童意识到他所处的社会地位，从而建立最初的某种政治态度的基础。美国的一项调查表明，在家里被父母虐待的孩子，长大后会发展出权威人格倾向，而被家庭溺爱的孩子，会使其害怕失去父母的庇护，这种依赖和恐惧在他长大后则表现为对政治的不信任和冷漠。[①]家庭也会传授社会中通行的道德和基本礼仪，例如在与家庭成员、同学、朋友的关系处理方面，以及宗教价值观的传播方面，并且“儿童的党派性大都是父母态度的翻版”[②]。阿尔蒙德在《公民

① T.W.Adorno, Else Frenkel-Brunswich, D.J.Levinson, and R.N, Stanford, The Authoritarian Personality, New York: Harper & Row, 1950.

② 戴维·O·希尔斯：《政治社会化》，载格林斯坦、波尔斯比编《政治学手册精选》下卷，第41页。

文化》一书中也专项调查家庭决策模式，发现那些有着父亲作主的家庭环境或很早就能参与家庭大事讨论的孩子，在长大以后更相信自己有能力影响国家政治决策。

解释父母对子女态度的影响程度主要用到“参照团体方法”①，这种方法注重与父母政治态度的沟通，与父母的感情联系和家庭外的影响。有学者通过这一方法对家庭因素的决定程度作了总结，父母－孩子之间的党派一致性的程度取决于：一个简单和稳定的态度目标；父母态度在时间上的稳定性；父母对政治问题的一致性；家庭成员政治卷入的通常水平；刺激沟通的公共事件的出现；小孩完全地和毫无偏见地接受；儿童同父母的感情纽带；在家庭外儿童的意见气候中占支配地位的态度倾向于加强家庭规范或与之相冲突的程度。② 由于家庭的影响受这些因素制约，所以在个人政治取向的形成过程中，家庭的作用也并不是绝对的，它在不同的社会和政治中的意义很可能是不同的。

学校是传播文化的第二个基本工具，也是为这种目的建立起来的专门机构。从儿童到青少年，一般都要接受系统的、正规的和较为长期的学校教育，这种教育实际上是一种有意识的、有目的的、正规的政治文化的培育过程。这也是学校教育与家庭教育的区别之处。学校并不一定像家庭教育趋于传授传统保守文化，在一定时代和一定情况下，学校是传播新的进步文化的工具。20 世纪初法兰西共和国“被解放的”学校就想成为圣耶稣所梦想的、类似 1917 年以后俄国革命学校那样的“解放”学校③。但是在政府运作良好的国家，学校和家庭社会化的内容是一致的。

---

① 戴维·O·希尔斯：《政治社会化》，载格林斯坦、波尔斯比编《政治学手册精选》下卷，第 43 页。“参照团体方法”主要涉及团体规范（明晰度、力量和频率）的沟通及对团体的认同。

② 同上书，第 44 页。

③ 同上书，第 87～88 页。

学校中的政治社会化主要通过两条途径，一是通过正式的有关政治方面的课程传授有关现行政治制度的知识，旨在培育与之适应的公民。这种课程在西方国家被称为公民课程，对培养学生的对现行政权的感情以使其认同政权及领导人、形成符合统治者利益的政治态度等有着积极作用。二是通过团体生活培养学生的政治角色意识，让学生了解组织和制度的实际涵义。

家庭和学校虽然是两大文化媒介，但是儿童的社会化有一部分也是在家庭和学校之外进行的，而且个人的政治社会化也不局限于儿童和青少年期，成人还要经历"政治社会化的延续"和"再社会化"的过程。这样，各种社会团体、政治组织、政府机构，尤其是大众传媒，将对人们进行持续的政治社会化。

政治社会化成为一个专门的研究领域之后，在研究内容上得到了不断完善，研究方法也日趋成熟，而其他研究领域中的学者所提出的具有建设性的评论也推动着这一研究领域的发展。西尔斯对这些学者提出的较为明确的批评作了几点归纳：(1)早期的政治态度是反复无常和不真实的；(2)对这种态度只是表面地和不适当地测量过，方法主要是填写调查表；(3)抽样调查十分不足，从而使研究结果无价值；(4)早期的政治态度不会坚持到儿童期或青春期以后；(5)它对成年人的态度和行为没有多少或者根本没有影响；(6)它在政治体系内部没有多少或者根本没有重要性；(7)对政治社会化的研究有保守主义偏见，因为它调查的是模式的维持而不是态度的改变。[①] 唐斯(R.E.Dowse)对此又进行了补充。他说，政治社会化基于一种不言自明的假设，"即个人所融入的政治文化没有阶级倾向，其隐含的意思是——假如思想的确决定行为，那么，

---

① 戴维·O·希尔斯：《政治社会化》，载格林斯坦、波尔斯比编《政治学手册精选》下卷，第58~59页。

人们就被融入一种有秩序地支持现状的行为方式之中”[1]。但这种假设是需要被进一步证明的。马克思说过:“统治阶级的思想在每一时代都是占统治地位的思想。……占统治地位的思想不过是占统治地位的物质关系在观念上的表现,不过是以思想的形式表现出来的占统治地位的物质关系;因而,这就是那些使某一阶级成为统治阶级在观念上的表现,因而这也就是这个阶级的统治的思想。”[2] 这一论断告诉我们,政治文化是有阶级倾向的。在马克思上述论断的基础上,列宁更是提出了社会主义意识形态需要“灌输”的思想。列宁指出无产阶级政党的任务就是要“把社会主义思想和政治自觉性灌输到无产阶级群众中去”[3],并阐明了无产阶级政党对工人阶级和广大人民群众进行政治社会化的主体性作用。列宁说:“我们党的一切组织和团体每天经常进行的全部工作,即宣传、鼓动和组织工作,都是为了加强和扩大同群众的联系。这种工作任何时候都是必要的,但是在革命时期会显得更加必要。”[4] 没有强有力的政治社会化工作,不用马克思主义和无产阶级阶级意识去武装人民,革命就不能胜利,社会主义建设就不能成功。然而,从政治社会化研究的总体情况来看,这种观点并没有引起行为主义者的重视,而马克思主义阵营中的学者也多将此观点置于资本主义社会中加以考察,这都为政治社会化理论的发展留下了广阔的空间。

我国在社会主义时期的政治社会化是以马克思主义为理论基础的。从实践来看,我国的政治社会化并没有被当作只是维护现存政治态度和取向的既定过程,而是要求其过程本身也必须发生

---

① 戴维·米勒、韦农·波格丹诺编:《布莱克维尔政治学百科全书》,第 572 页。
② 马克思、恩格斯:《德意志意识形态》,《马克思恩格斯选集》第 1 卷,第 98 页。
③ 列宁:《我们运动的迫切任务》,《列宁选集》第 1 卷,第 285 页。
④ 列宁:《社会民主党在民主革命中的两种策略》,同上书,第 528 页。

变化，以便形成与现行政治制度相一致的政治态度。有鉴于此，要建设可欲的政治文化和政治意识形态，在社会化的结构和内容中确立新的类型是十分重要的。

长期以来，我国的政治社会化注重思想道德和政治立场、观点的培养，其内容主要包括：理论建设方面，坚持以马克思列宁主义、毛泽东思想、邓小平理论教育和武装全国人民，坚持贯彻“三个代表”重要思想；在理想建设方面，坚持以建设中国特色社会主义，把我国建设成为富强、民主、文明的社会主义现代化国家为全国人民的共同理想，并以爱国主义精神为实现这一理想的基础；在道德建设方面，坚持在发展社会主义市场经济的条件下提倡为人民服务和集体主义精神，形成正确的世界观、人生观和价值观；在人文精神方面，坚持以马克思主义解放全人类、实现人的全面而自由发展等思想为核心价值体系，培养公民的自主意识、竞争意识、创新精神、效率意识、民主法制意识、权利义务观念、平等意识、契约观念、自律意识等，引导人们正确处理经济领域和社会生活领域面临的各种矛盾，形成既把国家利益放在首位而又充分尊重公民个人合法利益的社会主义义利观，形成健康有序的经济和社会生活规范，克服在社会转型过程中出现道德失范。

我国的政治社会化渠道，主要以学校教育、政党、工作单位和大众传媒等传播政治信息和政治文化为主。例如在思想政治教育过程中，有明确的指导思想和目标，有高度分化的组织体系，有职业的政工干部队伍，有专门培养政工干部的学校（如各级党校、青年政治学院等）。在中小学一般都设有政治课，对社会主义的必然性和社会主义制度的优越性进行解释，培养学生的爱国主义情感和对国家的认同。

在新的历史时期，面对人民群众思想活动的差异性和多样性，要增强政治文化和政治意识形态的说服力和影响力，并以共同目标和共同信念统一人们的思想，就要运用马克思主义理论的新发展和现代的科学技术创新我国政治社会化的内容和方式。在内容上，一方面要继续进行社会主义政治道德的培养，坚定共产主义信念，巩固社会主义意识形态在我国思想文化领域中的主导地位，但是随着文化和意识形态的创新，政治社会化的内容也相应地进行创新，“三个代表”重要思想就是继承马克思列宁主义、毛泽东思想和邓小平理论的基础上，总结实践的新经验，借鉴当代人类文明的有益成果，在理论上作出的新概括，对“三个代表”重要思想的学习和贯彻应当成为我国政治社会化的重要内容。另一方面，要扩展政治社会化的内容，政治社会化不仅要培养其人民对政治的认同感，还要加强对人民政治知识和政治参与能力的培养，使人民真正认识政治的实质和运行规律，掌握国家、政党、法律、国际政治、公民基本权利和义务等基本政治知识，了解政府和各种政治权力部门的关系以及政治权力运作的基本规则，掌握有关民主政治形式，并让人民群众自己参加管理国家政治事务和地方政治事务，在实践中锻炼政治参与的技能，具备民主政治行为能力。

在政治社会化渠道和方式的选择上，要继续发挥政党的作用。列宁曾经指出，无产阶级先锋队的作用，包括“训练、启发、教育工人阶级和农民中最落后的阶层和群众并吸引他们来参加新生活”①。我们党作为社会主义建设事业的领导核心，必须在政治社会化工作中承担起领导者和主要执行者的角色，既制订政治社会化的目标、宗旨、主要内容及总体方案，又协同各方面力量和组织结构来具体执行。在坚持共产党领导的基础上，政治社会化也要顺应时代和科学技术的发展变化，不断扩展其渠道。这不仅要求综合利用家庭、学校、政府、同辈团体、工作场所、政治组织、大众传媒、互联网络等多种渠道，还要使正面的、直接的、灌输式的政治社会化方式，与间接的、潜移默化的、实践的社会化手段很好地结合

① 列宁：《共产主义运动中的“左派”幼稚病》，《列宁选集》第4卷，第160页。

起来，其中具备跨地域性、即时性、无限扩张性等特点的互联网络将对政治社会化方式的创新产生重大影响。

综上所述，政治态度与政治制度、社会经济因素之间的关系是政治态度研究的重要内容，寻求这种关系的协调发展以保证政治结构的稳定是政治态度研究的目标，而稳定的民主政体既依赖于政治制度安排又依赖于公民的政治心理取向，则是政治态度研究得出的结论。政治态度作为一种非正式制度与政府、法律、规则等正式制度相互补充、相互协调，是政治稳定和政治发展的重要保证。

在今天，实现这种非正式制度与正式制度的互补、协调的重要性大大突出了。全球化的制度安排所遭到的最有效攻击，常常不是那些与经济学有关的问题，而是社会问题、伦理问题，并首先是民族问题、文化问题。从全球化背景下关于民族主义问题的讨论中我们可以看到这一点。

从伊拉克战争引出的对民族主义的讨论

北京时间2003年3月20日上午11点15分，美国总统布什在白宫发表讲话，宣布解除伊拉克大规模杀伤性武装的战斗已经开始。布什说，“此行动旨在解除伊拉克武装，解放伊拉克人民，避免世界陷入严重的危险。……我们要帮助伊拉克成为一个团结、稳定、自由的国家，这需要我们做出持久的承诺。在伊拉克，我们会尊重伊拉克人民，尊重他们伟大的文明和所持有的宗教信仰。我们在那里没有野心，我们惟一的目标就是去除威胁，把这个国家的管理权重新还给它的人民。”同日，伊拉克总统萨达姆也发表电视讲话，号召所有伊拉克人全力迎战，抵抗异教徒入侵。在战争中以及在战争结束以后，伊拉克人民的民族主义情绪持续高涨。而美国在试图将所谓普世民主价值观全球化的同时，也激发了族裔民族主义者更为强烈的自我声张意识。

第五章　政治态度

著名民族主义研究学者霍布斯鲍姆曾经指出，民族和民族主义者正在被全球现代化之当代阶段上的跨国力量所取代，全球化进程中，民族国家的疆界将不断被侵蚀。但是，近年来，霍布斯鲍姆修改了上述看法，他确认民族主义重新广泛出现，并且活跃旺盛，甚至在一些发达国家也是如此。事实上，在加拿大的魁北克，英国的北爱尔兰，法国的科西嘉，西班牙的巴斯克和加泰罗尼亚等等，西方发达国家就像许多欠发达的非西方国家一样，感受着族裔民族主义和分离主义的压力。

著名国际关系理论家摩根索认为，当代的民族主义实际上是民族世界大同主义；它同19世纪的民族主义相比只有一个共同点，就是国家是政治效忠和政治行动的基准点。对于19世纪的民族主义来说，建立民族国家是民族主义者奋斗的最终目标，它要求一个国家由一个民族组成，而对于20世纪的民族世界大同主义来说，国家使命的最终目标指向政治上的世界大同，它主张一个民族和一个国家有权将自己的价值观和行为准则强加给所有其他民族。

民族主义的新内涵在20世纪末21世纪初，又以两种相反的倾向表现出来，一是全球化背景下再度爆发的民族主义浪潮，一是欧盟的实质化运作。这两种倾向促使我们重新审视民族主义，也为我们提供了一些可供讨论的线索：

1. 全球化背景下的民族主义浪潮能否再次成为历史发展的主要动力？

在新的世纪，全球化进入了一个全新的阶段。技术的进步，特别是信息技术的进步使世界经济、社会联系更为紧密；资本、商品和劳务以更大的规模和更快的速度在国与国之间自由流动。这种国家边界的消失以及经由市场相互联系的世界的建立，的确对地区文化和民族文化，对传统、风俗、神话构成了强烈的冲击。但是，要完全消除不同文化并非易事，由西方所体现的现代化对一些国家人民心理上的冲击，遭到了人们对其所代表的西方文化的反叛。但由此而产生的民族主义浪潮在很大程度上只是对"非民族与非民族主义原则"的回应，它仅仅是一种新的复兴(例如对压制或干涉本民族发展的意识形态和政治文化的反叛)还是一种持续存在，并进而为21世纪世界政治重构提供新的原则，这是一个尚需讨论的问题。

2. 欧盟的建立是否意味着未来将会是一个没有民族和民族主义的世界？民族国家情愿将自己的权力拱手让与一些全洲性或全球性的组织吗？并且这种让与会成为可能吗？

尽管欧盟在其内部建设中困难重重，矛盾不断，欧洲各民族之间也被认为缺少一种深厚的情感或文化上的连接，但欧盟无疑体现着对传统民族国家和民族主义概念的超越。同时它似乎也意味着一种新型民族主义的诞生，这种民族主义建立在区域概念之上，并试图超出美国控制，确立欧洲地位。欧盟是否只是将民族国家的概念作进一步扩大，还是能通过找到共同的信仰和价值体系为民族和民族主义指出通向未来之路，这需要讨论和时间的证明。

第六章　政治发展

政治发展特指发展中国家由传统政治体系向现代政治体系转变的过程，包括政治权威的合理化、政治结构的分化和政治参与的扩大。

在亨廷顿看来，政治发展的首要目标是确定政治秩序，实现政治稳定，然后是走向政治民主，两者是连续而非对立的关系。

政治发展研究在实证层面已经衰落，90年代以来的政治发展研究已经延伸到政治哲学领域，表现为“历史终结论”和“文明冲突论”的相互对立，而普遍主义与多元主义的论争，将为政治发展研究提供理论资源。

中国的政治发展可以从自主社会的形成、现代国家的构建和执政党的自身建设三个方面来解读。“政治文明”概念的提出，预示中国政治发展进入了一个新的时代。

政治发展研究是当代政治学的重要领域。发展中国家政治发展实践对理论的巨大需求和政治学者们强烈的现实关怀共同造就了政治发展研究的兴盛。政治发展理论的产生，为我们观察第三世界国家的政治变迁提供了视角，并且丰富了政治科学的研究方法。但是，发展中国家政治发展实践的挫折，与理论的繁荣形成了

强烈反差，使得研究者不得不面临这样一个颇为尴尬的局面：要么承认自己的研究彻底失败，毫无解释力，成为以后政治发展研究史上一笔带过的理论；要么紧跟在现实政治变迁之后，不惜随时修正自己的理论。著名政治发展研究者亨廷顿就是后者的代表，他从《变化社会中的政治秩序》，到《第三波——20 世纪后期民主化浪潮》，再到《文明的冲突与世界秩序的重建》，固然是始终站在学术研究的前沿，但也反映了其理论上的左右摇摆之处。

在这一章，我们将围绕亨廷顿政治发展观的主要内容及其变化，首先考察 20 世纪 50、60 年代兴起的政治发展理论，接着指出，由于价值中立的研究方法，实证的政治发展研究逐渐衰落，90 年代以来的政治发展研究已经延伸到政治学的上游——政治哲学领域，政治哲学层面上的普遍主义与多元主义之论争，为政治发展研究提供了诸多理论资源。最后，我们以这样的思路讨论了中国政治发展的现状与未来。

一、政治发展理论的兴起

正如亨廷顿和多明格斯在《政治学手册》中所说的那样，直到"(20 世纪)70 年代初期，政治发展这一词汇在政治学的词汇和概念库中还是个新来者。如果早十年准备本《手册》，那它仍然会包含论政党、立宪主义、决策、集团理论、政治权力、政治参与、联邦主义、国际组织、司法行为、组织决策和一大堆其他引人感兴趣的题目的专题论文。除非编辑们具有非同寻常的先见之明，不然《手册》不会刊登论政治发展的论文"[①]。政治发展理论作为一种学术潮流是在第二次世界大战结束之后才兴起的，当时一大批殖民地

① 塞缪尔·P·亨廷顿、乔治·I·多明格斯：《政治发展》，载格林斯坦、波尔斯比编《政治学手册精选》下卷，商务印书馆 1996 年版，第 148 页。

成为独立的民族国家，形成所谓的第三世界国家，世界政治格局发生了很大变化。而第三世界国家在独立后经济、政治、社会各方面的走向，是一个很具有现实意义的问题，为西方政治学者提供了广阔的研究素材和展现自己理论成果的机会，政治发展理论应运而生。

政治发展理论的代表性著作主要包括丹尼尔·伦纳的《传统社会的消失》(1958)、加布里埃尔·阿尔蒙德、詹姆斯·S·科尔曼的《发展中区域的政治》(1960)、卡尔·多伊奇的《社会动员和政治发展》、戴维·阿普特的《政治现代化》(1965)、卢西恩·派伊的《政治发展面面观》(1966)以及塞缪尔·P·亨廷顿的《变化社会中的政治秩序》(1968)等。造成政治发展研究初步繁荣局面的，除了第三世界的出现这样一个大的时代背景之外，另一个重要原因就是后来被称之为政治学行为主义革命的潮流影响。行为主义在方法上由传统的历史研究和法律制度式的研究发展到重定量、重动态、重过程的研究，这种方法把人的行为作为基本研究单位，认为只有通过研究人的行为过程，才能研究人的行为动机。行为主义者主要从心理分析学派那里吸取诸如结构、功能、输入、输出、反馈和体系这样一些概念，建立起自己的理论框架。20世纪60年代初，源于区域研究和源于行为主义革命的两股潮流汇合在一起，结果是有意识地把注意力集中到政治发展问题上。[①]

阿尔蒙德在与鲍威尔合著的《比较政治学:体系、过程和政策》一书中认为，政治发展包括三个变量:一是政治文化的世俗化，意味着个人自信拥有改变环境的能力，并选定有助于自己改变环境的行动方案。二是政治结构分化。由于角色发生分化，变得更加专门化或自主化，出现了新型的专门角色以及专门化结构和次体

---

① 塞缪尔·P·亨廷顿、乔治·I·多明格斯:《政治发展》，载格林斯坦、波尔斯比编《政治学手册精选》下卷，第149~150页。

系,角色之间或结构之间的相互关系也相应发生变化。三是政治决策能力和贯彻能力的提高。①

卢西恩·派伊在《政治发展面面观》一书中,把政治发展概念可以解释的领域归纳为以下十个方面:(1)政治发展是经济发展的先决条件;(2)政治发展以工业社会的政治为模范;(3)政治发展是政治现代化;(4)政治发展是一个民族国家的运动;(5)政治发展是行政和法制的发展;(6)政治发展是大众动员和参与;(7)政治发展是民主政制的建立;(8)政治发展是稳定的有秩序的变迁;(9)政治发展是动员和权力;(10)政治发展是社会变化过程中的一个方面。②

从上可见,政治发展可以从许多方面来理解,但值得指出的是,它不像某些政治学术语那样宽泛模糊,相对而言它是一个产生于特定历史时期的较为狭窄的概念,其内涵主要可以从四个方面来理解。第一,地理上是指发展中国家而不是发达国家。例如,在坦桑尼亚,调查研究公民对他们政府的态度往往被称之为对政治发展的研究,而在英国使用的同样的调查就不是。当然这并不是说发达国家中的政治状况已经达到了完美无缺的程度,不需要任何改善和发展了,通常我们所说的政治发展理论仅仅是有关第三世界的狭义研究。第二,政治发展被认为是更为广阔的现代化进程中所派生的政治方面的后果。政治发展研究只不过是更大范围内的社会科学研究的一个分支,在这个意义上政治发展等同于政治现代化,是现代化的一个部分。第三,政治发展的定义是朝向一个或更多目标或者代表政治体系的状态的运动。这样一些预设的目标包括民主、稳定、参与、自由、公正等等在内,可以用一个大的

---

① 阿尔蒙德、鲍威尔:《比较政治学:体系、过程和政策》,上海译文出版社 1987 年版,第 23~25 页。

② 参看王沪宁:《当代西方政治学分析》,四川人民出版社 1988 年版,第 161~162 页。

标签概括为政治民主化。第四，政治发展被看作是朝着现代工业社会所特有的政治的一种运动，是为了满足工业化社会的功能需要。[①] 实际上，在或多或少带有西方中心主义色彩的西方学者看来，政治发展的这四种含义是内在统一的，政治发展就是指广大发展中国家在经济发展的同时或者之后，如何模仿西方发达国家的先进政治制度，实现政治现代化或者说政治民主化的过程。本书也较多地在这一意义上使用政治发展概念。

在众多的政治发展研究中，塞缪尔·P·亨廷顿是一位代表性作家。据《美国政治学季刊》1986 年夏季号所载统计资料，在国家政治理论领域，1981 年至 1986 年间，他被别人在学术著作中引用过 1072 次，遥居各家同行之首[②]。他 1968 年出版的《变化社会中的政治秩序》，在我国同一时间有多个汉译本。亨廷顿高于其他同类论者的地方在于，他不是在理论上论证西方自由民主模式是发展中国家政治发展的未来方向，而是运用比较历史的分析方法，探求发展中国家实现政治现代化的具体可行之道。在《变化社会中的政治秩序》的开篇，他就明确提出："各国之间最重要的政治分野，不在于它们政府的形式，而在于它们政府的有效程度。有的国家政通人和，具有合法性、组织性、有效性和稳定性，另一些国家在政治上则缺乏这些素质；这两类国家之间的差异比民主国家和独裁国家之间的差异更大。"[③] 亨廷顿固然是从比较政治功能的角度来提出这样一个略为夸张的观点，但其本意是强调政治稳定和政治秩序在发展中国家政治现代化过程中的重要性，而这一点正是其他政治发展研究者常常忽视的。

---

① 参看塞缪尔·P·亨廷顿、乔治·I·多明格斯：《政治发展》，载格林斯坦、波尔斯比编：《政治学手册精选》下卷，第 151 ~ 153 页。

② 参看亨廷顿：《变化社会中的政治秩序》，三联书店 1989 年版，汉译本序，第 2 页。

③ 同上书，第 1 页。

亨廷顿在比较美国和其他国家的现代化历史经验时，清醒地认识到美国独一无二的政治发展道路并不适合发展中国家，就像历史学家托克维尔考察北美大陆所说的那样，美国人生而平等，无须为创造平等而操心，他们没有经历过民主革命的苦难而坐享了民主革命的果实。在谈到美国人对政府的态度时，亨廷顿举例说："当一个美国人在考虑政府建设问题时，他的思路不是如何去创造权威和集中权力，而是如何去限制权威和分散权力。如果要他设计一个政府，他马上会想到要制定一部成文宪法，想到还要有权利法案、三权分立、制约和平衡、联邦制、定期选举、党派竞争——一整套限制政府的绝妙手段。"但是，亨廷顿清楚地知道，在很多发展中国家，连一个能实施有效统治的政府都没有建立，因而他引用麦迪逊在《联邦党人文集》中第五十一篇的话："组织起一个由人统治人的政府，极大的困难是：首先你必须使政府能控制被统治者，然后还要迫使它控制其本身。"以此强调发展中国家面临的首要任务是树立政治权威而不是去限制它，是先建立一个合法的公共秩序而不是实现自由。①

在亨廷顿看来，政治现代化主要包括三个方面的内容。第一，政治现代化涉及到权威合理化，并以单一的、世俗的、全国的政治权威来取代传统的、宗教的、家庭的和种族的等等五花八门的政治权威。第二，政治现代化包括划分新的政治职能并创制专业化的结构来执行这些职能。具有特殊功能的领域——法律、军事、行政、科学——从政治领域分离出来，设立有自主权的、专业化的但却是政治的下属机构来执行这些领域里的任务。第三，政治现代化意味着增加社会上所有的集团参政的程度，在所有现代国家里，

---

① 参看亨廷顿：《变化社会中的政治秩序》，三联书店 1989 年版，汉译本序，第 7 页。

公民直接参与政府事务并受其影响。①

不过,亨廷顿是从静态的标准来衡量上述政治现代化的三方面的良好后果和表现的,确切地说,只是描述了现代政治所应该具备的基本特征,但现实中的政治现代化是一个传统政治体制向现代政治体制转变的动态过程,往往不一定会自动实现现代政治的目标。比如,在传统的农业社会向工业社会转变的过程中,经济、政治、文化和社会自身的发展必然导致公民政治参与的日益扩大,政治参与水平也是衡量一个国家政治民主程度的重要参数。每一个处在现代化转型过程中的国家,都希望国家有较高程度的政治参与水平,同时也希望这种参与民主的发展能给社会带来政治稳定。但政治参与与政治稳定的关系比较复杂,参与的扩大既可能带来社会的政治稳定,也有可能造成社会的动荡不安。实际上,不少新兴独立的发展中国家就出现了频繁发生的政变、叛乱、内战等动荡局面,如亨廷顿所看到的,"现代性孕育着稳定,而现代化过程却滋生着动乱"②。

关于影响政治稳定的因素,亨廷顿认为,任何一种政体的稳定都依赖于政治参与程度和政治制度化程度之间的相互关系。政治参与程度低的社会,其政治制度化的程度和具有较高程度的政治参与的社会相比,可能要低得多,但是一个两者程度都低得社会,与具有较高程度的制度化和更高程度的参与的社会相比,其稳定性可能会更高,政治稳定依赖制度化和参与之间的比率。③

既然政治参与在现代化过程中不可避免地会被激发,那么发展中国家的任务就是使得政治制度化的程度要能够相应跟上,否则就会出现亨廷顿所说的"政治衰朽"的状况。亨廷顿认为,政治

---

① 亨廷顿:《变化社会中的政治秩序》,三联书店 1989 年版,第 32 页。

② 同上书,第 38 页。

③ 同上书,第 73 页。

制度化是指政治体系在组织上和程序上获得价值和稳定性的过程。具体表现在四个方面:第一,适应性。一个组织或程序的适应性越强,其制度化的层次就越高;反之,适应性越差,越刻板,其制度化程度就越低。适应性加上后天获得的组织性,就是适应环境挑战的能力和存活能力。一个组织承受的环境挑战越多,经受的时间考验越久,就越有适应性,一个能够顺应环境变化不断转换职能,从而维持其存在的组织,其制度化水平肯定比不能顺应环境而转变职能的组织要高。第二,政治体系的复杂性。组织越是复杂,其制度化水平越高。复杂性具有两个含义,一是组织必须具有数量庞大的下属组织,从上到下,隶属明确,职责不同,二是组织不同类型的下属组织各具高度专门化水平。亨廷顿还总结了亚里士多德、西塞罗、埃德蒙·伯克等人复杂政体思想,提出一个论断:只有将所有好形式中的因素结合在一个混合的政府里,才能避免动荡和衰落,稳定来自复杂性。第三,自主性。自主性是指政治组织和政治程序独立于其他社会团体和行为方式而生存的程度。在高度发达的政治体制中,政治组织享有的完整性是那些不发达的政治体制中的政治组织所不具备的。就自主性而言,政治制度化意味着并非代表某些特定社会团体利益的政治组织和政治程序的发展。凡充当某一特定社会团体——家庭、宗族、阶级——的工具的政治组织便谈不上自主性和制度化。第四,内聚力。一个组织越团结,越具有内聚力,其制度化程度也就越高;相反,组织越不团结,其制度化程度也就越低。一个有功效的组织对它的职能范围和解决在此范围内出现的争端所应遵循的程序,最起码应当有实质上的一致看法,这种一致性意见必须扩大到能约束整个体系内的活动分子。①

亨廷顿把政治发展的途径概括为革命和改革两种。在他看

① 亨廷顿:《变化社会中的政治秩序》,三联书店 1989 年版,第 12~22 页。

来，改革者的道路是很艰难的，因为他们所面临的问题比革命者更为困难。首先，他们必须两线作战，同时面对来自保守和革命两方面的反对。革命者的目的是将政治两极化，因此他们总是试图用泾渭分明的二分法把多种政治问题简单而戏剧性地归并为"进步"势力和"反动"势力之间的斗争。革命者总是尽力积累分裂因素，而改革者却必须努力分散和消弥分裂因素。革命者力促政治的僵化，改革者却提倡灵活性和适应性。革命者必须能将各种社会势力一分为二，改革者则必须学会驾驭它们。其次，改革者不但要比革命者更善于操纵各种社会力量，而且在对社会变革的控制上也必须更加老练。他着眼于变革，但又不能变得太彻底，他要求逐步变革，而不是剧烈的变革。革命者对于任何一种变动和混乱多少都会感到兴趣。任何一件事，只要能够搅乱现状，大致上对他就具有革命价值。而改革者要把更多的注意力放在变革的途径、手段和时机上。第三，如何处理各种形式改革的轻重缓急问题，对改革者来说比革命者要尖锐得多。革命者的首要目标是扩大政治参与，然后再利用由此产生的相应的政治力量来改变社会和经济结构。保守分子则既反对社会—经济改革，也反对扩大政治参与。而改革者却必须保持两者之间的平衡。所以，改革者必须比革命者具备更高超的政治技巧，一个成功的革命者无须是政治巨匠，而一个成功的改革者则必是一流的政治家。①

亨廷顿还论述了政治改革的具体战略。他认为理论上通常有两种大战略可供选择，一种是尽早地把所有的目标公诸于众，然后尽量争取逐个实现，以图尽可能有所收获。另一种是所谓藏而不露的战略，隐匿自己的目标，把改革分开来实现一事一办。前者是一种全面的、"斩草除根"的或曰闪电战的战略；后者则是一种渐进的、"枝节"的或曰费边式的战略。但亨廷顿认为，从各国改革的实

① 亨廷顿：《变化社会中的政治秩序》，三联书店 1989 年版，第 316～317 页。

际结果看，那种闪电式战略很少能够获得成功，因为这种改革志向太大，目标过高，贪多求快，以致树敌太多，使几乎所有的与现存社会有利害关系的社会集团和政治势力都觉得受到了威胁，成为被激发的阻碍力量而使改革到头来一事无成或者成就甚少。因而，亨廷顿推崇的改革方式是将费边战略与闪电战术配合起来使用，即为了达到目的，改革者首先应该把诸多问题分割开来，然后一旦时机成熟，就尽快逐一解决，乘反对派措手不及之际，就把问题从议事日程上抹去，免得节外生枝，最后达到总目标。①

但是，进行改革并不必然地带来政治稳定。亨廷顿认为，有些情况下，改革非但无助于政治稳定，反而会造成更大的动荡甚或形成革命。改革完全可能成为革命的催化剂而不是其替代物。在他看来，社会中不同集团对改革所引以的反应是不同的，其中具有极为重要意义的两个集团是城市中产阶级知识分子和农民，而这两个集团及其要求有着根本性的差别，迎合城市中产阶级的改革是革命的催化剂；迎合农民的改革则是革命的替代物。② 因为，中产阶级、知识分子和大学生作为一个国家中最先进的部分，思想最为激进和活跃，要求民族尊严，要求一种进步感和全民族的总目标，要求通过参与社会的全面改造得到自我实现的机会。这些都是乌托邦式的目标，从来没有一个政府能真正满足这些要求。改革很难安抚城市里的这些中产阶级分子，迎合激进中产阶级要求的改革计划只会增强这个阶级的力量及其激进思潮，而不会减弱它的革命倾向。对于意在维护政治稳定的政府来说，对付中产阶级激进主义的最恰当的办法乃是镇压而非改革。③ 相反，农民不满情绪是建立在物质性基础上的，这对于避免革命的发生有着极其重

① 亨廷顿：《变化社会中的政治秩序》，三联书店 1989 年版，第 318～319 页。

② 同上书，第 334～339 页。

③ 同上书，第 341～343 页。

大的意义。没有一个政府能指望让造反学生感到满意,但一个政府如果是真心实意的话,就能够极大地影响农村状况,从而化解农民的造反倾向,例如,通过推行土地改革,就可以使农民从潜在的革命力量转变成为基本的社会保守力量。[1]

综合前面所述,我们可以比较清楚地看出亨廷顿在《变化社会中的政治秩序》一书中所表述的政治发展理论的核心内容,那就是以政治秩序作为政治发展的关怀点,把政治稳定纳入政治发展的重要目标,指出发展中国家出现政治动荡的原因在于政治制度化的程度落后于转型社会中被激发的政治参与程度,造成社会成员强烈的挫折感,从而转化为不稳定的暴力。因此,对于发展中国家来说,政治发展初期最重要的目标是建立一个强大的政府,并通过成功的改革,来提高政治组织和政治程序的制度化水平。

以现在的眼光来看,亨廷顿对政治稳定和政治秩序的论述,以及有关发展中国家政治发展方面的建议,实际上涉及到了政治现代化过程中的国家能力问题。国家能力简单地说就是指国家将自己的意志和目标转化为现实的能力,包括汲取、配置、调控、创新等方面的能力。亨廷顿虽然没有明确地使用国家能力这样的说法,但从他的观点不难看出,他实际上注意到了国家权力与国家能力之间的区别。发展中国家在独立之后,形式上就已经获得了国家权力,可以独立自主地进行政治、经济、社会各方面事务的管理,但这并不意味着这些国家就能够顺心如意地实现自己的意志、轻松地执行领导层的政策,由国家权力的形式性、表面性转化为国家能力的现实性、有效性,不是一个自然而然的过程。因而,亨廷顿提出的强大政府说,实际上是指在后发现代化过程中,建设一个具备强大能力的国家(政府)是十分必要的。但是,如果因为亨廷顿对政治稳定的强调以及强大政府论的建议,就认为他是权威主义的

---

① 亨廷顿:《变化社会中的政治秩序》,三联书店1989年版,第344~345页。

辩护者,显然是一种片面的理解,就像美国宪法之父汉密尔顿当年所感慨的那样,“明智而执情地支持政府的权能和效力,会被诬蔑为出于爱好专制权力,反对自由原则”[①]。亨廷顿主张的是强大的国家能力,而不是集中的国家权力,集中的国家权力或许也能造就强大的国家能力,但这应该是一个暂时的阶段,最终还是要实现以分散权力为特征的政治民主化。稳定与民主是他作为一个现实主义政治学者对政治发展不同阶段的不同侧重点。

1991年,亨廷顿又发表了一本影响广泛的著作——《第三波:20世纪后期民主化浪潮》,明确表明自己站在民主一方的立场,从而彻底摆脱了为权威主义声张的嫌疑。正如他在该书的前言中所说,《变化社会中的政治秩序》重点是放在政治稳定的问题上,写那本书是因为认为政治秩序是一件好事,目的是要发展一项通则性的社会科学理论来解释能否实现稳定的原因、方式和条件。而现在这本书的重点是放在民主化上,写这本书是因为相信民主自身是一件好东西。[②] 毫无疑问,政治民主化才是亨廷顿认为的政治发展的最终目标,这一点他和其他众多西方政治学者并无不同。

对于“民主化浪潮”说法,亨廷顿解释说:一波民主化指的是一组国家由非民主向民主政权的过渡,这种转型通常发生在一段特定时期内,而且在同一时期内,朝民主化转型的国家在数量上显然超过向相反方向回归的国家。一波民主化通常也涉及到在尚未全面民主化的政治体制中实行的部分自由化或部分民主化。当然,就世界上国家的绝对数目而言,每一波民主化只影响到数目相对较少的国家,而且在每一波期间都有一些政权朝着非民主的方向

---

① 汉密尔顿等:《联邦党人文集》,商务印书馆1980年版,第5页。

② 亨廷顿:《第三波:20世纪后期民主化浪潮》“前言”,上海三联书店1998年版,第3页。

过渡。[1]

亨廷顿总结出了历史上的民主化浪潮，认为有三次民主化和两次回潮。第一次民主化长波发生在1828—1926年，约33个国家建立了民主制度，第一回潮发生在1922—1942年，民主国家的数量减少了22个。第二次民主化短波发生在1943—1962年，约40个国家建立了民主制度，第二次回潮发生在1958—1975年，又有约22个国家的民主制度被颠覆。第三次民主化浪潮则出人意料的始于1974年的葡萄牙，这次浪潮发展到1990年，已经有33个国家建立了民主制度，至今还没有大规模的回潮现象出现。[2] 因而，亨廷顿乐观地说，尽管遇到了抵制和挫折，但迈向民主化的运动几乎是势不可挡的世界潮流，而且从一个胜利走向另一个胜利。[3]

亨廷顿之所以单独把民主化的第三次浪潮拿出来作重点论述，是因为他认为第三波与前面两次相比，有几个明显不同的特点。第一，从民主化开始的政治背景来说，第一次浪潮民主化所取代的政体一般是绝对君主制、残存的贵族政体和大陆帝国的后继国；第二次浪潮民主化发生在法西斯国家、殖民地、个人军事专制的国家，其中某些国家有过民主经历；第三次浪潮中转向民主的权威政体分三类：一党制、军人政体和个人专制，其中许多国家有过民主的经历。第二，从内部因素与外部因素的关系上看，第二次浪潮民主化很大程度上是通过外部压力和非殖民化实现的，而第三次浪潮除格林纳达、巴拿马和在加勒比海的几个英国小殖民地外，民主化的主要原因来自其内部。第三，从实现过渡的方式上看，前

---

① 亨廷顿：《第三波：20世纪后期民主化浪潮》，上海三联书店1998年版，第12～14页。

② 同上书，第13～15页。

③ 同上书，第21页。

两次浪潮都以暴力为杠杆，第三次民主浪潮则在和平的条件下发生，以“妥协、选举和非暴力”为特征。第四，第三次民主浪潮中，一旦这些国家走上民主化道路，就很少出现强劲的反民主抵抗运动，民意表现出对民主政体一边倒的支持。[①] 通过历史比较，亨廷顿力图说明民主是许多现代国家反复尝试、不断试错而最终选择的一种虽说不完美无缺但至少不坏的政治制度，民主化是不可阻挡的全球性大浪潮，理所当然的也是政治发展的最终目标。

以上我们以亨廷顿的观点为主介绍了政治发展理论的一些重要内容，下面对这一理论进行一些批评性分析。政治发展理论作为现代化理论的一个分支，也不可避免地带有现代化分析范式固有的不足。众所周知，现代化分析范式最大的特点是将人类社会作传统—现代的截然二分，西方工业社会是现代社会，其他非西方的农业社会是传统社会，而且在西方社会实现现代化的示范效应之下，非西方社会也必将由传统社会发展到现代社会。在这种西方中心主义的影响下，西方学术界的很多有关发展中国家的研究就带有了阶段理论的特色。例如，美国经济史学家罗斯托在他的《经济增长阶段：非共产党宣言》(1960)一书中把人类社会发展划分为五个阶段：(1)传统社会；(2)为“起飞”创造前提阶段；(3)“起飞阶段”；(4)成熟阶段；(5)高额群众消费阶段。十年以后，罗斯托在他的论著《政治与增长阶段》(1971 年)中增加了“寻求质量”作为第六阶段。罗斯托的阶段理论也被许多政治学家采用，A·奥甘斯基在他的《政治发展阶段》(1965 年)一书中通过四个阶段研讨政府的作用：(1)最初统一的政治；(2)工业化的政治；(3)国家福利

① 参看丛日云：《亨廷顿的“第三次民主化浪潮”理论》，载《国外社会科学》1998 年第 4 期。

的政治；(4)富裕的政治①。奥甘斯基认为，如同新的发达国家那样，第三世界将从不发达阶段成长到资本主义民主、富足和大规模消费的阶段。西方学者中的这些阶段论，显然是对人类社会发展的一种简单化的理解，无疑具有很大的局限性。

政治发展理论中的西方中心主义是有着深刻思想根源的，甚至可以上溯到古希腊哲学中追求同一性和确定性的传统。近代的文艺复兴、启蒙运动和西方自然科学的发展使得西方文明走在了世界文明的前列，在理性和进步的观念下，西方文明自然而然地被描述为整个世界的惟一典范，其他文明所表现出的差异和多元，相对西方文明而言都是落后的表现，终究还是要殊途同归，发展成先进的西方文明。

实际上，发展一词本身就暗含了两个层次的意思，其一是变化的正方向性，即朝着先进的、高级的目标进化；其二是变化的普遍性，即有一个预设的模式可以为其他地方所成功模仿。从事政治发展研究的西方学者，或多或少都具有这样的线性发展观，认为西方的民主制度可以顺利地移植到非西方社会。但是，发展中国家独立后政治变迁的现实过程却充满了很多动荡、暴力、政变，不但民主政治制度未在这些国家生根发芽，许多国家甚至连起码的政治稳定都没有实现，这就使得政治发展研究不免陷入尴尬的境地。学者们开始认识到，忽略发展中国家不同于西方的历史传统而匆匆规划的美好发展蓝图往往不切实际，而且也使得政治发展这一理论本身失去了解释力。

政治发展研究陷入沉寂的另一个重要原因在于其研究方法。前面已经说过，政治发展研究受行为主义革命的影响很大，行为主义强调研究过程中的事实与价值二分，以实证研究代替规范研究，

---

① A·奥甘斯基：《政治发展的阶段》，载谢立中、孙立平主编《二十世纪西方现代化理论文选》，上海三联书店 2002 年版，第 515 页。

力求突出研究的科学性和客观性。政治发展研究不得不收敛为发展中国家出谋划策的雄心,更多地是为实际的政治变迁过程作描述和记录。但这样做,政治发展研究就丧失了其存在意义,因为政治发展研究的根本目的是为发展中国家的政治变迁提供指导,但在"价值中立"的影响下,政治科学家失去了判断政治优劣的资格,也失去了提出有关发展的政策建议的资格,最终使得政治发展研究失去了现实需求的助力①。政治发展研究也就衰落了。

二、政治发展理论的发展

进入20世纪90年代以来,政治发展研究虽然不再繁荣依旧,但并没有中断。实际上,60年代兴盛一时的政治发展研究所提出的问题,依然在更为抽象的政治哲学层面上,以一种普遍主义与多元主义的紧张关系的方式延续着,只是这方面的研究不再冠以政治发展的名称而已。

1989年夏,日裔美籍学者弗朗西斯·福山在《国家利益》杂志上发表《历史的终结?》一文,此后又扩展成一本著作,系统阐述他的政治哲学和历史哲学,于1992年以《历史的终结及最后之人》为名出版。由于正是东欧剧变、苏联解体、冷战结束后不久,福山的观点在西方世界引起强烈反响,反映出西方世界以为资本主义已大获全胜的乐观情绪。

福山历史终结论的核心观点是,自由民主制度战胜了其他与之相竞争的各种意识形态,如世袭的君主制、法西斯主义以及共产主义,并且自由民主制度是"人类意识形态发展的终点"和"人类最后一种统治形式",并因此构成"历史的终结"。福山所说的历史的

① 参看竹森:《当代政治发展研究衰落探因》,载刘军宁等编《自由与社群》(公共论丛),北京三联书店1998年版,第267~268页。

终结,“并不是说生老病死这一自然循环会终结,也不是说重大事件不会再发生了或者报导重大事件的报纸从此销声匿迹了,确切地讲,它是指构成历史的最基本的原则和制度可能不再进步了,原因在于所有真正的大问题都已经得到了解决”[①]。福山的自信论调,就像一百多年前著名热力学家开尔文在英国皇家学会迎接新世纪的庆祝会上的致辞:“经典物理学的大厦已经建成,未来的物理学家们只需要做些修修补补的工作就行了。”

福山认为他的历史终结论并不是史无前例的,因为黑格尔和马克思都曾相信,人类社会的发展是有终点的,会在人类实现一种能够满足它最深切、最根本的愿望的社会形态后不再继续发展。这两位思想家因此断言,会出现“历史的终结”阶段,黑格尔将“终结”定位于一种自由的国家形态,而马克思则把它确定为共产主义社会。[②]

很明显,福山对世界历史持一种乐观的普遍史观点,其依据首先是现代自然科学的发展。福山认为,自然科学一旦为人类掌握,它的进步和不断发展就为人类历史向着一个确定的方向发展提供了最根本的动力。自然科学使历史发展既具有方向性又具有普遍性的第一种手段是军备竞赛。科学的普及为人类的世界性统一奠定了基础,但起初的原因则主要是国际体系中的战争和冲突,战争的可能性是社会理性化和在不同文化之间建立统一的社会结构的伟大力量。[③] 第二种手段是经济发展,现代自然科学通过建立一个生产可能性不断发展的境界来调整经济发展的方向,这种技术境界的发展方向与不断合理的劳动组织的发展紧密地交织在一

① 弗朗西斯·福山:《历史的终结及最后之人》“代序”,中国社会科学出版社 2003 年版,第 3 页。

② 同上书,第 2~3 页。

③ 同上书,第 82 页。

起，带动社会结构大规模变革而趋向统一。[①] 因此，推动世界普遍史形成并发展的动力之一被福山由自然科学引申为经济发展。

但是，福山也认识到，尽管现代自然科学所代表的历史机制足以在很大程度上解释历史发展的特征和现代社会的趋同现象，但它却不足以解释民主这个现象。毋庸置疑，世界上所有最发达的国家也是最成功的民主国家。不过，福山认为，现代自然科学虽然已经把我们领到了自由民主这个“圣经中的乐土”门前，但却没有把我们送进乐土里边，其中的原因就在于先进的工业化在经济学上找不到必然会带来政治自由的理论依据。[②] 实际上，福山也认识到人类20世纪的两次世界大战以及科学技术所展现出的日益明显的负面作用，对人类进步和自信的历史观造成了重大打击，因而他在提出历史终结论之前，不得不先花点时间来消除人们普遍的悲观主义情绪。福山略带自嘲地说：“确实，我现在已经完全习惯于期望未来一定会掺杂着健康和安全方面的坏消息，所以当正义、自由民主制度到来时，我们竟很难认为它是一个好消息。”[③]

为了论证自由民主制度的普遍性，福山求助于哲学家黑格尔及其伟大的解释者柯耶夫基于“获得承认的斗争”的历史观。福山认为，“承认”的内涵并不是黑格尔赋予的，它和西方政治哲学具有一样的悠久历史，而且涉及到人格中最具有共性的层面，但数千年以来，一直没有一个统一的用语来表示“为获得承认而斗争”这一心理现象，柏拉图用“精神”，马基雅维利用“对荣耀的渴望”，霍布斯用“骄傲或虚荣”，卢梭用“自尊心”，汉密尔顿用“对名声的酷爱”，麦迪逊用“野心”，尼采用“红面野兽”等等。福山还把政治的

---

① 弗朗西斯·福山：《历史的终结及最后之人》“代序”，中国社会科学出版社2003年版，第86～87页。

② 同上书，“代序”，第5～6页。

③ 同上书，“代序”，第4页。

中心问题视为以一种服从于政治社会大局的方式来控制获得承认的欲望,实际上,控制获得承认欲望的计划被现代政治哲学家如此成功地运用,以至于我们这些现代平等的民主国家的公民常常看不出自己身上存在的获得承认的欲望是什么东西。① 福山和黑格尔一样,认为人类历史的发展动力是“获得承认的斗争”,是主人和奴隶之间的斗争。现代自由民主制度赋予并保护所有人的权利,能够实现人人相同、人人平等的“承认”,因而完全满足了人的需要,构成了历史发展的终点,人也变成了“最后之人”。

福山关于自由民主将无可匹敌、一统天下的乐观论断初看起来颇有些石破天惊,但其实也反映了西方传统思想的逻辑,是西方普遍主义情结的集中体现。福山说黑格尔在1806年的普法耶拿之战后就宣告历史结束了,因为黑格尔认为自由和平等这两个现代自由国家必须遵循的原则已经被发现并在最发达的国家得以实行,而且没有其他原则或社会形态及政治组织比自由社会或组织更优越。② 稍稍晚于黑格尔,法国历史学家托克维尔在《论美国的民主》中,也表述了民主即将在全世界范围内不可抗拒地和普遍地到来的观点,并且宣称一个民主的时代已经来临。亨廷顿的《第三波》与托克维尔遥相呼应,认为共产国际已经寿终正寝,现在该是建立民主国际的时候了。实际上,大多数西方政治学者都是如此,他们留下了浩如烟海的关于自由、民主之类的研究著作,从根本上说是因为他们坚信西方的自由民主是应该向全世界推广的先进的普世价值。他们之所以没有像福山那样明确宣布历史的终结,恐怕主要还是更多考虑到自由民主的欠缺之处以及多灾多难的20世纪所造成的悲观主义情绪,而在冷战胜利之后,由福山来说出他

① 弗朗西斯·福山:《历史的终结及最后之人》,中国社会科学出版社2003年版,,第186页。

② 同上书,第72页。

们的心里话，也许是最合适不过了。

但是，福山的历史终结论问世不久后，就遭到了来自不同立场的批判。社会学家达伦道夫认为，福山把冷战视为西方的民主资本主义和东方的国家社会主义两大特定制度之间的斗争是错误的，西方社会应该被理解为一个“开放社会”，其特点并不是某一种特定的制度，而是对各种制度进行选择的一种方法：一种自由的、尝试性的、可以通过消除错误而在制度选择方面进行学习的方法。福山强行赋予目前还不完善的西方自由民主制度以普遍的意义，实际上也把西方社会变成一个“封闭社会”，这种至善至美的乌托邦情结是不可取的。[①]

不过，对福山更激烈的批判来自左翼阵营。法国后现代主义思想家雅克·德里达于 1993 年发表题为“马克思的幽灵”的系列演讲中，对福山的观点进行了集中而犀利的批判。德里达把福山的《历史的终结和最后的人》一书称为“新福音书”，而视福山为西方社会“新福音的传道者”，因为福山向西方世界传递的信息是西方的自由民主制度是全人类最后的共同制度。德里达认为福山实际上是从两个层面来论证自己的这一观点，一个是事实的层面，一个是理想的层面，因而他也从这两个层面对福山进行了针锋相对的批判。

首先，德里达认为福山关于自由民主制度正在普及世界以及无限美好的事实判断是安置在可疑的和充满悖论的根据之上的。因为福山也承认 20 世纪人类社会所经验的恐怖、压迫、镇压、屠杀、种族灭绝等各种灾难，而且福山也知道，他所描述的右派或左派的独裁统治在世界性范围的土崩瓦解，并非总是“为稳定的自由

① 参看童世骏：《1989 年以后的欧洲人文思想界》，连载于《欧洲》1995 年第 1 ~ 4 期。

民主制度……让出道路”[①]。德里达强调,无论美国还是欧洲共同体都没有达到普遍国家的完善或自由民主制度的完善,不仅没有达到,甚至它们离这个理想还差得很远。[②] 同时,德里达尖锐地指出,福山的新福音声称地球和人类历史上的所有人将永远也不会受暴力、不平等、排斥、饥饿以及由此而来的经济压迫的影响,但我们永远也不要无视这样一个灾难事实:在绝对数字上从未有过的如此之多的男人、女人和孩子在受奴役、挨饿和被灭绝。[③]

实际上,德里达认为福山是在逃避事实层面上种种对自由民主不利的论据,更多的是在从理想的层面来展现自由民主的美好未来,并且混淆这两个层面。德里达指出:“为了发挥他的优势并且为他的论点服务,福山在这里将自由民主制度规定为一种实际存在的现实事物,而在那里则又将它规定为一种纯粹的理想。这一事件时而是现实,时而又是现实的征兆。”[④] 但德里达并不满足于从事实层面上驳斥福山的观点,而是力图从理论上论证,即使福山把自由民主制度的普及作为一种理想,作为一种未来的趋势,也是没有充分依据的。德里达认为,福山“获得承认而斗争”的唯心主义历史观是建立在超历史的标准之上的,因为在福山看来,没有永恒的、超历史的标准,历史和世界历史就根本无从谈起,而福山的超历史的标准就是“人之为人”,但这种抽象的人性观早已被马克思所批判过了。因而,尽管福山以超历史的标准为自由民主的理念涂上了一层普遍色彩,但德里达认为这种理念只是一种承诺,它只是命令“永远不会存在的事物以完全在场的形式来临”,并且是一种无限的承诺,不具有有效性与实际性,它留给人们的是“遥

---

① 雅克·德里达:《马克思的幽灵》,中国人民大学出版社 1999 年版,第 83 页。
② 同上书,第 91 页。
③ 同上书,第 120～121 页。
④ 同上书,第 90 页。

遥无期的等待”。德里达认为福山的错误在于牵强附会地把关于自由民主的理念看作是一种“事件”，从而福山可以“顺理成章地”进一步作出推论:“事件”本该是已经发生的，西方的自由民主制度也本该是世界性的制度，有限的历史本该终结了。[①]

最后，德里达以嘲讽的口吻评价福山的《历史的终结》一书在西方风靡一时的情形，就像战争爆发的谣传开始时人们抢购超市的食品一样，西方世界如此迫不及待地欢呼自由民主制度的胜利凯旋，不过是掩耳盗铃，其目的只是隐瞒当代资本主义所面临的真正问题和危机以及消解马克思主义的批判精神。[②]

左翼思想家德里达对福山历史终结论的批判，或许不能完全撼动历史终结论在西方理论界的主导地位，但福山的老师——亨廷顿的“文明冲突论”似乎做到了这一点。1993 年，亨廷顿在《外交》杂志夏季号上发表了一篇名为《文明的冲突?》的长文。在遭到众多学者批判后，他又续写了《如果不是文明，那又是什么》为自己辩护。1996 年，亨廷顿把他的整个理论及现实分析扩展成《文明的冲突与世界秩序的重建》一书，系统地阐述了他的文明冲突理论。1999 年，亨廷顿在一个演讲中，再次从文明和文化的角度分析了冷战后的世界政治变化。至此，亨廷顿的“文明的冲突”与福山的“历史的终结”构成了后冷战时代西方政治哲学两种影响巨大又截然不同的代表性观点。

如果我们注意到亨廷顿的思想变化，就会发现，在《第三波》一书的结尾中，他还颇为乐观地描述民主化的美好前景:一波又一波的民主化浪潮冲击着独裁的堤岸，并且每一波浪潮都比前一波进得更多，退得更少。但短短的几年之后，亨廷顿却来了一个近乎一

---

① 参看陈学明、马拥军:《走近马克思——苏东剧变后西方四大思想家的思想轨迹》，东方出版社 2002 年版，第 131 ~ 132 页。

② 雅克·德里达:《马克思的幽灵》，第 97 ~ 98 页。

百八十度的大转弯，不再谈论什么民主的浪潮，甚至还专门批判了福山的历史终结论，转而忧心忡忡地考虑起“文明的冲突”来。很显然，促使亨廷顿政治思想转变的重要因素是冷战后世界政治格局的新变数以及他所认为的西方文明的相对衰落，这也比较符合亨廷顿作为现实主义政治学者的特点，他的《变化社会的政治秩序》、《第三波》、《文明的冲突》三本重要著作无一不是紧扣现实之作。在“9·11 事件”发生后，围绕着这一事件究竟是证实还是证伪了文明冲突论的争论十分激烈，但作为一个解释世界政治的新范式而言，文明冲突论已经开始展现出一定的解释力。

亨廷顿认为，冷战的结束并不意味着冲突的结束，相反，后冷战时代的冲突将更加剧烈，范围更广，也更加难以消除，因为引起冲突的基本根源变化了。他断言：“在这个新的世界里，最普遍的、重要的和危险的冲突不是社会阶级之间、富人和穷人之间，或其他以经济来划分的集团之间的冲突，而是属于不同文化实体的人民之间的冲突。部落战争和种族冲突将发生在文明之内。”① 在国际事务中，民族国家仍然是基本的政治角色，其力量仍举足轻重，但是，全球政治的主要冲突将发生在不同文明的民族和集团之间，文明的冲突将左右全球政治，全球政治也已经变成多极和多文明的。

那么，究竟什么是文明？亨廷顿作了这样的解释：“文明是对人最高的文化归类，是人们文化认同的最广范围，人类以此与其他物种相区别。文明既根据一些共同的客观因素来界定，如语言、历史、宗教、习俗、体制，也根据人们主观的自我认同来界定。”② 根据亨廷顿对文明的理解，他把世界划分为几大文明，即中华文明、日本文明、印度文明、伊斯兰文明、西方文明、拉丁美洲文明以及可

---

① 亨廷顿：《文明的冲突与世界秩序的重建》，新华出版社 1999 年版，第 7 页。

② 同上书，第 26 页。

能存在的非洲文明。

亨廷顿的文明冲突论,从政治发展这个主题看来,值得关注的是关于普世文明的论述。亨廷顿认为普世文明的含义是人类在文化上正在趋同,全世界各民族正日益接受共同的价值、信仰、方向、实践和体制。[①] 亨廷顿意识到普世文明的概念是西方文明的独特产物,他批驳了三种说明普世文明为什么存在的假设,第一种就是我们熟知的福山的历史终结论,苏联共产主义的垮台意味着历史的终结和自由民主制在全世界的普遍胜利。亨廷顿认为这一论点的谬见是认为只存在惟一的选择。它建立在冷战的视角之上,认为共产主义的惟一替代物是自由民主制,前者的死亡导致了后者的普遍出现。第二种是全球化的深入发展将促使一个普世文明的形成。但亨廷顿也举出了不少相反的事实以及其他学者的相关研究,认为贸易和通讯未能产生和平和认同感,在一个日益全球化的世界里,文明的、社会的和种族的自我意识反而加剧了。第三种观点把普世文明的形成视为持续而广泛的现代化进程的自然结果。对此,亨廷顿认为现代社会存在的很多共同性但并不必然融为同质性,现代文明即西方文明,西方文明即现代文明完全是虚假的同一,西方远在现代化之前就是西方,使西方区别于其他文明的主要特征产生于西方现代化之前。[②]

由此,亨廷顿得出结论,现代化并不一定意味着西方化,西方文明不是普遍文明,也不存在一个普遍文明。不仅如此,亨廷顿还看到了西方的普世主义所带来的危险,甚至认为西方对其他文明事务的干预,可能是造成多文明世界中的不稳定和潜在全球冲突的惟一最危险的因素。[③] 最后,亨廷顿建议,在多文明的世界里,

① 亨廷顿:《文明的冲突与世界秩序的重建》,新华出版社 1999 年版,第 43 页。

② 同上书,第 56 ~ 60 页。

③ 同上书,第 361 页。

建设性的道路是弃绝普世主义，接受多样性和寻求共同性。[①] 当然，亨廷顿并没有完全走出西方中心主义，他只是放弃了关于西方文明的普遍性观念。他依然认为西方文明是惟一先进的，他所做的是为西方文明如何避免其他“落后”文明的“威胁”出谋划策。

应该说，亨廷顿提出文明冲突论，一定程度上也是政治哲学领域普遍主义与多元主义之间论争的反映。对于作为西方政治哲学核心的自由主义，人们对它的强烈的普遍主义色彩早已是习以为常，以至于任何程度上对自由主义普遍色彩的消解，都能引起高度关注。而普遍主义与多元主义论争的持续，显然有着极其现实的时代背景，特别是冷战结束后，虽然全球化在经济、科技和文化方面深入发展，但在政治领域，反而涌现了许多以往被意识形态冲突所掩盖的新问题，民族主义、种族主义的分离运动、少数群体要求权利运动等似乎有愈演愈烈之势，自由主义所描绘的一个同质的全球政治秩序并未形成，历史远未终结反而更加复杂。因而，支离破碎的政治现实使得“差异政治”、“认同政治”、“种族政治”等成为了热门话题，冲击着自由主义的普遍主义传统。

加拿大政治哲学家查尔斯·泰勒提出的“承认的政治”观，就是对自由主义的一种挑战。泰勒认为，自由主义可以提供一个价值中立的基础让所有来自不同文化背景的人交往和共存的论断是有问题的，这种“无视差异”的做法抹杀了特殊文化群体保存自己的吁求，于是泰勒建议逻辑上接受这样一种假设，即所有的文化都具有平等的价值，应该得到平等的尊重。[②] 但是，如何才能确定某种特定文化是否真正地具有平等的价值，泰勒语焉不详，只是谨慎地强调这个论断的有效性需要通过实际的文化研究来具体地给以证

① 亨廷顿：《文明的冲突与世界秩序的重建》，新华出版社 1999 年版，第 369 页。

② 查尔斯·泰勒：《承认的政治》，载汪晖、陈燕谷主编《文化与公共性》，北京三联书店 1998 年版，第 324 页。

实，以及需要提出一些用于比较不同文化的新语汇来实现所谓的“视界融合”，以便在一个更为广阔的视野中来判断不同的文化的价值高低。[1] 可见，泰勒在如何判断不同文化的价值这个极其重要的问题上止步不前了，使得他的“承认的政治”与罗尔斯《正义论》、《政治自由主义》、《万民法》的一贯宏大体系以及哈贝马斯的“交往行动理论”相比，都少了些深度。

但是，无论是泰勒的“承认的政治”，还是罗尔斯的“交叠共识”，或是哈贝马斯的“交往行动理论”，根本上都是为世界的对话和交往所设计的一种共同原则，依然带有浓厚的普遍主义色彩。对此，被称为思想越来越向左转的英国著名政治学家约翰·格雷有着精辟的分析。格雷认为，以宽容为特征的自由主义其实有两张面孔，或者两种哲学。“在一种哲学里，宽容被证明是通向真理的手段。以这种观点看，宽容是理性共识的一种工具；由于一种相信不同的生活方式终将消失的信念，它们为人们所容忍。在另一种哲学里，宽容被视为和平的条件，不同生活方式被作为善的生活的多样性的标志而受到欢迎。”[2] 在这里，格雷清楚地告诉我们，正统的、主流的自由主义认为自身是最好的生活方式和价值观念，对其他非自由主义的宽容，是一种先进对落后、正确对错误式的宽容，而且它们最终会通过理性共识与自由主义达成一致。而格雷所主张的自由主义，则是一种“权宜之计”，是为了寻求不同政权和生活方式之间的和平共存，它的宽容是一种平等相待而非居高临下式的宽容。

当然，格雷并没有滑向相对主义和虚无主义，他承认存在一些普遍价值，“肯定人类能以各种不同途径成长并不是否认存在普遍的人类价值，也并非拒绝应该有普遍人权存在这样的要求，而是否

---

① 亨廷顿：《文明的冲突与世界秩序的重建》，新华出版社 1999 年版，第 325 页。
② 约翰·格雷：《自由主义的两张面孔》，江苏人民出版社 2002 年版，108 页。

认普遍价值只有在一个普遍政权之下才能得到充分实现这样的观点。人权可以在各种不同政权中得到尊重，无论是自由主义的还是其他的。普遍人权并不是一个全世界独一无二的政权的理想宪章，而是那些将一直保持差异的政权之间和平共存的一套最低标准”[①]。在这里，格雷一定程度上回答了前面泰勒有关如何判断不同文化价值的问题，答案就是只要在最低标准之上，都具有平等的价值。

至此，我们考察了政治哲学领域有关普世价值的争论，这对政治发展研究的前景具有极其重要的意义，甚至决定了以往政治发展研究的是否有价值。很明显，如果为西方学者所推崇的自由民主不能有充足的理由来支撑其作为普世价值而存在，那么，西方政治学者以自由民主制度为模板，闭门造车为发展中国家设计出来的道路就很有可能是一条完全错误的道路，政治发展研究也同样存在沦为“伪研究”的危险。当然，我们不能否认，事实上人类社会经过数千年的政治实践相互交往，已经形成了一些基本的普遍价值，比如人权、自由、民主、平等、公平、正义等等，尽管这些价值还很抽象，还有诸多歧义，甚至相互有冲突，但它们在全世界被广泛地讨论、被反复地实践这一事实证明其具有一定的普遍性。但是，实现这些普世价值的具体制度却没有一个统一的模式，而是多元的。事实上，西方的市场经济制度和自由民主制度同样是各有差异和特色。

就当前我们所处的时代而言，不仅文化多元主义越来越成为一个共同的诉求，就连我们探讨经济发展和政治发展这样具有一定方向性的话题时，也无法脱离文明或文化的因素，文化对世界政治格局的影响正逐渐显露出来，就像亨廷顿在 1999 的那篇演讲中所说的那样，“全世界的国家正在沿着文化的界线进行政治上的重

---

① 约翰·格雷：《自由主义的两张面孔》，江苏人民出版社 2002 年版，第 22 页。

新组合,那些被意识形态联合在一起但被文化分隔开的国家分离了,如苏联和南斯拉夫,那些被意识形态分开但又被文化联合为一体的国家开始合并,如两德、南北朝鲜和中国”[①]。在这篇演讲中,亨廷顿还提出了一个重要观点,如果某种特定的文化消失了,仅凭自由、平等、民主、法治等一系列抽象的政治原则把一个社会凝聚在一起是不可靠的。这说明只有立足于具体的文化传统,抽象的政治原则和普世价值才能真正扎根下来。因此,政治发展研究的一个可能方向是,探求在不同文化传统的国家中实现普遍价值的具体制度、方式和条件,而不是预设某种特定的制度模式让发展中国家完全照搬。

三、中国的政治发展

中国是世界上最大的发展中国家。政治发展对处在现代化过程中的中国而言,同样是一个急迫而艰巨的课题。在新世纪探讨中国怎样准确定位政治发展目标以及在政治实践中如何操作以实现政治发展,具有特别重要的意义。

首先,我们来简要回顾一下中国的政治发展历史。如果我们放宽历史的视界,用政治发展的眼光来看中国近现代史,就会发现,自从1840年西方国家用殖民侵略方式使得中国社会遭遇现代性以来,政治发展的命题就已经悄然浮出。此后的清政府,借用亨廷顿的话来说,正处在一个政治衰朽不断加深的过程,内忧外患,风雨飘摇,只是在苦苦支撑,虽然其间也有统治者为求自强进行的改革,如1898年短促的戊戌变法,以及1905年开始的更大规模和力度的宪政改革运动,但要么因为改革战略不当,要么因为旧制度积重难返,它们终究未能避免革命的爆发,政治发展的旧路径也随

① 亨廷顿:《再论文明的冲突》,载《马克思主义与现实》2003年第1期。

之中断。孙中山领导的以建立民主共和国为目标的辛亥革命,是对传统的臣民关系式的政治文化的第一次大的荡涤。在革命中初步传播了以公民权利为核心的现代政治文化,而孙中山设计的“五权宪法”政治制度,既吸取英美关于权力制衡与整合思想之精华,又立足中国实际,本来可以促使中国政治发展之路重新获得一个新的更高起点,但由于各类军阀的阻挠,造成中国资产阶级革命派政治权力的丧失、政治意图的失败和政治地位的衰落,中国的政治格局也陷入军阀割据的分裂状态。此后的国民党政府虽然在形式上统一了中国,并且遵照孙中山的政治发展阶段理论,开始尝试“军政”、“训政”、“宪政”的发展道路,但大都名不副实,且由于国共两次内战和八年抗日战争,中国始终没有产生一个具有稳定合法性,并且有能力进行政治发展的政府。这种情形一直持续到 1949 年中华人民共和国成立。

新中国成立以后,适合中国国情的人民代表大会制度、共产党领导的多党合作和政治协商制度以及民族区域自治制度等构成了社会主义政治制度的基本框架,政治合法性问题已经解决,政治秩序和政治稳定得到确立,政治发展的初步目标已经实现,同时也为进一步的政治发展创造了条件。但是,国际形势变化和国内经济建设的繁重任务,意识形态上的偏见,以及“文化大革命”造成的十年动乱,使得中国维持了几十年全能主义政治体制而未有大的改变,政治发展也被一次又一次地向后推延。1978 年党的十一届三中全会以后,与改革开放、社会主义市场经济体制逐渐确立和完善相适应,中国政治发展的步伐开始加快。经过 20 多年的实践,中国政治发展的成就,至少可以从自主社会的生成、现代国家的构建以及执政党的自身建设等三个方面得到解读。这三个方面,不仅构成了一幅比较完整的中国政治发展全景,在一定程度上也意味着中国政治发展今后的路径方向。

首先,(市民)社会的自主性不断增强。“国家与社会”作为一种分析框架，随着全球市民社会理论的复兴，90年代以来也成为国内重要的学术话语。“市民社会”这一源于西方的概念之所以为中国研究者所采用，如邓正来所说，具有两大可资运用的资源：一是市民社会可以作为中国现代化发展过程中的一种实体社会的资源，另一是市民社会可以作为一种认识中国现代化发展的解释模式的资源。在中国市民社会论者的具体研究中，这表现为他们在将市民社会作为中国现代化的具体道路和某种目的性状况加以建构的同时，也将市民社会作为认识及解释中国现代化进程的分析框架。[①] 因而，建构中国市民社会，实现国家与社会关系的良性互动，实际上成为许多论者对中国政治发展目标的一种理解。

改革开放前的中国，实行高度集中的计划经济体制和高度集权的政治体制，整个社会从微观到宏观、从个人到组织都被纳入党政一体化的权力结构，国家权力几乎毫无限制地渗透到社会的各个领域和个人生活的诸多方面，使整个社会生活高度政治化和行政化，国家通过垂直行政系统来控制大大小小的单位进而控制全体社会成员。用市民社会概念来描述，就是一个国家的汪洋大海淹没了市民社会的存在，是“强国家—弱社会”甚至“有国家、无社会”的典型模式。改革开放以来，国家与社会的关系发生了深刻变化，国家权力不断退缩而社会自由度和自主性不断成长。在本书第二章中，我们已经概述了中国市民社会的表现形态。在这里，我们举中国农村的村民自治和城市的社区民主实践为例说明，它们既是国家与社会关系的转型，又是民主的初步发展。

应该说，我们党对于民主理念的认同，并不是晚近才有的事情。1945年，毛泽东与黄炎培先生在延安讨论如何跳出中国几千年的“兴勃亡忽”的历史周期律时，就明确地指出要依靠民主这个

---

① 邓正来：《国家与社会：中国市民社会研究的研究》，载《中国社会科学季刊》1996年5月总第15期。

法宝。但与此形成鲜明对照的是，由于各种内外因素，中国民主政治的实践却未能达到理想的胜境。怎样让民主这个普世价值在中国语境下生根发芽，实现本土化发展？这是中国政治发展所面临的一个艰难而又无法回避的问题。或许是受中国经济改革之路的启发，或许是由于渐进式改革的整体战略，中国发展民主的尝试，也是从基层开始，从广大的农村开始。

从1987年开始的村民自治运动至今已有十多年的实践，取得了很大的成就。村民自治作为中国民主政治的试验点和突破口，第一次将民主有序地、大规模地引入我们的政治生活，打消了人们关于经济文化落后国家不能搞民主以及民主会给社会带来混乱之类的疑虑，使中国人民通过民主的方式解决政治生活中的问题变成了现实。村民自治的成功实施，将使中国在降低改革成本和风险，避免政治秩序的剧烈动荡同时，自下而上地建设民主政治成为可能。当然，村民自治实践也暴露出诸如贿选、家族化，甚至黑恶势力暴力干预等负面现象，但这不是村民自治的主流，不能成为取消民主实践的理由，它恰恰说明我们需要在实践中进一步完善民主的具体制度和程序。

近几年，城市基层民主的试验也已经开始，这就是社区居民委员会的民主选举和民主自治。1990年全国人大通过的《居民委员会组织法》，为在城市进行像农村一样进行社区居民自治提供了法律依据。虽然民政部迟至1999年才开始在全国各地选择26个地区进行社区民主试点，但中国城市基层民主发展毕竟已经有了一个良好开端，“单位中国”开始向“社区中国”转变。城市社区民主发展的重要特征——直接选举的方式被越来越多的地区接受，从2000年底开始到2001年11月间，在广西的南宁、柳州、桂林和武鸣等地方出现了大面积的社区居委会直选。2002年8月，北京新民教育研究中心和北京市东城区北新桥办事处在九道湾社区进行了直接选举试验。此次选举，以其独特的地理位置及象征意义成了2002年中国基层民主发展最抢眼的事件，对中国城市社区民主有重大的推动作用。2003年北京市民政局决定在北京市社区居委会换届选举中扩大九道湾直选经验。此外，杭州、天津、南京、武汉等地也纷纷表示要引进直接选举的经验，推动城市社区的基层民主。因而，人们有理由相信，城市基层民主的起步尽管较晚，但由于城市居民的文化、教育、经济、信息等方面的优势，社区民主将会有一个更加美好的未来。

中国农村和城市基层民主的实践，对于中国政治发展具有重要的积极意义，尽管它们在基层进行，并且发展还很不成熟，其积极意义不能过分夸大。政治社会化是使社会成员通过社会政治生活和政治实践活动，获得政治知识，培养政治能力，形成和改变自己政治心理和政治思想的过程。很明显，持续十几年的村民自治实践和城市社区的选举，将选票、投票箱、候选人、竞选演说等代表民主政治的符号和行为展现在中国广大农民面前，对他们权利意识和民主观念的形成，有着潜移默化的影响，只有亲自参与了民主活动，才能真正体会到民主制度的优越性。因而，中国的基层民主实践，是一次民主的初级训练，这为以后推行更高程度、更大范围的民主实践，创造了有利条件。

第二，现代国家的构建。建立具有一定疆域、拥有独立主权和实现政治一体化世俗化的现代民族国家，本身就是政治发展的含义之一。英国政治学家大卫·赫尔德曾经将民主化描述为一个包含了国家权力的改造和市民社会的重建的双重过程。中国的政治发展也可以从社会与国家两个方面来看，一方面是中国市民社会或者社会自主性的生长问题，另一方面看又是中国现代国家的构建问题。而且，在中国的环境下构建现代国家必须面临世界历史上其他国家未曾有过的双重任务，即在缩小国家权力范围的同时增强国家的能力，在限制国家专断权力的基础上强化国家提供公共产品的能力，在解构全能主义国家的同时，实现现代国家的构建。①

现代国家的政治权力运行有着严格的限制和监督，公民权利不受国家权力的侵犯成为普遍共识。在中国历史上，国家权力需要限制和监督的观念，迟迟没有成为政治文化中的一部分。直到今天，中国几千年的臣民文化也并没有完全清除，加上在传统的意识形态中，社会主义国家是人民当家作主，国家权力总是国家利益和人民利益的代表，似乎它们之间从来就不会发生矛盾，对国家权力的有效制约也就无从谈起了。改革开放后，西方政治学中的权力制约和制衡的思想得到传播。“绝对的权力导致绝对的腐败”，一次又一次地被中国的政治现实证明为是一句至理名言，规范国家权力的必要性和紧迫性日益突出。党的十五大适时地提出“依法治国，建设社会主义法治国家”的基本方略，随后又上升为了宪法原则。这是中国走向现代国家的重要一步，意味着国家权力要在法治的轨道下运行的观念开始被接受。

建设法治国家的意义是十分深远的。亚里士多德对法治内涵的经典表述是：“法治应包含两重意义：已成立的法律获得普遍的服从，而大家所服从的法律又应该本身是制订得良好的法律。”②这意味着我们不能把法律仅仅视为控制社会、管理公民的工具，而要作为国家权力运行和保障公民权利的最高原则；意味着不仅仅普通公民要遵法守法，政府和其他国家权力机关更加要在宪法和法律的范围内活动，依法治国、依法行政的重要性远大于普通公民的守法；意味着法律不能是各个部门非正当利益的载体，而应是公平和正义的体现。从中可见，维护宪法和法律的权威，不再停留在学者的理论构想上，而逐渐走入了我们的现实政治生活。2000 年

① 参看李强：《后全能体制下现代国家的构建》，载《战略与管理》2001 年第 6 期。

② 亚里士多德：《政治学》，商务印书馆 1965 年版，第 199 页。

《立法法》的颁布和生效,2001 年齐玉苓案所引发的宪法司法化及宪法适用的争论和思考,以及更深层次的违宪审查的讨论,都体现出中国迈向法治国家的步伐。

另一方面,增强国家能力的途径也在积极探索中,最具代表性的表现就是多年来一直在进行的政府体制改革。进行政府体制改革,最关键的是要转变政府职能,即按照社会主义市场经济的要求,弱化直接管理企业、经营企业的职能,实现政企分开,转变过去以计划命令为主的微观管理方式,改为依靠法制和政策为主的宏观调控方式,同时强化社会管理、社会监督和公共服务方面的职能。近年来,我们已经看到中国政府体制改革出现了种种新气象,其中包括:大幅度地削减行政审批,积极推行政府上网工程和电子政务,设立“政务超市”或行政服务中心,出台引咎辞职制度,越来越多的公务员公开招考,以及决策、执行、监督“行政三分制”的试点等等,这些改革措施都围绕着建立一个行为规范、运转协调、公正透明、廉洁高效的政府而展开,都是为了提高国家的行政能力,而行政能力又是国家能力最广泛最直接的表现。

第三,执政党的自身建设。现代政治都是政党政治,政党在一个国家的政治发展中所起的作用举足轻重。亨廷顿在《变化社会中的政治秩序》一书中说:“一个强有力的政党体制有能力做到两条,第一条是通过体制本身扩大政治参与,从而达到先发制人并使紊乱或革命的政治活动无法展开,第二条是缓解和疏导新近动员起来的集团得以参与政治,使其不至于扰乱体制本身。”[①] 因而,执政党的自身建设,特别是执政合法性的有效增强,是政治发展的一个重要部分。

中国共产党的领导地位和执政地位是历史形成的,多党合作和政治协商制度也是长期以来被证明是行之有效的符合中国实际

① 亨廷顿:《变化社会中的政治秩序》,第 380 ~ 381 页。

的政党制度。因而，中国共产党在执政之初的合法性来源相对而言是比较容易和简单的，就是“打江山者坐江山”的逻辑，当时的人民群众都能感受到新中国与旧社会的不同，了解共产党人在28年的革命斗争中所付出的巨大牺牲，也都能衷心地拥护党的领导。建国后出生的民众，通过前辈们的叙述与回忆，以及老一辈领导人密切联系群众的优良作风，包括中国共产党在建立初步完整的国民经济体系方面的成就，也很容易产生对中国共产党执政合法性的认同。

但是，建国几十年之后，中国共产党的执政合法性来源问题，就不再是那么简单了。一方面，党内腐败现象的蔓延已经开始损害中国共产党的执政合法性基础；另一方面，现在的年轻党员和群众，知识和眼界都大为开阔，思想也更为活跃，仅仅通过历史教科书和党史的教育宣传作用，不足以使他们对党的执政合法性表示认同。因此，新的历史条件下，执政党必须重新寻求执政合法性的可靠来源。我们党适时提出“三个代表”重要思想，强调党必须始终代表中国先进生产力的发展要求，代表中国先进文化的前进方向，代表中国最广大人民的根本利益。这样，党的先进性和广泛的代表性，就成为党的执政合法性的最大来源。贯彻落实“三个代表”重要思想，将巩固和扩大我党执政的合法性基础，也将有利于中国的政治发展在保持政治稳定的基础上迈向更高的层次。

总的说来，在最近二十多年，中国的政治发展取得了很大的成就，中国在建设社会主义民主政治和法治国家的道路上迈出了坚实的步伐，但是我们也应该承认，中国的政治发展还有很长的路要走。随着经济体制改革的深入和社会主义现代化建设跨越世纪的发展，政治发展的必要性和重要性大大突出了。党的十六大报告把“发展社会主义民主政治、建设社会主义政治文明”作为全面建设小康社会的重要目标，并且提出，发展社会主义民主政治，最根本的是要把坚持党的领导、人民当家作主和依法治国有机统一起来。这就为今后中国政治发展指明了重点和方向。

一是改革和完善党的领导方式和执政方式，这对于中国政治发展具有全局性的意义。党的十三大就已经把党政分开列为政治体制改革的关键内容之一，经过多年的改革，以党代政、党政不分的现象有了很大的改变，党的组织机构不再与政府部门一一对应，党政兼职也有所减少。但是，不少地方还把党的领导错误地理解为事无巨细都要具体领导、具体管理，有时还不自觉地以坚持党的领导为名义干预国家政权机关和其他社会团体的依法活动。这就要求我们在新的形势下从更高的程度来理解党的领导方式和执政方式的转变问题。

改革和完善党的领导方式和执政方式是党自身情况变化的必然要求。建国几十年后，党已经从领导人民为夺取全国政权而奋斗的党，成为领导人民掌握全国政权并长期执政的党，已经从受到外部封锁和实行计划经济条件下领导国家建设的党，成为对外开放和发展社会主义市场经济条件下领导国家建设的党。十六大报告提出了总体构想，即党的领导主要是政治、思想和组织领导，通过制定大政方针，提出立法建议，推荐重要干部，进行思想宣传，发挥党组织和党员的作用，坚持依法执政，实施党对国家和社会的领导。因而，我们必须按照依法执政的要求改革和完善党的领导方式和执政方式，从制度和法律方面完善几个环节：依法进入国家政权组织，掌握和控制国家权力；坚持依照法定程序提出立法建议，从制度上保证将党的路线和主张上升为具有普遍约束力的法律；改革党的领导体制，保证国家机关依法行使职权。①

二是坚持和完善社会主义民主制度。民主是社会主义政治文明的核心，民主不仅是一种先进的人文价值和政治理想，也是一种

① 参看石泰峰、张恒山：《论中国共产党依法执政》，载《中国社会科学》2003年第1期。

实际的操作程序和技术，只有研究和设计出一整套实现社会主义民主的制度安排和组织程序，才能让广大公民切身感受到自己当家作主的权利。在中国的基层民主实践发展到一定阶段之后，应该适时地推进更高程度、更大范围的民主试验。以村民自治和城市社区居委会自治为代表的基层民主实践，是中国民主建设一个稳妥的切入点，而不是民主政治的最终目标，基层民主的成功推行，应当为我们探讨由社会民主走向政治民主的途径增添信心。现在，一些地区已经进行由村民直接选举乡镇政府领导的试验。而在2003年四五月间，在深圳市各区人民代表大会代表的换届选举中，涌现了一批"独立候选人"和"自荐竞选者"[①]。这种案例在我国并非前所未有，但是如此多发性地出现，不能不说是我国政治发展中的新气象。这些对于中国政治发展的走向都具有重要的示范意义。

扩大公民的政治参与是中国政治发展和民主建设的重要内容。政治参与有两个重要方面，参与公共决策和监督公共权力。因而，要完善深入了解民情、充分反映民意、广泛集中民智、切实珍惜民力的决策机制，推进决策的科学化和民主化。同时，党和政府还要自觉接受人民群众的监督，建立结构合理、配置科学、程序严密、制约有效的权力运行机制，从决策和执行等环节加强对权力的监督，保证把人民赋予的权力真正用来为人民谋利益。

三是落实依法治国的基本方略。首先要立足社会主义市场经济发展、社会全面进步和融入全球化的新形势，加强立法工作，提高立法质量，不仅做到有法可依，还要保证所依之法为良法，只有这样，依法治国才具备了实施的基本前提。依法治国还必须有全

① "独立候选人"是指未由各政党、各人民团体联合或单独推荐，而是由选民十人以上联名推荐的代表候选人。"自荐竞选者"是指未经法定程序成为正式代表候选人，而是向选民自荐，希望选民投票时不投正式候选人，而在"另选他人"一栏填自荐者。

新的法律观念来支撑，要求从政府到普通公民，都要自觉维护法制的统一和尊严，彻底抛弃以往“人大于法”、“言大于法”、“文件大于法”、“政策大于法”等种种有悖于法治观念的错误认识。

司法体制改革也是实现依法治国的重要环节。社会主义司法制度是保障社会公平和正义的重要机制。目前司法机关的机构设置、职权划分和管理制度还不完善，必须从制度上进一步健全权责明确、互相配合、有效监督、高效运行的审判体制。主要包括这几个方面：深入研究法院体制和审判组织改革，保证法院依法独立公正审判；完善诉讼程序制度，保障当事人权利；改革执行管理体制和执行权运行机制，解决执行难问题；改革审判工作和管理机制，提高审判效率；加快法官职业化建设，提高法官素质；强化监督机制，防治司法腐败。①

总之，党的领导、人民当家作主和依法治国的有机统一，既是社会主义民主政治的特点和优势，也为中国政治发展提出了更高的要求，我们必须进行更大程度上的制度创新来具体落实这三者的有机统一。民主政治发展的关键在于制度建设、制度设计和制度安排，这是现代政治文明的精髓所在。我们既要倍加珍惜和充分发挥我国社会主义基本政治制度的特点和优势，也要认真研究和科学借鉴人类政治文明的一切有益成果，在不照搬西方政治制度模式的情况下，有分析、有取舍地吸收资本主义民主政治的某些规则和形式。立足中国实际，推动制度创新，全面增强社会主义制度的优越性，是中国政治发展的现实取向。

以党的十六大提出“政治文明”概念为标志，中国的政治发展进入了一个新时代。文明是一个褒义概念，是与野蛮和落后相对，反映了人类在认识和改造世界的漫长历史进程中，所取得和积累

---

① 参看曹建明：《实现社会公平和正义的保障————论推进司法体制改革》，载《求是》2003年第9期。

的体现、推动人类社会不断发展进步的积极成果。把“政治”与“文明”联系起来，意味着建立在民主、平等、自由、人权、公平、正义等普世价值之上的政治制度和政治生活，是人类先进文明的重要组成部分。把民主政治上升到作为全人类共同的文明成果高度，明确承认它应该被当代中国吸收和借鉴，比起以往否认、忽视政治生活、政治现象的共同性、规律性，甚至借强调中国的特殊国情和文化传统回避、拖延民主建设的实质问题来，其重要意义是显见的。

今天，民主政治作为中国政治发展的目标，已经越来越清晰，越来越成为全社会的共识，也越来越迫切地提上了议事日程。韦伯认为，一个长期积弱的落后民族在经济上突然崛起必然隐含一个致命的内在危险，即它将加速暴露落后民族特有的“政治不成熟”，这种经济快速发展与政治难以成熟之间的强烈反差不但最终将使民族振兴的愿望付诸流水，甚至会造成灾难性的结局即民族本身的解体。在韦伯看来，“民主化意味着国家机器必然要夷平社会等级结构，这是无可改变的事实。惟一可选择的是：或者公民大众在一个只有议会制外表的科层制‘威权国家’中既无自由也无权利，国家就像管理牛羊般对公民们进行‘行政管理’；或者是国家以使公民们成为‘共同统治者’(co-rulers)的方式把他们整合到国家之中。一个‘主宰民族’对此只可能选择后者，因为只有这样的民族才可能和可以在‘世界政治’中进行角逐。”[①] 毫无疑问，古老的中华民族要实现伟大复兴，就必定要成为一个成熟的政治民族，韦伯所谓“主宰民族”的选择也必定是中华民族的选择。

以政治发展推动中华民族伟大复兴事业如何可能？以村民自治和城市社区居委会自治为代表的基层民主实践为我们开辟了一

① 韦伯：《普选与民主在德国》，转引自甘阳：《自由主义：贵族的还是平民的?》，载韩水法主编《社会正义是如何可能的——政治哲学在中国》，广州出版社2000年版，第90～91页。

条可供讨论的现实途径。

村民自治:草根民主的价值与限度

2003年5月1日,《求是》杂志第9期刊发了民政部部长李学举撰写的文章《不断完善村民自治——健全基层民主的一项重要内容》,文章从完善村民自治的客观必然性出发,就加强和完善村民自治的原则、措施和途径等问题进行了详细论述。5月16日,民政部发出《关于开展全国村民自治模范县(市、区、旗)表彰活动的通知》(民函〔2003〕94号),决定在全国范围内开展第三次全国村民自治模范县(市、区、旗)评比表彰活动。这表明,从20世纪80年代初广西宜山和罗城初创村民委员会以来,村民自治这种"草根民主"的实践经过20年的发展历程,已经成为中国政治生活和民主建设的重要方面。

但是,在村民自治的实践中也暴露出不少问题。2002年9月国内媒体披露了湖北省潜江市村委会换届选举之后出现了大面积的乡镇领导随意撤换村委会成员的情况,该市第四届村民委员会自1999年9月28日换届选举以来,截至2002年5月1日,全市329位选举产生的村委会主任被乡、镇组织及个人宣布撤换(含免职、停职、降职、精减、改任他职等)的达187人,占总数的57%。另外,2003年5月22日的《南方周末》报道了部分农村在民主议事机制建立之后,又面临着如何达成行动共识和形成公共决策的困境。这又说明,村民自治的推进并不是一帆风顺的,它的进一步发展,还存在着不少困难。

面对村民自治的现状,将促使我们深入思考一些问题:

1. 村民自治除了完善制度还应包括哪些方面?

目前村民自治的重点是制度建设,人们以极大的热情来设计、实践、创造各种各样的选举制度,希望制度能够最大限度地保障村民的民主权利,真正选出符合民意的好班子。毋庸置疑,制度建设是村民自治的基础性工作。但是，建立起比较完善的制度之后，村民自治是否就一定能够顺利实行？民主的践行，除了制度支撑，是否还需要培养民众的公共精神和责任意识？如果在具有原子化倾向的村庄面前，单凭制度是否足以保障公共利益的形成并付诸实施？上面《南方周末》的报道提醒我们，将复杂问题简单化约为制度的不健全，可能是一种片面认识。

2. 如何进一步拓展村民自治的发展空间？

毫无疑问，经过十多年的发展，农村村民自治内部制度和运行机制已基本建立，一定程度上形成了农村的独立社会空间。但在现阶段，国家的权力体制与村民自治原则之间的结构性矛盾并没有得到根本性的改变，压力型行政体制使得国家对社会、政府对乡村及乡镇对村的命令和控制不可避免，村民委员会也往往同时扮演村民的自治机构和国家的“代理人”的双重角色，因而，村民自治的发展空间又是有限的。对此，理论界关于农村税费改革、土地制度改革以及县乡管理体制改革的讨论，试图从制度构造上解决国家权力不断向乡村渗透和国家与乡村的权力边界问题，这将有助于扩大我们的视野。

3. 村民自治能否开启中国民主发展的大门？

一般认为，村民自治的重要价值就是在民主化进程中，建立起一系列民主规则和程序，并通过形式化民主训练民众，使民众得以运用民主方式争取和维护自己的权益，从而不断赋予民主以真实内容。不过，没有一个国家的民主政治制度是从农村开始的，更没有在与中国相似的历史条件下从农村开始进行政治改革的成功经验。而且，村民自治只是一种社会民主(自治)，而非直接影响国家权力运作的政治民主。在目前国家层面民主制度建设尚未启动的情况下，村民自治的社会民主是否以及如何才能具备上升到政治民主的逻辑必然性，依然需要从理论和实践两个方面来回答。

后　记

很久以来,我都没有写一部教材的打算。在我的观念里,教材就是那些学生不得不读而又无趣无味的书。它们往往大而无当、面面俱到,给你导游却又止步于美景;语言干瘪、四平八稳,无懈可击却又不着要领。所以,当你读完这本书后说:这简直不能算是教材。我会作两方面理解,或者说它不是一本好教材,或者说它与那些无趣无味的书有别。

有两个原因促使我改变了上述观念。一是大量洋教材登陆中国,甚而至于译成汉文出版。一些学校开始采用洋教材授课,一些出版社开始大量译介洋教材。在人文社会科学领域,经济学、社会学、政治学等学科首当其冲。很多洋教材,从内容到方法到表达,都十分精彩,称得上是学术性与艺术性合璧的佳作。单就叙述方式而言,罗斯金等人的《政治科学》以一个国家群众骚乱,另一个国家恐怖爆炸,以及美国总统调整政策开篇,引出政治合法性概念。而里普森的“政治学导论”则以“政治学的重大问题”为叙述线索。我相信,读过这样的教材的人,不会产生我关于教材的那些偏见。第二个原因来自我的职业生活。自1999年起,我开始为浙江大学研究生主讲“政治学”课程,先后为行政管理、政治学原理、MPA等专业学生上过不下10次政治学课程。在上课前,每每遇到为学生选定教材的难题。洋教材好,但是它们都是基于西方历史经验写作的,与我们面对的中国问题有着巨大的时空落差;而且,由于出版时间等原因,它们常常不能反映学科前沿。比如前面提到的《政治科学》，它初版于 1974 年，译成汉文的第六版虽然作了一些改动，但是改动并不大。像新制度主义政治学、公共选择理论、全球化、文化多元主义等等都在它的视野之外。因此，写作一部既涵盖政治科学基本内容、汲取政治科学最新研究成果而又具有中国问题关怀的政治学教材，就成为了我的目标。

本书的写作构想是，以国家政治与社会政治的互动为主线，通过对政治的本质、国家与社会、政治与经济、政治制度、政治态度、政治发展等政治学重大问题的考察，引导读者对政治学主要知识领域、基本框架产生深刻印象。在写作中，注意突出政治科学的基本内容，注意突出全球化的时代背景及其政治学最新进展，注意突出运用政治学理论解释、解决中国问题。在本书第一章中，我提出了“建构中国政治学”的命题，并强调“中国政治学”指的是政治学的中国类型，而不是说在不同国家或地域存在着不同的政治学。“建构中国政治学”的命题，首先必须读作建构政治学的中国“类型”，其次也必须读作建构政治学的“中国”类型。因而它具有双重目标：既完成“补课”任务，与国际的政治学发展接轨；又实现政治学的本土化、中国化。毫无疑问，这本小书与实现上述宏大目标还相距甚远。但通过这本书，可以看出我对这一目标的努力追求。也因此，我十分欢迎各位大方之家能够不吝指正，有以教我，共同推进建构中国政治学的大业。

值得指出的是，本书写作正值我国政治生活出现许多新变化、新气象之际，我结合政治学理论与方法，不揣愚鲁地讨论了一些热点话题，诸如宪政、政府体制改革、防治“非典”等。这体现了我对政治学的一种理解。鲁迅先生曾经希望他的书“速朽”。我也期望这本小书因为其中讨论的问题很快得到妥善解决而变成明日黄花。

最后，我要感谢浙江大学研究生徐越倩和刘大志同学，他们与我合作完成了这本书，其中徐越倩君与我合作了第 3、4、5 章，刘大志君与我合作了第6章。周俊、吴国骅同学为本书收集、整理了部分材料。我要感谢浙江大学1999年至2002年四届行政管理专业的研究生,2002年至2003年两届MPA学员,2001届行政管理研究生课程班学员,我与他们讨论过这本书中的大部分内容,并从他们那里获得了许多启发和灵感。我还要感谢本书以及"浙江大学公共管理丛书"的责任编辑余健波先生,他为我以及我主编的这套丛书表现出了特别的宽容和耐心。

郁建兴
2003年6月1日于杭州